ullstein

Das Buch

Politiker, Finanzlobbyisten und Wissenschaftler haben die gesetzliche Rente demontiert, um die private Vorsorge anzukurbeln. Doch Kunden verlieren jährlich Milliarden, weil private Rentenversicherungen zu ihrem Nachteil konstruiert sind. Das gilt auch und insbesondere für Riester- und Rürup-Renten. Vom Staat erfunden, beworben und bezuschusst, gibt es keine Kontrolle, dass diese Produkte etwas taugen. Exorbitant hohe Abschluss- und Verwaltungskosten sowie mangelnder Schutz gegen Inflation und Börsenschwankungen führen oft effektiv zu einer Verringerung des eingezahlten Kapitals. Während die Menschen um ihre Ersparnisse gebracht werden, streichen Versicherungen jährlich Milliarden-Gewinne ein.

In einer messerscharfen Analyse und mit vielen Fallbeispielen sezieren Holger Balodis und Dagmar Hühne die Vorsorgelüge. Der unter Gerhard Schröder vollzogene Wechsel zu mehr privater Altersvorsorge bei gleichzeitiger Kürzung der gesetzlichen Rente wird zu mehr Altersarmut führen. Trotz Riester-Rente droht Millionen Rentnern der Gang zum Grundsicherungsamt.

Die Autoren

Holger Balodis und Dagmar Hühne, beide Jahrgang 1960, berichten seit 25 Jahren als Autoren u.a. für die ARD-Magazine »plusminus«, »Ratgeber Recht« und »monitor« und sind ausgewiesene Experten auf dem Gebiet von Altersvorsorge und Versicherungen. Sie haben bereits mehrere Bücher zu diesen Themen für die Verbraucherzentralen und »Stiftung Warentest« verfasst.

www.vorsorgeluege.de

Holger Balodis / Dagmar Hühne

Die Vorsorgelüge

Wie Politik und private Rentenversicherungen uns in die Altersarmut treiben

Ullstein

Besuchen Sie uns im Internet:
www.ullstein-taschenbuch.de

FSC
www.fsc.org
MIX
Papier aus verantwortungsvollen Quellen
FSC® C083411

Aktualisierte Ausgabe im Ullstein Taschenbuch
1. Auflage Dezember 2013

Umschlaggestaltung: ZERO Werbeagentur, München, unter Verwendung einer Vorlage von Geviert / Graphik & Typographie, München.
Titelabbildung: shutterstock / Anthony Richardson
Satz: LVD GmbH, Berlin
Gesetzt aus der Minion
Papier: Pamo Super von Arctic Paper Mochenwangen GmbH
Druck und Bindearbeiten: CPI books GmbH, Leck
Printed in Germany
ISBN 978-3-548-37517-5

Inhaltsverzeichnis

Vorwort zur 5. Auflage 7

Prolog 9

Die neue Rentenlüge 11
Der schöne Schein der privaten Altersvorsorge 11
Schröder macht den Weg frei 19
Die unglaubliche Erfolgsgeschichte von Riester, Rürup und Co. 24
Wie Riester-Renten und andere private Rentenversicherungen Sparern hohe Verluste bescheren 32
Wie die Finanz- und Eurokrise die private Rente gefährdet 39
Sackgasse Privatvorsorge 42

Lobbyisten 1: Bestellte Gutachten und käufliche Wissenschaft 46
Der Auftritt der neuen Rentenpropheten 46
Ein funktionierendes System wird kaputtgeredet 55
Die sogenannte »demographische Katastrophe« 62
Wie die Versicherungswirtschaft das »neue Denken« finanziert 69

Lobbyisten 2: Die Manipulation der öffentlichen Meinung 81
Die Initiative Neue Soziale Marktwirtschaft (INSM) 82
Deutsches Institut für Altersvorsorge (DIA) 89
Gesamtverband der deutschen Versicherungswirtschaft (GDV) 92
Die Bertelsmann Stiftung 97
Institut der deutschen Wirtschaft (IW) 102

Der Kniefall der Politik vor der Versicherungswirtschaft 106
Die Entmachtung der Sozialpolitiker unter Kanzler Schröder 107
Die Hannover-Connection 115
Walter Riester und sein Auftrag 122
Wie die Gewerkschaften zu Kollaborateuren wurden 133
Die Zerstörung der gesetzlichen Rente 140

Die Wahrheit über Privatrenten: Untauglich und verlustreich 151
Das Kostendesaster: Warum so wenig fürs Sparen übrig bleibt! 151
Die »provisionsgesteuerte Falschberatung«: Wer wirklich an Versicherungen verdient 161
Das Stornodebakel: Nur wenige Kunden halten durch 170
Diebstahl mit Sterbetafeln: Warum die Renten so schmal ausfallen 178
Magere Zinsen: Wie Gewinne den Kunden vorenthalten werden 181

Die neuen Bestseller: »Mit allen Schikanen« 188
Rente gegen Einmalbeitrag – bis zum bitteren Ende 188
Die fondsgebundene Rentenversicherung – volles Risiko 195
Rürup-Rente – Prädikat nutzlos 201
Riester-Rente – das Milliardengrab 205

Notwendige Korrekturen und denkbare Alternativen 215
Schlechtes Gewissen überflüssig: Verzichten Sie auf eine private Rentenversicherung! 215
Die Renaissance der gesetzlichen Rente 217
Stoppt die Riester-Rente! 218
Rentenrolle rückwärts 219
Die Weiterentwicklung des Systems 222

Anmerkungen 229

Vorwort zur Taschenbuch-Ausgabe

Die Bundestagswahl 2013 ist zu Ende – die Probleme bleiben. Ganz gleich, wie viel »Lebensleistungsrente« oder »Solidarrente« sich im Koalitionsvertrag wiederfindet, den Marsch in die Altersarmut können diese Konzepte nicht verhindern. Unser Buch zeigt, warum das gegenwärtige teilprivatisierte Rentensystem die Lebensleistung der Menschen geradezu verhöhnt und wer daran Schuld hat. Statt die Geburtsfehler der Riester'schen Rentenreform mutig zu korrigieren, verkünden Union und SPD trotzig ein »Weiter so«. Nicht die Anhebung des Rentenniveaus für alle ist der Plan, sondern Almosen für Geringverdiener – und eine massive Subventionierung der privaten Altersvorsorge. Wohin das führen wird, beschreiben wir in diesem Buch.

Unsere Analyse stützt sich auf jahrzehntelange Erfahrungen zum Thema Rente als Fachjournalisten. Speziell für dieses Buch haben wir monatelang intensiv recherchiert. Wir haben Dutzende Interviews mit Politikern, Wissenschaftlern, Rentnern, Gewerkschaftern und Versicherungsvorständen geführt. »Die Vorsorgelüge« bietet damit Informationen aus erster Hand. Hier kommen ausgewiesene Experten zu Wort. Solche, die aktuell im Rampenlicht stehen und solche, die zu Unrecht fast vergessen waren.

Holger Balodis & Dagmar Hühne
Köln im Oktober 2013

Prolog

Entscheidend für die erfolgreiche Demontage der gesetzlichen Rentenversicherung war ein Ereignis, das in der Öffentlichkeit kaum bekannt ist. Und mit der Rente hatte es zunächst gar nichts zu tun. Als Oskar Lafontaine im Frühjahr 1999 seine berühmte »Giftliste« mit 70 zu streichenden Steuervergünstigungen auspackte, platzte dem Chef der Allianz AG, Henning Schulte-Noelle, der Kragen.[1] Der damalige Bundesfinanzminister der rot-grünen Regierung unter Schröder wollte unter anderem die Rückstellungen für Versicherungsschäden begrenzen und forderte eine »realitätsnähere Bewertung«. Was den Allianzboss so erzürnte: Die Versicherungen sollten nur noch jene Summen steuerlich absetzen können, die sie realistischerweise benötigten, um Schäden zu bezahlen. Bis dahin durften sie kurioserweise mehr oder weniger selbst schätzen, wie hoch die nach einem Versicherungsfall anfallende Summe wohl sein würde, und diese voll von der Steuer absetzen. Das sparte den Versicherungskonzernen viele Milliarden Euro. Lafontaine wollte das ändern. Und Allianz-Boss Schulte-Noelle zog die Notbremse. Er ging direkt zu Kanzler Schröder und stellte ihn zur Rede.

Bei der nächsten Kabinettssitzung am 10. März sprach Schröder ein Machtwort. Sein Beitrag schloss mit den Worten, dass man »das Land nicht gegen die Wirtschaft regieren könne und dass eine Politik gegen die Wirtschaft mit ihm nicht zu machen sei.«[2] Allen war klar: Schröder war es bitterernst.

Einen Tag später, am 11. März 1999, trat Oskar Lafontaine von all seinen Ämtern zurück. Jetzt war der Weg frei für die Politik der

›Neuen Mitte‹, für einen Sozialabbau unter dem Stichwort Agenda 2010. Es war auch der Anfang vom Ende einer solidarischen, umlagefinanzierten Altersversorgung und der Einstieg in die Privatisierung der Rentenversicherung. Nur zwei seiner engsten Vertrauten gewährte Oskar Lafontaine an diesem Abend Einlass in sein Haus und trank mit ihnen zum Abschied Rotwein. Wirklich gefeiert wurde jedoch in den Konzernzentralen: Der lästigste Bremsklotz war soeben beiseite geräumt worden.

Die neue Rentenlüge

Der schöne Schein der privaten Altersvorsorge

Lächelnd sitzt Ex-Minister Walter Riester in einem tristen Besprechungsraum, schwarzer Anzug, grau-blaues Hemd und rote Krawatte. Vor ihm ein leerer schwarzer Tisch, kein Staubkörnchen, hinter ihm eine weiße Wand. Daneben, leicht unscharf, ein Regal mit blauen, grünen und schwarzen Buchrücken, eine penibel saubere Staffage. So steril, als ob der gelernte Fliesenleger Riester sie selbst geschaffen hätte. Um Vertrauen heischend blickt er in die Kamera.

Das Video ist auf der Homepage von Walter Riester anzuschauen, es dauert 10 Minuten und 43 Sekunden und soll die vielen Fragen und Unklarheiten über die Riester-Rente endlich beantworten, durch den »Erfinder« höchstpersönlich.[1]

Lebensnah soll das Ganze sein, also kommen besorgte Bürger zu Wort. Es sind Normalverdiener, Geringverdiener, Minijobber, Familien, Singles – das ganze Spektrum. Vor dem Haus, auf dem Sofa, in der Küche oder im Büro. Alle wollen wissen: »Lohnt sich denn die Riester-Rente für mich überhaupt?«

Riester reagiert auf diese Frage jeweils mit einem knappen Lächeln und gibt dann schnell Entwarnung. Er sagt Sätze wie »Gerade für Sie ist die Riester-Rente hochinteressant!« oder »Oh ja, gerade in Ihrem Fall ist es besonders interessant« oder »Gerade für Sie wäre es wichtig, jetzt zu beginnen …«. Zwar wirkt das Ganze einstudiert, doch die Botschaft ist klar: ›Meine Rente ist für alle gut.‹

Als Schwabe hat der Ex-Minister aber noch mehr parat. Er rechnet vor, wie praktisch jeder mit seiner Rente reich werden kann. Und das mit geringem Einsatz.

Besonders beeindruckend: Eine junge Familie mit zwei Kindern in einer beengten Küche, offenkundig leben sie in bescheidenen Verhältnissen. Sie wünschen sich ein eigenes Haus. Aber mit ihrem kleinen Einkommen können sie sich das nicht leisten. Jetzt läuft Walter Riester zu Höchstform auf: Das sei kein Problem, rechnet er vor. Die Familie müsste 1200 Euro im Jahr sparen. Doch das müssen sie nicht allein aufbringen. Der Staat beteiligt sich großzügig. So zahlen sie nur gut 400 Euro im Jahr selbst. Mit dieser überschaubaren Eigenleistung könne die Familie bis zum Rentenbeginn ein Kapital von 250 000 Euro anhäufen und sich davon ein Häuschen kaufen. Das klingt unglaublich, aber Riester versichert, dass es funktioniert: mit einem riester-geförderten Investmentsparplan. »Das wäre eine interessante Variante, die ich Ihnen raten würde.« So Riester. Und er muss es wissen. Schließlich ist er nicht nur Ex-Minister und Handlungsreisender in Sachen Riester-Rente, sondern bis Mitte 2012 auch Aufsichtsrat von Union-Investment, dem Marktführer[2] von riester-geförderten Investmentsparplänen.[3]

Ein Märchen soll wahr werden: das eigene Haus – fast geschenkt. Einem Faktencheck hält Riesters Ratschlag indes nicht stand: Damit sein Plan aufgeht, muss 37 Jahre lang eine jährliche Einzahlung von 1200 Euro in die »Union-Profi-Rente« erfolgen und eine Durchschnittsrendite von sage und schreibe 7,8 Prozent bringen. Das heißt, die Einzahlungen müssen jedes Jahr mindestens 7,8 Prozent Ertrag abwerfen. Läuft es in einem Jahr schlechter, muss das durch noch höhere Erträge in anderen Jahren ausgeglichen werden. Eine abenteuerliche Prognose, die nur funktioniert, wenn die Aktienkurse stetig nach oben gehen. Die Realität sieht anders aus.

Vielleicht sollte sich Walter Riester die Zahlen des bis vor kurzem von ihm kontrollierten Unternehmens doch etwas genauer ansehen. Statt der von ihm angenommenen 7,8 Prozent Rendite hat die Union-Investment in ihrer offiziellen Produktinformation die Durchschnittsrendite für die vergangenen zehn Jahre mit gerade mal 3,0 Prozent ausgewiesen (Stand 31. 5. 2012).[4]

Riester rechnet also mit geschönten Zahlen. Und das gilt nicht nur für die Rendite. Er unterstellt in seinem Beispiel, dass die Familie 37 Jahre lang die vollen Kinderzulagen erhält. Ein Fehler: Kinderzulagen fließen nur, solange es auch Kindergeld gibt. Danach steigt der Eigenanteil der Eltern in diesem Beispiel von 400 Euro auf knapp 900 Euro. Falls sich an den Einkommensverhältnissen nichts ändert. Und falls sie sich den Vertrag dann noch leisten können, denn im Falle von Arbeitslosigkeit, Scheidung oder einer Arbeitstätigkeit der Ehefrau sieht alles wieder ganz anders aus. Riester bewegt sich mit seiner gewagten Prognose also auf dünnem Eis.

Und das haben Hunderttausende Anleger der Union-Profi-Rente bereits schmerzlich erfahren. Nach dem Börsenabsturz 2008 wurden ihre Anlagen in sichere, aber niedrig verzinste Anlagen umgeschichtet.[5] Die Sparer müssen froh sein, am Ende ihre Einzahlungen tatsächlich wieder ohne Verlust zurückzubekommen. Fazit: Das Einzige, was Walter Riester der Familie aus dem Werbevideo wirklich garantieren kann, ist der Beitragserhalt. Statt der von Walter Riester versprochenen 250 000 Euro wären das für die Familie nur 44 400 Euro. Ein Häuschen gibt es dafür in 37 Jahren wohl nicht. Obendrein bedeutete es angesichts der zu erwartenden Inflation einen gigantischen Wertverlust.

»Ich halte Riester für einen Täuscher«, urteilt deshalb Riesters Parteigenosse Albrecht Müller, »der ein ganzes Volk in die Irre geführt hat«.[6] Er hält die Einführung der Riester-Rente und die ständig wiederholte Behauptung, damit ginge es allen im Alter besser, für das Ergebnis einer geschickten politischen Kampagne. Und Müller kennt sich mit politischen Kampagnen aus. Schließlich war er lange Jahre Planungschef im Kanzleramt unter Willy Brandt und Helmut Schmidt und zuvor schon Wahlkampfleiter von Willy Brandt. Doch an ein solches »Schurkenstück« wie die Einführung der Riester-Rente, bekennt Müller, könne er sich nicht erinnern.

Für Albrecht Müller ist die Einführung der Riester-Rente nichts weniger als die gezielte und mutwillige Zerstörung der gesetzlichen Rente zugunsten der Finanzwirtschaft. »Was hier passiert, ist der größte Verrat am Sozialstaat in der deutschen Nachkriegsgeschichte.« Punkt. Ende. Aus. Und Müller kann das beurteilen: Er ist gelernter Volkswirt, begann seine Polit-Karriere als Redenschreiber des legendären Wirtschafts- und Finanzministers Karl Schiller (SPD) und war jahrelang engster Mitarbeiter von Helmut Schmidt. Und was für den alten Haudegen das Schlimmste ist: »Die Bevölkerung hat überhaupt noch nicht verstanden, wie sehr sie im ersten Schritt manipuliert und dann im zweiten Schritt durch die Maßnahmen der letzten zehn Jahre betrogen wurde.«

Um das zu ändern, gründete Albrecht Müller 2003 den kritischen Web-Blog »NachDenkSeiten«. Bis zu 70 000 Leser täglich erfahren seitdem auf dieser Website, wie die Politik Schritt für Schritt im Begriff ist, den Sozialstaat abzuschaffen, und dies raffiniert zu kaschieren versteht. Lob gibt es dafür gleichermaßen vom Wirtschaftsweisen Peter Bofinger wie dem *FAZ*-Herausgeber Frank Schirrmacher, der die Berichterstattung der »NachDenkSeiten« über die Finanzkrise als »unverzichtbar« einstufte.[7]

Angeblich ist es ja »alternativlos«: Wir Deutschen sollen beizeiten zusätzlich privat vorsorgen, um im Alter den Lebensstandard halten zu können. Die Rezepte liegen auf dem Tisch: Die sich anbahnende Rentenlücke sollen wir mit einer Riester-Rente stopfen und am besten obendrein noch betrieblich vorsorgen! So hat es uns eine Koalition aus Wissenschaft, Politik, Versicherungswirtschaft und Medien ein Jahrzehnt lang eingehämmert. Und wir alle haben mittlerweile ein schlechtes Gewissen, weil wir es doch nicht schaffen, genug vorzusorgen. Das macht es dem Heer von Versicherungsverkäufern leicht. Vollmundig präsentieren sie die Lösung des Problems: private Rentenversicherungen, mit und ohne Riester-Förderung. Wir müssen also nur noch zugreifen, zum Beispiel bei der Postbank: »Lebenslange monatliche Rente und gleichzeitig genug Geld, um durch die Welt zu reisen: Mit der PB Privat Rente genießen Sie Ihr Leben im Alter so, wie Sie es möchten.«[8] Oder: »Mit einer sicheren Privat-Rente der Targo-Lebensversicherung AG im Rücken können Sie Ihren Ruhestand richtig genießen. Denn nur eine private Vorsorge kann Ihren Lebensstandard auch im Alter sichern. Mit der Privat-Rente schließen Sie effektiv die Versorgungslücke, die zwischen Ihrem jetzigen Gehalt und Ihrer späteren Rente entstehen wird.«[9] Schöne neue Versicherungswelt! Selbst die an sich unabhängigen Prüfer von *Finanztest* zeigten sich von der Einführung der Riester-Rente begeistert. *Finanztest* ist ein Ableger der Stiftung Warentest. Als Verbraucher erwartet man hier eigentlich kritische Informationen und eine sachliche Überprüfung von Finanzprodukten. Was die Zeitschrift zur Einführung der Riester-Rente schrieb, erinnerte jedoch eher an Hochglanzwerbung der Versicherungen. So behaupteten die Finanztester in einem Sonderheft: »Riester lohnt sich für alle« und empfehlen: »Jetzt à la Riester sparen und später ohne finanzielle Sorgen das Alter genießen.«[10] Daneben das Foto einer braungebrannten Rentnerin mit Perlenkette und rosa Badehaube, lässig gestützt auf den Beckenrand ihres Swimmingpools. So sieht Luxus aus, dank Riester.

Die Stiftung Warentest erhält jährlich einen millionenschweren Zuschuss aus dem Etat der Bundesregierung, und *Finanztest* gilt bis heute als einer der engagierten Verteidiger der Riester-Rente. Mit den Riester-Tests für Millionen verunsicherte Verbraucher sicherte sich *Finanztest* auch selbst ein großes Beschäftigungsfeld. Wie objektiv kann eine Stiftung unter diesen Umständen sein?

Und die Versicherungen? Die überbieten sich in Sachen Riester-Rente mit Superlativen. Hanse Merkur präsentiert den »RiesterMeister« mit der »höchsten garantierten Riester-Rente« und den »niedrigsten Riester-Kosten« und ließ hierfür sogar Nationalkicker Mario Gomez antreten.[11] Die Lebensversicherung von 1871 nennt ihr Produkt vollmundig »RieStar«, »ein Name, der zugleich Programm ist«.[12] Die Axa führt »Twin Star« ins Rennen und verspricht eine »optimale Verbindung von Garantie und Renditechancen« und bis zu 26 000 Euro staatliche Zuschüsse.[13] Und am Ende, so verspricht uns der Gesamtverband der Deutschen Versicherungswirtschaft, wird alles gut: »Die Angebote der Versicherer helfen, einem Schutzschirm gleich, nachhaltige Sicherheit durch flexible Angebote und wirksame Instrumente zu gewährleisten – und damit, die Zukunft sicherer zu machen.«[14] Eine gigantische Kampagne, die immer wieder eines gebetsmühlenartig wiederholt: Private Vorsorge ist für den späteren Ruhestand unverzichtbar.[15]

Im Gegensatz dazu die gesetzliche Rentenversicherung: Das gängige Mantra lautet, dass diese den Herausforderungen der Zukunft nicht gewachsen sei. Und die Argumente klingen plausibel: zu wenige Kinder und damit künftig zu wenige Beitragszahler, vor allem aber viel zu viele Rentner, die zudem immer älter werden. Das ist die seit vielen Jahren beklagte ›demographische Katastrophe‹. Die Finanzwirtschaft und die ihnen verbundenen Wissenschaftler verkünden es wie ein Naturgesetz: Die junge Generation ist mit den vielen Rentnern schlicht überfordert, das gesetzliche Rentensystem damit praktisch am Ende.

Riesters Vorgänger Norbert Blüm wurde über viele Jahre von den Medien regelrecht zur Witzfigur gemacht. Mit dem Spruch ›Die Rente ist sicher‹ hat jeder Moderator noch immer die Lacher auf seiner Seite. Blüm hat das lange geduldig ertragen. Er wusste, verbal eingeprügelt wurde auf die Person Norbert Blüm, doch getroffen werden sollte das Rentensystem. »Das war eine groß angelegte Kampagne, in der das Vertrauen in die Rentenversicherung aus naheliegenden Gründen systematisch zerstört wurde. Je mehr die Rentenversicherung madig gemacht wird, desto mehr klingelt das Geld in den Kassen der Privatversicherung, so einfach ist das.« Und der Ex-Minister ist sich sicher, dass das Geld weiter effizient eingesetzt wird: »Dafür kann man bei der *BILD*-Zeitung oder anderen Zeitungen eindrucksvolle Kampagnen starten und es werden sich auch ein paar Wissenschaftler finden, die für gutes Geld dann auch die entsprechenden Gutachten liefern.«[16]

Regelmäßig taucht eine schlagkräftige Clique von »Rentenprofessoren« in TV-Talkshows auf und versetzt der gesetzlichen Rentenversicherung, vermeintlich wissenschaftlich gestützt, den Todesstoß. Die heute 30-Jährigen, so behaupteten unter anderen Meinhard Miegel und Bernd Raffelhüschen verwegen, würden später weniger rausbekommen, als sie heute einzahlen. Quasi eine Zwangskasse mit Verlustgarantie. Bewiesen haben sie das nie. Doch ihre Argumente zeigen Wirkung: Die meisten Jungen halten ihre Einzahlungen in die gesetzliche Rentenversicherung für ein einziges Ärgernis – schlicht für rausgeschmissenes Geld. Das Institut für neue soziale Antworten (Insa) ermittelte: Nur noch fünf Prozent der unter 50-Jährigen halten die gesetzliche Rente auf Dauer für sicher – 66 Prozent fürchten sich vor Altersarmut.[17]

Die Verteidiger des Sozialstaates fühlen sich dagegen wie Don Quichotte im Kampf gegen Windmühlen. Mit einem entscheidenden Unterschied: Die Lobby zur Beseitigung der staatlichen Sozialkassen ist kein Hirngespinst, sie existiert wirklich und ist erschreckend erfolgreich, wie Albrecht Müller feststellen muss: »Es gleicht einer Gehirnwäsche, wenn nun 95 Prozent der Bevölkerung glauben, dass wir ein Demographieproblem haben, deshalb der Generationenvertrag nicht mehr funktioniert und deshalb mehr Privatvorsorge nötig ist.« Für den inzwischen 73-jährigen Müller sind das »gelernte Botschaften, die aber alle falsch sind«.

Davon ist auch Winfried Schmähl überzeugt. Und Winfried Schmähl ist nicht irgendwer: 14 Jahre lang war der Professor für Wirtschaftswissenschaften Chef des Sozialbeirats der deutschen Bundesregierung, er gilt als kompetentester Kenner des deutschen Sozialsystems. Die Finanzierungsprobleme im staatlichen Rentensystem sind lösbar, stellt er klar: »Die Absenkung des Rentenniveaus war keineswegs notwendig, sie war politisch so gewollt, um die Menschen dazu zu bringen, privat vorzusorgen. Die wesentlichen Finanzprobleme des Rentensystems waren seinerzeit bereits gelöst, und mit moderaten Beitragssatzsteigerungen hätten wir das Niveau halten können. Unterm Strich wäre das für die Beschäftigten deutlich preiswerter als die kostenträchtige Riester-Rente. Die nutzt vor allem der Finanzindustrie und den Arbeitgebern, weil sie Beiträge sparen. Die Arbeitnehmer zahlen jedoch drauf.«[18] Stattdessen werde der Öffentlichkeit mit Kampfbegriffen wie »Demographiefalle« gezielt Sand in die Augen gestreut, so Schmähl. Die derzeit betriebene Demontage des staatlichen Rentensystems sei nur dank einer gezielten Manipulation der öffentlichen Meinung möglich.

Verwundert reibt man sich die Augen und denkt an George Orwells Polit-Science-Fiction »1984«. Dort wurde mit geschicktem »Neusprech« die Bedeutung der Begriffe umgedreht (»Krieg ist Frieden«) und so das Denken der Menschen manipuliert.[19]

Mit einem vergleichbaren Konzept gelang es der deutschen Politik und interessierten Wirtschaftskreisen in den vergangenen 20 Jahren, die öffentliche Meinung in Sachen Altersvorsorge komplett umzudrehen. »Demographiefalle«, »Generationengerechtigkeit« und »Zukunftsfestigkeit« sind Schlüsselbegriffe in bester »Neusprech«-Tradition, die als neue Wahrheiten den deutschen Rentendiskurs beherrschen. Orwell drückte es so aus: »Und wenn alle anderen die von der Partei verbreitete Lüge glaubten – wenn alle Aufzeichnungen gleich lauteten –, dann ging die Lüge in die Geschichte ein und wurde Wahrheit.« Man kann es auch profaner ausdrücken: Man muss eine These nur oft genug wiederholen, dann wird sie irgendwann geglaubt, sei sie auch noch so falsch. Das Renten-Neusprech lautet: Private Vorsorge ist effizient, zukunftssicher und gut. In einem Prospekt des Citibank-Nachfolgers Targo-Bank liest sich das so: »Die Nächsten finanziell absichern. Nebenbei ein kleines Vermögen ansparen. Und dann auch noch voll flexibel bleiben. Sehen so in etwa auch Ihre Wünsche für die Vorsorge aus?«[20] Ja, so möchte man rufen, zeig mir den Weg in dieses Wunderland!

Schröder macht den Weg frei

1998 gewann Rot-Grün die Bundestagswahl. Der neue Bundeskanzler Gerhard Schröder schrieb sich die Modernisierung des Sozialstaates auf die Fahnen, und so wurde das »neue Denken« in Sachen Rente zum Regierungsprogramm. ›Private Altersvorsorge‹ lautete die Zauberformel. Die in der staatlichen Rentenkasse verankerten Ziele »Lebensstandardsicherung« und »Armutsvermeidung« legte die rot-grüne Koalition schnell zu den Akten. Ersetzt wurden sie durch das neue Ziel »Beitragssatzstabilität«. Die Beiträge zur gesetzlichen Rentenversicherung sollten kurzfristig höchstens 20 Prozent betragen und auch langfristig auf maximal 22 Prozent steigen. Davon tragen Arbeitgeber und Arbeitnehmer jeweils die Hälfte. Dem obersten Ziel »Beitragssatzstabilität« ordnet sich seitdem alles unter. [21] Eingriffe in die sogenannte Rentenformel sorgen dafür, dass das Rentenniveau drastisch nach unten gehen wird. Um rund 25 Prozent soll es bis 2030 verglichen mit heute sinken. Viele Rentner werden schon in ein paar Jahren in der Altersarmut landen – selbst viele Durchschnittsverdiener werden nach einem langen Arbeitsleben Renten bekommen, die nur noch knapp oberhalb der staatlichen Grundsicherung liegen. Mit einer perfiden Konsequenz: Schon bald wird eintreffen, was die Herren Rentenprofessoren seit Jahren gepredigt hatten: Die staatliche Rente reicht nicht! Eine sich selbst erfüllende Prophezeiung, wie der langjährige Chef des Sozialbeirats Winfried Schmähl bitter feststellt: »Das Rentenniveau wurde quasi mutwillig herabgedrückt. Das war politisch so gewollt. Objektiv gab es dafür keine Notwendigkeit, außer die Arbeitgeber zu schonen und Banken sowie der Versicherungswirtschaft Geschäfte zuzuführen.«[22]

Das passende Gegenmittel lieferten die Angstmacher gleich mit: die private, sogenannte »kapitalgedeckte« Altersvorsorge, in Form von Aktien und Fondssparplänen, aber vor allem in Form von privaten Rentenversicherungspolicen der Lebensversicherer.

Angeblich sind die Vorteile offenkundig: Statt wie im Umlageverfahren der gesetzlichen Rente ›von der Hand in den Mund‹ zu leben, werde ein Kapitalstock gebildet, der beständig wachse. Das schaffe Sicherheit, und die Renditen seien deutlich höher. So verkündeten die Lebensversicherer auch in Zeiten der Finanzkrise noch stolz »Gesamtverzinsungen« von über fünf Prozent.[23] Weil jeder für sich spare, spiele die sinkende Kinderzahl für die Höhe der Altersversorgung keine Rolle: die kommende Generation werde nicht überlastet.

Das klingt alles wunderbar, stimmt nur leider nicht. Aber dazu später mehr.[24] In den Jahren der rot-grünen Bundesregierung glaubte man jedenfalls daran. Mit großem Aufwand und Getöse wurde die Riester-Rente kreiert und nicht nur das: Sie wurde zur Blaupause für private Altersvorsorge überhaupt. Im Schaufenster einer Allianzfiliale sieht das so aus: Über dem Foto mit einer Geburtstagstorte samt Aufdruck »100« und der entsprechenden Zahl an flackernden Kerzen prangt die Überschrift: »Für einen langen Atem im Alter«. Und darunter: »Länger leben zahlt sich aus. Denn die Allianz Privatrente zahlt ein Leben lang. Garantiert.« Das klingt nach viel Sicherheit und einer grandiosen Leistung für die Kunden. Dabei umschreibt es nur auf recht banale Weise die Konstruktion einer Rentenversicherung. Einzahlen bis zum Rentenbeginn, dann Auszahlungen bis zum Tod.

Was die Allianz nicht sagt: Vermutlich muss man tatsächlich rund 100 Jahre alt werden, damit sich eine Privatrente für den Kunden auch wirklich auszahlt. Und was die Allianz ebenfalls nicht sagt: Damit die Rente für diesen unwahrscheinlichen Fall reicht, wird sie über die langen Jahre nur schmal ausfallen. Und das wiederum bedeutet: Wer nur durchschnittlich alt wird oder gar noch früher stirbt, dem droht Verlust. Er dürfte weniger rausbekommen, als er selbst früher eingezahlt hat. Allianz-Kunden sei also, und hier trifft die Werbung wohl wirklich ins Schwarze, ein besonders langer Atem gewünscht! Nur dann lohnt sich eine Privatrente. Und das gilt auch für andere Anbieter, denn die Allianz gehört erfahrungsgemäß nicht zu den schlechtesten Versicherungen. Viele Konkurrenten zahlen noch weniger. Nach den aktuell deklarierten Daten sind das beispielsweise Axa, ERGO Leben, Gothaer oder Swiss Life.[25]

Für die Kunden gibt es bei den hochgelobten Privatpolicen ein zweites gravierendes Problem: Sie müssen bis zum Rentenbeginn durchhalten – und zahlen. Doch das – auch hierüber schweigen die Versicherer vornehm – schaffen nur die wenigsten.[26] Die Gründe sind vielfältig: Familiengründung, Scheidung, Jobwechsel, Umzug, Arbeitslosigkeit, oder schlicht: der dringende Wunsch, sich einen Urlaub oder ein neues Auto zu leisten. Ganz offensichtlich passen jahrzehntelange Einzahlungen nicht zu den Irrungen und Wirrungen eines normalen Lebens. Wer aber vorzeitig kündigt, macht in der Regel Verlust.

Was bleibt also von der Rentierlichkeit und Effektivität des neuen Vorzeigeprodukts »Privatrente«?

Wir haben den Versicherungsmathematiker Axel Kleinlein rechnen lassen. Seine Kompetenz ist ausgewiesen. Kleinlein hat sein Handwerk bei der Allianz gelernt, war danach für die Ratingagentur Assekurata und die Stiftung Warentest tätig und anschließend Vorsitzender des Bundes der Versicherten. Er kommt zu einem für die Privatrente vernichtenden Ergebnis: Über 80 Prozent der Kunden, die heute einen privaten Rentenvertrag abschließen, werden voraussichtlich effektiv Geld verlieren. Sie zahlen mehr ein, als sie später rausbekommen. Es ist also genau umgekehrt, als es uns seit rund 15 Jahren erzählt wird: Nicht die gesetzliche Rente ist der Verlustbringer – es sind die schönen neuen Produkte der privaten Rentenversicherungen, die zu ›Geldvernichtungsmaschinen‹ werden. Kleinleins Urteil: »Das Konzept der privaten Altersvorsorge mit privaten Rentenversicherungen ist gescheitert, es funktioniert schlicht nicht!«[27] Da drängt sich der Verdacht auf: Vermutlich wissen auch die Versicherungsunternehmen, dass die private Altersversorgung nicht wirklich funktioniert. Wer sollte schließlich tiefere Einblicke in Gewinne und Verluste haben als sie? Doch vielleicht geht es beim Verkauf von privaten Rentenversicherungen gar nicht um Altersversorgung, sondern ganz banal um ein gutes Geschäft. Denn wenn der Kunde im Durchschnitt mit einer Rentenversicherung viel Geld verliert, dann ist das Geld natürlich nicht weg, wie der Versicherungsmathematiker Axel Kleinlein feststellt: »Geld verschwindet nicht, es wechselt einfach nur den Besitzer.«

Und für die Versicherungswirtschaft ist es viel lukrativer, immer wieder neue Verträge abzuschließen. Sechs Kunden, die jeweils nur fünf Jahre bleiben, sind viel gewinnbringender als ein Kunde, der 30 Jahre brav durchhält. Das Neugeschäft schmiert die Bilanzen, erfreut die Vorstände und hält ein Heer an Versicherungsvertretern am Leben. Denn Neugeschäft bringt frisches Geld: pro Jahr rund acht Milliarden Euro sogenannte »Abschlusskosten«, die von den Unternehmen verteilt werden können. Provisionen für die Vermittler. Honorare für Werbeagenturen. Boni für die Mitarbeiter. Das funktioniert natürlich umso besser, wenn zuvor ausreichend viele Kunden gekündigt haben. Die Kündigungen gehören also zum Geschäftsmodell dazu. Sie machen Raum für Neugeschäft und spülen sogenannte »Stornogewinne« in die Kassen. Diese »Stornogewinne« entstehen, weil Kunden bei einer Kündigung oft weniger Geld herausbekommen, als sie eingezahlt haben. Jene Kunden, die tatsächlich bis zum Alter durchhalten, bei denen also aus der Altersvorsorge auch tatsächlich eine Altersversorgung wird, die gibt es zwar in der Werbung, doch in Wahrheit sind sie nichts anderes als Spielverderber.

Seit 1998 haben mittlerweile vier Bundesregierungen das Volk in Sachen Altersvorsorge schlicht belogen. Die Regierungen unter Schröder und Merkel haben viele Millionen Bürger in Produkte getrieben, die sie am Ende ärmer machen werden. So wird Altersarmut nicht verhindert, sondern verstärkt.[28] Gefördert wurde der staatlich initiierte Unfug zudem noch mit Steuermilliarden: schätzungsweise 17 Milliarden Euro bislang allein für die Riester-Rente.[29] Diese Subventionen fließen zum großen Teil in Form von Vertreterprovisionen und Verwaltungskosten in die Taschen der Versicherungen und ihrer Vermittler. »Die Arbeitnehmer haben unterm Strich nichts von dem Kurswechsel in der Rentenpolitik«, klagt der unabhängige Experte Winfried Schmähl, »der Vorteil liegt recht eindeutig bei der Versicherungswirtschaft – und einigen Politikberatern und ehemaligen Politikern, die ja offenbar von den von ihnen angestoßenen Reformen profitieren.«[30]

Ex-Minister Walter Riester fühlt sich hier zu Unrecht angegriffen. Er verteidigt seine »Erfindung« weiter vehement, räumt lediglich ein, dass es bei den Riester-Renten gewaltige Unterschiede gibt: »Es gibt gute und weniger gute und auch schlechte Angebote, wie überall im Leben, das haben Sie bei Autos und auch bei Versicherungen.«[31] Dafür könne man ihn aber nicht verantwortlich machen. Für den Ex- Minister sind die Verbraucher in der Pflicht, sich vor Vertragsschluss etwas mehr Mühe zu geben: »Dann müssen die Leute nicht immer nur den IKEA-Katalog oder *Schöner Wohnen* lesen oder die *Bunte*, sondern sie müssen auch mal so ein

Produkt lesen, wo schon aufbereitet die Vergleichsbeispiele drin sind.«[32] Schuld ist also am Ende der Kunde selbst, wenn er auf den schönen Schein von staatlich geförderten und zertifizierten Produkten reinfällt. So einfach ist das.

Die unglaubliche Erfolgsgeschichte von Riester, Rürup und Co.

Im blauen Licht hoch über der Stadt: ein Schloss. Die Turmuhr schlägt zwölf, eine Fledermaus gleitet vorbei. Dann am offenen Fenster: ein bleicher Vampir und ein junges Mädchen.

»Sie werden unsere Liebe niemals akzeptieren. Ein Vampir und eine Sterbliche.« Draußen sammelt sich das Volk in den Gassen, mit Knoblauch, Laternen, Dreschflegeln und Sensen bewaffnet, will es das Haus stürmen. »Schnell Liebster, beiß mich und mach mich zu einer der Deinigen!« Willig bietet sie dem Vampir ihren Hals.

»Du wirst unsterblich sein wie unsere Liebe ...«, sagt er, »... und niemals alt werden.«

»Aber ...« Völlig überraschend zögert sie, erblickt die Sparkassenfiliale gegenüber: »Meine Altersvorsorge! Mit Riester-Förderung!« Der Vampir wendet sich frustriert ab. – »Alt werden lohnt sich, mit der Sparkassen Altersvorsorge«, tönt es aus dem Off. Ende des TV- und Kino-Spots.[33]

Was Knoblauch und Kruzifixe nicht zuverlässig vermögen, packt die Aussicht auf eine Riester-Rente im Handumdrehen. Motto: Sie vertreibt alles Böse, sogar Vampire. Ein perfides »Double-Think«, eine komplette Verdrehung der Tatsachen, wie es George Orwell nicht besser hätte erfinden können. Sind es doch die Finanzdienstleister, die sich mit Hingabe auf die Kunden stürzen, um ihnen zwar nicht ihren Lebenssaft, aber doch zumindest ihr Geld auszusaugen.

Auch in der Vergangenheit waren die deutschen Lebensversicherer damit bereits recht erfolgreich: Derzeit besitzen die Deutschen mehr als 90 Millionen Lebens- und Rentenversicherungspolicen.[34] Jeder Bundesbürger hat also mindestens eine – statistisch gesehen. Rund 800 Milliarden Euro liegen bereits auf den Konten der privaten Lebensversicherer.[35] Verglichen damit verwalten alle anderen Versicherungsarten nur Peanuts. Doch die Lebensversicherer wollen mehr. Nicht mehr nur Besserverdiener und Selbstständige sollen Verträge machen, sondern alle. Das ist seit Einführung der Riester-Rente klar. Das Volumen an jährlichen Beitragseinnahmen, das bereits heute bei rund 90 Milliarden Euro liegt, soll dadurch grandios ausgeweitet werden. »Es ist so, als wenn wir auf einer Ölquelle sitzen. Sie ist angebohrt, sie ist riesig groß und sie wird sprudeln«,[36] soll AWD-Gründer Carsten Maschmeyer[37] den Sachverhalt umschrieben haben. Und es geht um ein ganz neues Konzept: private Rentenzahlungen bis zum Tod. Also das, was bis vor wenigen Jahren allein die Aufgabe der staatlichen Rente war. Das soll künftig – so wollen es die Versicherungskonzerne – immer mehr privat erfolgen. Erfreut verkündet der Gesamtverband der Deutschen Versicherungswirtschaft (GDV), »dass der Umbau unseres Alterssicherungssystems in vollem Gang ist: rund 34 Millionen Verträge mit rentenförmiger Auszahlung umfasst der Bestand bereits.«[38] Ein erstaunlicher Verkaufserfolg für ein Produkt, das vor dem rot-grünen Machtwechsel 1998 auf dem Markt kaum angeboten wurde.

Doch was macht die ›rentenförmige Auszahlung‹ der neuen Privatprodukte wie Riester & Co. im Gegensatz zur klassischen Kapitallebensversicherung für die Versicherungswirtschaft so ungemein attraktiv? Ganz einfach: Sie verschafft ihr eine noch längere Kontrolle über die Kundengelder. Der Versicherte ist im Idealfall fünf, sechs oder noch mehr Jahrzehnte an die Versicherung gebunden, bis zum Tod. Die klassische Lebensversicherung wird hingegen so gut wie nicht mehr verkauft. Bei der bekam der Kunde sein Geld zum Beispiel mit 60 Jahren ausbezahlt, kaufte sich davon ein Haus oder unternahm eine Weltreise. Genau das soll mit der privaten Rentenversicherung verhindert werden: Das Geld bleibt solange wie möglich im Tresor der Versicherung. Sie kann jahrzehntelang mit dem Geld arbeiten und genauso lang Verwaltungskosten abrechnen. Außerdem werden die Renten nur häppchenweise zugeteilt. Und sie fallen umso geringer aus, je höher die Versicherung die Lebenserwartung ihrer Kunden ansetzt. Schlecht für den Kunden, dass die Versicherungen die Lebenserwartung regelmäßig nach oben korrigieren. Aber gut für die Versicherung: Wenn die Kunden früher sterben als geplant (was der Normalfall sein dürfte), entstehen satte Sterblichkeitsgewinne. Denn erreicht der Kunde sein erwartetes Sterbealter nicht, bleibt Geld übrig, und das fällt an die Versicherung: derzeit pro Jahr rund 3,5 Milliarden Euro.[39] Dieser Gewinnposten dürfte noch explodieren, wenn erst die vielen Neukunden von heute ins Rentenalter kommen.

Kerstin Becker-Eiselen berät für die Verbraucherzentrale Hamburg täglich die Verlierer dieses grandiosen Geschäftsmodells: die Versicherungskunden. Tausende solcher Gespräche hat die resolute Anwältin geführt. Die Kunden kommen meistens zu ihr, weil sie mit den Leistungen der Versicherer unzufrieden sind. Regelmäßig fallen sie dann im Laufe des Gesprächs aus allen Wolken: »Den Versicherten ist nicht klar«, ist Becker-Eiselen überzeugt, »wie mies die Verträge für sie selbst ausfallen. Das ist das ideale Produkt für den Versicherer: Der hat die Kunden einmal eingesammelt und sie dann festgetackert an sein Unternehmen, bis sie nicht mehr leben.«[40]

Mit frappierendem Erfolg: Der Versicherungsverband GDV verweist auf rund 34 Millionen abgeschlossene private Rentenversicherungsverträge.[41] Davon entfallen rund 11 Millionen auf Riester- und 1,5 Millionen auf Rürup-Verträge.[42] Der Rest sind Verträge von ungeförderten Privatrenten und der betrieblichen Altersversorgung, hinter denen ebenfalls private Versicherungsunternehmen stehen. Geschätzte Einnahmen pro Jahr: rund 50 Milliarden Euro. »Wir haben inzwischen einen beachtlichen Bestand an Riester-Renten erreicht«, erklärt Thomas Lueg, einer der Top-Lobbyisten des Versicherungsverbandes GDV, fügt aber gleich hinzu, »das ist natürlich noch ausbaufähig«.[43]

Doch wie schaffen es die »Versicherungsvampire«, dass so viele Menschen scheinbar bereitwillig ihre Schatulle öffnen und ihr sauer verdientes Geld abliefern? Darunter sogar viele finanzschwache Kunden, die sich die Verträge eigentlich gar nicht leisten können. Auch hier verfügt die Verbraucherschützerin Kerstin Becker-Eiselen über jahrelange Erfahrungen.

»Die Leute wurden bei der Angst gepackt, dass die Rente doch nicht so sicher ist. Und dann gibt es ja auch die staatlichen Anreize, also Zulagen und Steuervorteile, da glauben die Leute, das müssen sie mitnehmen, diese Geschenke vom Staat. Und die Versicherer versprechen das Blaue vom Himmel, tolle Zinsen und später hohe Renten. Dass das alles später zusammengestrichen werden kann, dass davon unter Umständen nicht viel übrig bleibt, das sagt man natürlich nicht.«[44]

Seit ein paar Jahren haben die Versicherer einen neuen Verkaufsschlager: die fondsgebundene Rentenversicherung. Damit treibt die Branche ihr Erfolgsmodell auf die Spitze. Viele Versicherer gehen so weit, dass sie aktiv nur noch fondsgebundene Produkte anbieten. Und zwar aus gutem Grund, denn diese Verträge sind extrem lukrativ – für die Versicherungen. Und fast risikolos: Die Versicherung muss dem Kunden bei Vertragsschluss keine Garantierente zusichern. Das Kundengeld wandert nach Abzug der Kosten in der Regel in Aktienfonds. Das Risiko, ob die Fonds im Wert steigen oder fallen, trägt dann allein der Kunde. Das Beste an fondsgebundenen Produkten für die Versicherer sind jedoch die nahezu unerschöpflichen Möglichkeiten, Kosten zu produzieren und abzuschöpfen. »Die Versicherer können hier praktisch tricksen ohne Ende«, weiß Mark Ortmann vom Institut für Transparenz in der Altersvorsorge, »und der Verbraucher hat keine Chance, dem auf die Schliche zu kommen.«[43] Ergebnis: Bei den meisten fondsgebundenen Rentenversicherungen wird in den ersten Jahren kaum etwas in die Aktienfonds investiert. Der Löwenanteil der Beiträge landet in Form von Kosten bei den Versicherern und ihren Geschäftspartnern. Das zeigen die Berechnungen des Versicherungsmathematikers Peter Schramm. Er gehört zu den ganz wenigen seiner Zunft, die nicht fest für die Versicherungswirtschaft arbeiten. Immer wieder prüft er Verträge im Auftrag von Kunden, die nicht verstehen können, warum sich die Versprechungen in Luft aufgelöst haben. Meist werden aufgrund der hohen Kostenbelastung in den ersten Jahren nur 30 bis 40 Prozent der Einzahlungen tatsächlich angelegt und unterliegen obendrein dem Auf und Ab der Börse. Schramm ist überzeugt: »Die Kunden sind sich des Risikos gar nicht bewusst. Gerade Kunden, die normalerweise von Aktien oder Aktienfonds die Finger lassen würden, schließen ohne Bedenken eine fondsgebundene Rentenversicherung ab, obwohl sie hier das gleiche Risiko eingehen und außerdem solche Produkte extrem und gleich in den ersten Jahren mit Kosten belastet sind.«[46]

Das sagt man den Kunden natürlich nicht. Die Riester-Kunden wähnen sich vielmehr in der falschen Sicherheit, dass es sich bei staatlich geförderten Produkten auch um gute und faire Produkte handelt. Motto: Was staatlich zertifiziert ist, dem kann ich auch vertrauen. Ein Irrglaube. Mit der staatlichen Zertifizierung ist keinerlei Qualitätskontrolle verbunden.

Es gibt die fondsgebundenen Rentenversicherungen übrigens in allen Spielarten: als Riester-Rente, als Rürup-Rente, als betriebliche Altersversorgung oder als ungeförderte Variante. Und es gibt eine steigende Zahl von Produkten mit modern klingenden Namen, die dem Verbraucher den Eindruck vermitteln, dass ihn Garantien effektiv vor möglichen Verlusten schützen. HDI-Gerling wirbt mit seinen »TwoTrust«-Produkten mit »Multi Asset Portfolio« und »Rendite Plus Portfolio«: Das neue Produktmerkmal ›Wachsende Garantie‹ »ermöglicht eine automatische Steigerung des garantierten Guthabens während der Vertragslaufzeit. Mit unserer TwoTrust-Produktlinie gehören wir zu den Trendsettern in der Entwicklung moderner Vorsorgeprodukte«.[47] Oder die »Invest4life«-Police der Allianz. Eine »fondsgebundene« Rente, die angeblich phantastische Chancen an der Börse bietet und doch so sicher sein soll wie der Goldschatz in Fort Knox. Auf seiner Internetseite verspricht der größte deutsche Lebensversicherer vollmundig nichts weniger als die »Quadratur des Kreises für eine sorgenfreie Zukunft«.[48]

Das Problem bei vielen neuen Produkten: Die Garantien werden häufig nicht von der deutschen Muttergesellschaft, sondern von ausländischen Töchtern gegeben. Für »Invest4life« beispielsweise von der Allianz Global Life Ltd. mit Sitz in Dublin. Das macht die juristische Durchsetzung der versprochenen Garantien extrem schwierig. Zudem sind die Produkte, oft nennt man sie auch »Variable Annuities« oder »Dreitopfhybride«, so undurchsichtig konstruiert, dass sie vermutlich weder der Kunde noch der Versicherungsvermittler versteht. Axel Kleinlein vom Bund der Versicherten misstraut denn auch den neuen Zauberprodukten: »Meines Erachtens sind die Garantien nicht die Tinte wert, mit der sie gedruckt sind. Viele dieser neuen Produkte, so toll sie auch klingen, sind unsicher bis zum Erbrechen.«[49]

Eigentlich ist die Überlegung einfach: Gigantische Renditen ohne Risiko sind schlicht unmöglich. Dem arglosen Kunden wird dieser einfache Zusammenhang jedoch mit blumigen Worten und komplizierten Begriffen vernebelt, er versteht die Produkte schlicht nicht. Und es drängt sich der Verdacht auf, dass er sie auch gar nicht verstehen soll. Die neuen Versicherungsprodukte sind so kompliziert konstruiert, dass oft selbst die Verkäufer sie nicht durchschauen. Das muss den Verkaufserfolg aber nicht beeinträchtigen, wie das »Pepe-Syndrom« veranschaulicht. Pepe war

Mexikaner und der Legende nach der erfolgreichste Staubsaugervertreter in den USA. Er soll nur zwei englische Sätze perfekt beherrscht haben: »This is not your problem!« und »Please sign here!« Also etwa: »Null problemo« und »Bitte unterschreiben Sie hier!« Und das taten die Kunden massenhaft. Diese beiden Sätze beherrschen auch die Versicherungsvertreter in Deutschland perfekt. Für Branchenkenner der Versicherungsszene ist es kein Geheimnis, dass private Rentenversicherungen in Deutschland nicht nachgefragt, sondern in den Markt gedrückt, pardon verkauft werden müssen.

Das weiß auch der Versicherungsvorstand Johannes Lörper, 59. Wir sind mit ihm im 24. Stock der Düsseldorfer Zentrale der ERGO-Versicherung verabredet. Ganz oben in einem gewaltigen Glaszylinder, der wohl den Anspruch auf Transparenz unterstreichen soll. Jedem Besucher aber wird eindrücklich klargemacht: Wer hier sitzt, hat das Sagen. Lörper gibt sich betont lässig, turnt auffällig auf seinem Stuhl herum. Nur wenn es ihm wirklich ernst ist, beugt er sich weit herüber. Auf die vielen Kündigungen und hohen Abschlusskosten angesprochen, die den Kunden das Sparergebnis verhageln, bereitet es Lörper, so scheint es, fast körperliche Schmerzen zu antworten. »Die Produkte vertreiben sich nicht von allein. Es gibt hohe Kaufwiderstände, und ich denke, man braucht einfach einen starken Vertrieb. Die meisten Leute beschäftigen sich nicht freiwillig mit der Altersvorsorge. Das liegt nicht am Produkt, das liegt am mangelnden Interesse und Problembewusstsein. Die private Rentenversicherung halte ich für ein richtig gutes Produkt.«[50]

Mehrere Hunderttausend Vertreter, Vermittler und Makler bearbeiten deshalb den Markt, um die »Kaufwiderstände« zu brechen. Die deutschen Pepes heißen Reiner, Bernd oder Frank und beherrschen in der Regel mehr als zwei Sätze. Etwa den: »Wissen Sie eigentlich, wie groß Ihre Rentenlücke später mal sein wird?« oder

»Glücklicherweise werden wir immer älter, was aber, wenn Ihr Geld vorher ausgeht?« und natürlich die Superwaffe: »Wissen Sie eigentlich, wie viel Geld Sie jedes Jahr dem Staat schenken? – Sichern Sie sich Ihre Steuervorteile!« Und neben dem Riester- oder Rürup-Vertrag fällt auch noch manch anderes lukrative Geschäft ab: Eine Unfallversicherung oder eine Krankenzusatzversicherung gefällig? Wer den Riester-Vertrag durchgesprochen hat, hat seine Einkommenssituation offengelegt, und der Vermittler weiß jetzt genau, was er noch rausholen kann. »Hilfreich« ist zudem eine Vielzahl von Qualitätslabeln und Ratingzertifikaten, deren Aussagekraft kaum ein Verbraucher überprüfen kann. Kein Vertreter, der nicht eine überzeugende Bestnote für sein Produkt aus dem Ärmel schütteln könnte. So hat jeder Kunde den Eindruck, dass er sich soeben mit seiner Unterschrift den Mercedes unter den Versicherungen gesichert hat. Qualität hat eben ihren Preis.

»Die Leute finden das ganz großartig, dass da ein Mensch wie du und ich zu ihnen nach Hause kommt und ihnen am Küchentisch alles ausrechnet und fertigmacht«, weiß Kerstin Becker-Eiselen von der Verbraucherzentrale Hamburg. »Und wenn er dann noch sagt: ›Überhaupt kein Problem, was Sie einzahlen, bekommen Sie in jedem Fall wieder raus, da machen Sie sich mal gar keine Sorgen‹, dann ist es genau das, was die Leute hören wollen. Und falls tatsächlich dann noch ein Kunde nach Risiken fragt oder gar auf die Tabelle mit den Rückkaufswerten hinweist, heißt es: ›Ach, das ist nur Papierkram.‹ Dann unterschreiben sie und haben damit nie wieder was zu tun. Das ist es, was die Versicherungen suggerieren.«[51]

Die Strategie geht auf: In den letzten 15 Jahren konnte das Beitragsaufkommen für die Sparte Lebensversicherung glatt verdoppelt werden: von 45,2 Milliarden Euro 1995 auf 90,4 Milliarden Euro im Jahr 2010.[52]

Wie Riester-Renten und andere private Rentenversicherungen Sparern hohe Verluste bescheren

Es war im Frühjahr 1998, im Kino lief seit vielen Wochen unter großer Publikumsanteilnahme die Titanic auf einen Eisberg[53] *und Gerhard Schröder tat gerade alles, um seinen sozialdemokratischen Mitbewerber um die Kanzlerkandidatur, Oskar Lafontaine, zu versenken. Da entdeckten wir in einer Fachzeitung einen bis dato wenig beachteten Aufsatz. Ein Wirtschaftsprofessor stellte darin eine ungeheuerliche These auf. Lebensversicherungen bringen über alle abgeschlossenen Verträge gerechnet ihren Kunden eine erhebliche Minusrendite! Als Fachjournalisten hielten wir das zunächst für abwegig, doch die Berechnungen des Wissenschaftlers waren auch nach genauer Prüfung unwiderlegbar. Er war eben nur der Erste, der auf die zündende Idee gekommen war, bei der Berechnung einer Gesamtrendite nicht nur die regulären Abläufe bis zum geplanten Vertragsende zu berücksichtigen, sondern auch die vielen zuvor abgebrochenen Verträge. Sein erschütterndes Ergebnis: Im Durchschnitt aller Verträge bringen Kapitallebensversicherungen ein Minus von 13,9 Prozent. Uns war klar: Diese unglaubliche Information wollten wir im ARD-Wirtschaftsmagazin ›plusminus‹ präsentieren. Nur wie? Wie kann man Negativrenditen im Fernsehen vorführen?*

Wir erinnerten uns an die Titanic. Galt ihre Katastrophe zuvor nicht auch als undenkbar? So entwickelten wir einen Zeichentrickfilm mit allen Schikanen: Der Star war ein Schiff, die ›Titania‹. Sie stand für die Lebensversicherungen, in den Augen der meisten Wissenschaftler damals supersolide, superrentabel und praktisch nicht zerstörbar – wie die Titanic.

Die Kunden betraten die Titania und durften solange die wunderschöne Kreuzfahrt mitmachen, wie sie pünktlich zahlten. Das Schiff wurde dadurch im Trickfilm immer riesiger. Und der Kapitän paffte zufrieden seine Zigarre in der goldenen Badewanne. Die Gewinne der Titania stiegen. Wer nicht mehr zahlen konnte wurde von Bord gekickt und ertrank mit großen Verlusten. In der ARD-plusminus-Version[54] *ist die Titania tatsächlich der Dampfer, der goldglänzend das Meer durchpflügt und niemals untergeht, sondern – eben nur die Rendite. Schlussbild: Die Titania verschwindet am Horizont. Im Vordergrund: hampelnd, japsend eine Vielzahl von Kunden. Einige ertrinken gerade, andere klammern sich an Rettungsringe. Dazwischen schwimmt ein riesiger Block mit der Aufschrift, wie in Stein gemeißelt: RENDITE. Krachend bricht die Rendite ein, erst ganz langsam. Doch dann ist sie glucksend weg. Abgesoffen.*

Dieser Bericht war einer unserer größten Erfolge bei ›plusminus‹. Noch viele Jahre später verlangten Zuschauer nach Kopien der Titania-Story. Seitdem sind 15 Jahre vergangen, und die Versicherungswirtschaft hat eine Vielzahl neuer Produkte entwickelt. Und wie geht es dabei den Kunden? Für die ist leider alles noch viel schlimmer geworden.

Erinnern Sie sich noch an die Familie, der Walter Riester in seinem Imagevideo ein Häuschen verspricht? Von den 1200 Euro Einzahlungen im Jahr spendiert der Staat 793 Euro und die Familie muss nur 407 Euro selbst zahlen – jedenfalls laut Riester. Wir wissen bereits, dass sich die Familie den Traum von 250 000 Euro für ein Haus abschminken kann, weil auch Weihnachtsmann und Osterhase zusammen keine langjährige Rendite von 7,8 Prozent liefern können. Und auch die staatlichen Zulagen sind längst nicht so hoch, wie von Walter Riester unterstellt. Doch das wäre nur halb so schlimm, wenn die Gelder, die auf dem Versicherungskonto landen, auch tatsächlich Ihnen zugutekämen. Wenn alles, was Sie oder der Staat einzahlen, tatsächlich für Ihre spätere Altersversorgung eingesetzt würde. Und das noch ordentlich verzinst – schön wär's. Die Realität sieht leider so aus, dass die Kunden mit Lebens- und Rentenversicherungsverträgen im Durchschnitt nichts gewinnen, sondern im Gegenteil noch Geld verlieren. Das heißt, sie bekommen im Schnitt effektiv weniger raus, als zuvor in den Vertrag geflossen ist.

Was Laien überrascht und die Werbeaussagen der Versicherungen komplett auf den Kopf stellt, ist unter Fachleuten lange bekannt: Allein weil die meisten privaten Verträge vorzeitig gekündigt werden, ist die Durchschnittsrendite bei privaten Rentenversicherungen deutlich negativ. Als Erster hat dies Michael Adams, Professor für Wirtschaftsrecht an der Universität Hamburg, veröffentlicht.[55] Lebensversicherungen scheinen für den Durchschnittskunden nichts anderes als gewaltige Geldvernichtungsmaschinen. Die Versicherer moserten seinerzeit gekränkt rum,[56] konnten die Berechnung aber nicht widerlegen. Eigene Zahlen über Verluste legten sie bis heute nicht vor. Seitdem geistern Schätzungen durch die Fachwelt, wie viele Milliarden Mark bzw. Euro denn die Verbraucher wohl durch vorzeitig aufgelöste Verträge verlieren. Dem machte nun ein Professor aus Bamberg ein Ende: Andreas Oehler kämpfte sich durch 1115 dokumentierte Fälle von vorzeitig gekündigten Renten- und Lebensversicherungen. Er ermittelte den jeweiligen Verlust auf den Cent genau und rechnete diesen dann auf den Gesamtbestand aller Verträge hoch. Sein erschütterndes Ergebnis: mindestens zehn Milliarden Euro Verlust pro Jahr.[57] »Bereits mit dem Abschluss des Vertrages ist ein Verlust regelrecht absehbar, da die Abschluss- und Vertriebskosten samt Provisionen den sofortigen Aufbau eines Sparanteils behindern.« So Professor Oehlers dramatisches Fazit. Der in der Werbung gerne hervorgehobene Zinseszinseffekt werde dadurch glatt ausgehebelt. Und das liegt nicht etwa an kriminellen Machenschaften, sondern an der ganz legalen Konstruktion der Produkte, die systematisch zu Verlusten für die Kunden führen. Vereinfacht ausgedrückt sind es drei große Verlustbringer: der Kosten-Klau, der Storno-Klau und der Lebenserwartungs-Klau.

Der **Kosten-Klau** ist für die meisten Kunden noch am ehesten nachvollziehbar, und er wird von den Versicherern im Grunde auch nicht bestritten: Die Versicherer machen Werbung, bezahlen ein Heer von Versicherungsvermittlern, residieren in pompösen Versicherungszentralen. Weit über zehn Milliarden Euro gehen dafür jährlich drauf. Diese Summe ist insofern bemerkenswert, als es bei Lebens- und Rentenversicherungen vor allem um den Verkauf von Hoffnungen geht. Hier wird kein Auto geschraubt und kein Brot gebacken. Trotzdem entstehen geradezu irrwitzige Kosten.

Experten schätzen, dass ein normaler Privatrentenvertrag, wenn er durchgehalten wird, über die ganze Laufzeit mit weit über zehn Prozent Kosten belastet wird. Geld, das für die Altersvorsorge fehlt. Und diese Lücke muss erst mal am Kapitalmarkt verdient werden, was bei den aktuell niedrigen Zinsen zunehmend schwerer fällt.

Schlimmer sieht es oft noch bei Riester-Verträgen aus. Kein anderes Produkt wurde so erfindungsreich mit einem schier undurchdringlichen Dschungel an Kosten belegt. Tester machten schon über 20 verschiedene Kostenarten bei Riester-Produkten ausfindig. »Die Riester-Anbieter haben sich in einem kreativen Feuerwerk an Ideen darin überboten, immer neue Kostenschrauben anzuziehen«, wundert sich Versicherungsmathematiker Axel Kleinlein. Ergebnis: Im Einzelfall Kostenquoten von über 20 Prozent.[58]

So scheint das größte Plus der Riester-Rente, die staatliche Förderung, sich ins Gegenteil zu verkehren: Dort, wo viel Förderung reinfließt, kann auch besonders viel Geld rausgezogen werden. Unterm Strich sind Riester-Verträge deshalb noch kostenträchtiger und damit renditeschwächer als normale Privatrenten. »Hier findet eine unglaubliche Subventionsschneiderei durch die Riester-Anbieter statt«, kritisiert Annelie Buntenbach als Vorstandsmitglied des Deutschen Gewerkschaftsbunds (DGB): »Die staatliche Förderung der Riester-Rente ist vor allem ein milliardenschweres Subventionsprogramm für Versicherungen.«[59] Und diese drastische Einschätzung lässt sich nicht einfach als Kampfspruch aus der Gewerkschaftsecke abtun, wie eine Studie des Deutschen Instituts für Wirtschaftsforschung (DIW) eindrucksvoll nachwies. Nach zehn Jahren attestierten die Berliner Forscher der Riester-Rente, sie sei für die Sparer ungefähr so lukrativ wie ein Sparstrumpf: »Die Produkte sind so, wie sie jetzt sind, schlecht und zuungunsten derjenigen, die sparen und eine Altersvorsorge aufbauen wollen.«[60] Niederschmetternder könnte ein Urteil nicht ausfallen.

Noch gravierender als der Kosten-Klau wirkt sich aber der **Storno-Klau** aus. Durch eine trickreiche Verrechnung der Abschlusskosten bilden die Kunden trotz fleißiger Beitragszahlung kaum Sparkapital. Das fällt in der Regel gar nicht auf. Doch wer seine jährliche Standmitteilung aufmerksam liest, einen Taschenrechner zur Hand nimmt und die Gesamtsumme der eingezahlten Beiträge mit dem mitgeteilten Rückkaufswert vergleicht, traut oft seinen Augen nicht. Es dauert auch bei vergleichsweise guten Versicherern oft 12 oder 13 Jahre, bis der Rückkaufswert – also das, was Sie im Falle einer Kündigung ausgezahlt bekommen – die Höhe der eingezahlten Beiträge erreicht. So lange laufen die meisten Verträge aber nicht, weil sie im Durchschnitt bereits nach sieben Jahren gekündigt werden. Und zu diesem Zeitpunkt stehen die Verträge in der Regel noch tief in den roten Zahlen. Bei den meisten Versicherungen werden die Kunden bei einer Kündigung noch mit Stornoabschlägen bestraft, zum Beispiel in Höhe von zehn Prozent des Guthabens, mitunter sogar deutlich mehr.

So kann es passieren, dass Sie gar nichts ausgezahlt bekommen, wenn Sie früh einen Vertrag kündigen. Sie haben richtig gelesen, eine Auszahlung in Höhe von null Euro und null Cent.

Professor Udo Reifner ist Leiter des Hamburger Instituts für Finanzdienstleistung (iff) und erstellt seit vielen Jahren Gutachten für Bundesministerien und öffentliche Institutionen wie die EU-Kommission und das Europäische Parlament. Der Forscher hat sich intensiv mit der Qualität von Rentenprodukten beschäftigt, die sich nur als Altersvorsorge bezeichnen: »Mit einer Abbruchquote von bis zu 80 Prozent ist diese Form der Altersvorsorge untauglich. Die Versicherten haben am Ende keine Altersversorgung und sie verlieren einen Großteil dessen, was sie angespart haben. Wenn wir Altersvorsorge machen, dann müssen wir auch sicher sein, dass wo Altersvorsorge draufsteht auch tatsächlich im Alter eine Versorgung entsteht. Und in fast 80 Prozent der Fälle tritt sie eben nicht ein.«[61]

Und wenn Sie nun sagen, »das betrifft mich doch alles nicht«, denn Sie gehören natürlich zu jenen disziplinierten Versicherten, die bis zum Rentenalter durchhalten, dann trifft es Sie eben am Ende doch noch: in Form des **Lebenserwartungs-Klaus**. Dieser Klau ist der bei weitem raffinierteste, weil er mit besonders blumigen Versprechen verschleiert wird. Die Versicherer versprechen Ihnen stolz eine Rente bis zum Tod – »Absicherung des biometrischen Risikos« heißt das nebulös im Versicherungsdeutsch. Das Risiko ist unbestreitbar, denn schließlich weiß kein Mensch, wie alt Sie tatsächlich werden, wie lange also die Rente gezahlt werden muss. Deshalb kalkulieren die Versicherungen die Renten besonders vorsichtig, legen also die monatliche Rente sehr niedrig fest, damit das Geld, auch wenn Sie so alt wie Johannes Heesters werden sollten, ausreicht. Versprochen werden Ihnen in jungen Jahren zwar deutlich höhere Summen, doch die können zu einem Großteil problemlos wieder gestrichen werden. Nur die vertraglich zugesagte Garantierente ist Ihnen wirklich sicher.

Um Ihnen eine Vorstellung zu geben, wie viel Rente Ihnen durch die »vorsichtige Kalkulation« Ihres Versicherers verloren geht, ist ein Vergleich mit den Prognosen des Statistischen Bundesamts hilfreich.

Die staatlichen Statistiker wissen natürlich auch, dass die Menschen immer älter werden, haben dies in ihren Prognosen einkalkuliert und rechnen für einen heute 35-jährigen Mann mit einer Lebenserwartung von 83,6 und für eine gleichaltrige Frau sogar mit 88,1 Jahren. Die privaten Versicherer legen hier locker noch zehn Jahre drauf und kalkulieren mit 93,7 Jahren für den Mann und mit 97,8 Jahren für die Frau. Hinter diesen Zahlen vermutet der Laie zunächst nichts Böses, sie enthalten aber enormen Sprengstoff. Denn sie bestimmen letztlich die Rentenhöhe im Alter: die privaten Versicherer zahlen annähernd 30 Prozent niedrigere Renten, weil sie mit den ›vorsichtigen Zahlen‹ rechnen und den künftigen Rentnern grundsätzlich ein Methusalem'sches Alter unterstellen. Anders ausgedrückt: Nähmen sie die offiziellen Zahlen des Statistischen Bundesamtes als Grundlage der Kalkulation, lägen die Garantierenten um bis zu einem Drittel höher. So hoch ist der Rentenklau durch übervorsichtige Annahmen bei der Lebenserwartung. Der Chef des Bundes der Versicherten, Axel Kleinlein, kritisiert: »Das Schlimme ist, dass der Kunde bei Vertragsschluss nicht erkennen kann, mit welch abstrusen Sterblichkeitsannahmen der Versicherer kalkuliert. Es gibt einzelne Unternehmen, die legen einfach noch mal zehn Jahre drauf, und es merkt praktisch keiner. So macht man Profite durch die Hintertür.«

Die von der Finanzaufsicht Bafin offiziell ausgewiesenen Risikogewinne (überwiegend Sterblichkeitsgewinne) und Kostengewinne der deutschen Lebensversicherer betrugen im Jahr 2010 übrigens 7,6 Milliarden Euro.[62]

Im Jahre 1998 konnten wir berichten, dass die Titania, pardon die deutschen Lebensversicherer, über geschätzte stille Reserven in Höhe von 300 Milliarden Mark verfügte. Das sind Vermögenswerte, die zwar aus den Geldern der Kunden geschaffen wurden, an denen die Kunden aber nicht beteiligt werden mussten.[63]

Wie die Finanz- und Eurokrise die private Rente gefährdet

Die Lebensversicherer fühlen sich als Krisengewinnler der jüngsten Finanzkrise. Sie böten, so der Versichererverband GDV, »einen sicheren Hafen für die Ersparnisse ihrer Kunden«[64] und weiter: »Aus der Banken- und Wirtschaftskrise ist die Lebensversicherung gestärkt hervorgegangen.«[65] Ihre Angebote hätten »an Attraktivität gewonnen«, und »das Vertrauen in die Fähigkeit der Lebensversicherer, ihre Leistungsversprechen auch in Krisenzeiten zu erfüllen«, sei ungebrochen.[66] Damit sei der Beweis erbracht, dass die Rentenpolice eines Lebensversicherers das am besten geeignete Instrument zur Alterssicherung sei.[67] Gut gebrüllt, Löwe! Aber wie sieht die Lage wirklich aus?

Professor Udo Reifner vom Hamburger Institut für Finanzdienstleistungen kann von Sicherheit wenig sehen: »Wie sicher ist denn der Kapitalmarkt?«, fragt der Autor des Bestsellers ›Die Geldgesellschaft‹. »Wir haben doch gerade drei Crashs erlebt, 2000 die Internetblase, dann die Hypothekenkrise und jetzt die Schuldenkrise der Staaten. Wir zahlen Milliarden, um dieses Finanzsystem aufrechtzuerhalten. Genau auf diesem System baut die private Altersvorsorge auf.«[68]

Deutlichstes Zeichen, wie sehr die Lebensversicherer am Tropf dieser staatlichen Feuerwehraktionen hängen, ist das Beispiel der Hypo Real Estate (HRE). Bei ihr haben die meisten deutschen Versicherer Pfandbriefe erworben. Angeblich supersicher, steht doch hinter dem Papier auch immer ein Immobiliengegenwert. Doch wenn dieser Wert plötzlich nur noch Ramschniveau hat, stürzt auch das angeblich so sichere Gebäude der Lebensversicherer ein wie ein Kartenhaus. Bei der HRE ging es immerhin um Anlagen deutscher Versicherer von vermutlich über 100 Milliarden Euro. Anlagen in zweistelliger Milliardenhöhe hatten die deutschen Versicherer gar als »unbesicherte Geldmarktaufnahmen und Schuldscheindarlehen« sowie als »unbesicherte Namenschuldverschreibungen« der HRE-Gruppe in ihren Depots liegen. Diese superriskanten Papiere wären bei einer HRE-Pleite vermutlich nichts mehr wert gewesen. Betroffen unter anderen: Allianz, Alte Leipziger, Axa, Debeka, HDI-Gerling, DBV-Winterthur, Deutsche Ärzteversicherung und Münchener Rück.[69] Wie knapp die und ihre Versicherten einer Pleite bzw. dem Verlust ihrer privaten Altersversorgung entgangen sind, wurde der deutschen Bevölkerung seinerzeit wohlweislich verschwiegen. Eine Panik ist unbedingt zu vermeiden, hieß wohl das Motto.

Auch Staatsanleihen, in der Vergangenheit galten sie immer als bombensicher, lassen Versicherungsmanager nicht mehr ruhig schlafen. Nur noch die deutschen Staatspapiere und die einiger Nachbarländer genießen die Top-Bonitäten der Ratingagenturen. Gleichwohl halten sich die Versicherer auffällig bedeckt, wenn es um die Schuldenkrisen der südeuropäischen Länder geht. In der Diskussion um Schuldenschnitte und die Bereitschaft zum Forderungsverzicht stehen die Banken im Fokus. Von Allianz und Co. redet fast niemand. Dabei hatten zum Jahresende 2011 die deutschen Lebensversicherer knapp zehn Prozent ihrer Anlagen in den Problemländern Griechenland, Italien, Spanien und Portugal stecken.[70] Still und heimlich schrieben die großen Versicherer hohe Millionenbeträge ab. Beispielsweise die Generali 560 Millionen Euro und die Ergo Versicherungsgruppe gar 1,1 Milliarden Euro[71] – allein auf griechische Staatsanleihen.[72] Bislang dämpft das die Überschussbeteiligung nur ein wenig. Falls aber Italien und Spanien ›abstürzen‹, wird das – so orakeln Analysten – bei den deutschen Versicherungen ein Erdbeben auslösen.[73] Nicht überleben würden die Lebensversicherer gar eine massive Bankenkrise. Rund 55 Prozent ihrer Anlagen stecken in Bankpapieren. Können die nicht zurückgezahlt werden, stehen die Privatrentner blank da.

»Denn dieses angelegte Geld besteht nur aus Forderungen auf eine zukünftige Auszahlung«, stellt Udo Reifner klar. »Das Geld ist ja noch nicht vorhanden.« Es existiert nur die Hoffnung, dass die Versicherungsbranche in 20, 30 oder 40 Jahren ein Versprechen einlöst, indem sie wiederum bei ihren Schuldnern langfristige Forderungen eintreibt.

Der Grandseigneur unter den Rentenexperten Winfried Schmähl kritisiert deshalb, dass mit dem Wort »kapitalgedeckte Altersvorsorge« ganz bewusst ein trügerischer Eindruck von Sicherheit erzeugt werde. Er schlägt vor, den Terminus »kapitalgedeckt« durch den Begriff »vom Kapitalmarkt abhängig« zu ersetzen.

Doch wie man das Kind auch benennt, private Altersvorsorgesysteme sind wesentlich unsicherer als das klassische Umlagesystem der deutschen gesetzlichen Rentenversicherung. Das staatliche System basiert nicht auf Kapitalmarktanlagen, sondern auf der Leistungsfähigkeit der deutschen Wirtschaft in Form von Beiträgen auf Löhne und Gehälter. Und die ist vergleichsweise stabil. Die Lohn- und Gehaltssumme mag mal langsamer und mal schneller steigen, doch sie wird niemals massiv einbrechen oder komplett ausfallen. Und weil im Umlageverfahren die Beiträge sofort in Form von Renten ausgezahlt werden, gibt es weder ein Inflationsrisiko noch die Gefahr, dass die Konjunktur einbricht, weil der Volkswirtschaft ja keine Gelder entzogen werden: »Es handelt sich um ein derart geniales System«, stellt der Bremer Ökonomie-Professor Rudolf Hickel fest, »dass man es erfinden müsste, wenn es nicht bereits existierte.«[74]

Die »vom Kapitalmarkt abhängige« Altersvorsorge ist hingegen nur sicher, wie das Beispiel HRE-Rettung zeigt, solange der Staat bereit ist, für die privaten Versicherungen die Kohlen aus dem Feuer zu holen. Und die neoliberale Angstmache der vergangenen 20 Jahre, die die Bevölkerung nachdrücklich davor warnte, sich bei der Altervorsorge auf den Staat zu verlassen, erweist sich damit als hohle Propaganda. »Die Privatwirtschaft kann die Sicherheit der Auszahlungen im Gegensatz zum Staat nicht garantieren«, stellt Rudolf Hickel klar. »Es ist also genau umgekehrt, wie es immer behauptet wurde und wird.«[75] Auch Annelie Buntenbach vom DGB pflichtet dem bei: »Die Überlegenheit der Kapitaldeckung gegenüber der Umlagefinanzierung ist und bleibt eine Mär!«[76] George Orwell lässt grüßen.

Sackgasse Privatvorsorge

Wie es Pensionären ergeht, die sich stark auf private Altersvorsorge verlassen, zeigte sich in den USA und England. Sie mussten bittere Verluste hinnehmen, nachdem Pensionskassen im Börsenstrudel pleitegingen und dreistellige Millionenbeträge plötzlich weg waren. Es zeigt sich, dass die hehre Floskel von der »Eigenverantwortung« nicht viel mehr ist als eine Beschönigung des Tatbestands »alleingelassen«. Das erlebten auch die Rentner in Chile, wo das Rentensystem auf Anraten der Weltbank 1980 auf reine Kapitaldeckung umgestellt wurde. Mit negativen Folgen: Wegen der hohen Verwaltungskosten waren die chilenischen privaten Rentenfonds für Arbeiter mit geringeren Einkommen selbst im Falle lückenloser Beitragszahlungen eine sehr unrentable und zur Altersabsicherung ungeeignete Kapitalanlage.[77] Mittlerweile haben die Chilenen wieder auf ein solidarisches Rentensystem umgestellt.

Die Organisation für wirtschaftliche Entwicklung und Zusammenarbeit OECD bezifferte im Krisenjahr 2008 die Verluste der privaten Altervorsorgeeinrichtungen weltweit auf 3,78 Billionen Euro[78] – das sind also annähernd 4000 Milliarden Euro.

Die Beispiele bestätigen damit jene Erfahrungen, die auch viele der heute Alten in unserem eigenen Land gemacht haben, die aber leider ein wenig in Vergessenheit geraten sind. Kerstin Becker-Eiselen von der Verbraucherzentrale Hamburg: »Das Umlageverfahren ist unvergleichlich sicherer als die Kapitaldeckung. Wenn ich hier mit Leuten rede, die einen Krieg oder sogar zwei mitgemacht haben, mit Währungsschnitt und Börsencrashs, die sagen mir: Die Einzige, die immer gezahlt hat, war die Rentenversicherung.«[79]

Tatsächlich ist die Finanzlage vieler Lebensversicherer bereits heute düster. Denn entgegen der Hoffnung vieler Kunden haben auch die Versicherer keinen Goldesel im Keller, der die Dukaten ausspuckt. Das zeigt sich an der dramatischen Absenkung des Rechnungszinses[80] am 1. 1. 2012 von 2,25 auf 1,75 Prozent. Das heißt, die Versicherer sahen sich außerstande, ihren Kunden dauerhaft den Sparanteil ihrer Einzahlungen mit etwas über zwei Prozent zu verzinsen. Der historische Tiefstand von 1,75 Prozent wird aber in vielen Fällen nicht mehr reichen, den Beitragserhalt zu garantieren. Soll heißen: Nach Ende der Einzahlphase wird eine Garantieleistung zur Verfügung stehen, die niedriger ist als die Summe der zuvor eingezahlten Beiträge. Ein echtes Verlustgeschäft, von der Entwertung durch die Inflation gar nicht zu reden. Der Analyst Lars Heermann von der Ratingagentur Assekurata erwartet, dass sich die Produktpalette deshalb noch weiter in Richtung fondsgebundene Produkte verschieben wird: »Es gibt einige Anbieter, für die es wegen ihrer hohen Kosten bei gleichzeitig niedrigen Kapitalmarktzinsen aus Wettbewerbsgründen schwierig wird, die klassischen Rententarife zu verkaufen. Sie werden folglich vermehrt auf Fondsprodukte mit neuartigen Garantieformen setzen.«[81]

Je nach Werbebotschaft können die Versicherten damit geschickt in die Irre geführt werden, sofern eine magische Mischung aus Sicherheit und Chancen suggeriert wird, die so schlicht nicht funktionieren kann: »Das muss zwangsläufig zu Enttäuschungen führen«, ist Lars Heermann überzeugt.

Der größte Umbruch vollzieht sich derzeit auf dem Markt für Riester-Tarife. Dort ist der Beitragserhalt gesetzlich vorgeschrieben, was aber zahlreiche Versicherer angesichts ihrer aufgeblähten

Kostenstrukturen nicht mehr schaffen können. Der seit 2012 auf 1,75 Prozent abgesenkte Garantiezins reicht oft nicht aus, um die durch hohe Kosten entstandenen Verluste auszugleichen. Darüber redet in der Branche keiner gerne. Und die Bundesregierung normalerweise auch nicht. Doch in einer unscheinbaren Bundestagsdrucksache Nr. 17/7964 vom 30. 11. 2011 fanden wir Erstaunliches. Bis zu 24 Jahre dauert es – so bestätigt es die Bundesregierung ganz offiziell –, um mit dem neuen Rechnungszins die Kosten wieder reinzuholen.[82] Das bedeutet, dass ein 38-Jähriger in diesem Fall bis zum frühesten Rententermin mit 62 den vorgeschriebenen Beitragserhalt gerade noch so eben schaffen könnte. Einem 39-Jährigen dürften teure Versicherer eigentlich keinen Riester-Vertrag mehr verkaufen. Ein Offenbarungseid für die Riester-Rente. »Man wird sehen, wie die Branche damit umgeht«, gibt sich Assekurata-Analyst Lars Heermann zurückhaltend, »doch eins ist klar: Wenn sie nicht von den hohen Kosten runterkommt, dann hat sie für derartige Vertragskonstellationen ein Problem.«[83] Das Problem haben in jedem Fall die Kunden. Für sie wird die Option, Altersvorsorge über private Rentenversicherungen zu organisieren, zum staatlich geförderten Irrweg.

Ein Grundproblem der Versicherer ist die nun schon über viele Jahre anhaltende Niedrigzinsphase. Solange die Europäische Zentralbank die Zinsen auf einem historischen Tief belässt, um über billige Investitionen die Wachstums- und Konjunkturkräfte zu stützen, können die Lebensversicherer mit seriösen Geldanlagen keine attraktiven Zinsen erwirtschaften. Dabei hat die Finanzwirtschaft selbst eine Mitschuld an der Misere. Denn die Teilprivatisierung der Altersvorsorge führte zusammen mit der Deregulierung auf den Finanzmärkten folgerichtig zu einem Überangebot an Finanzkapital an den internationalen Finanzmärkten. Und zu viel Angebot sorgt für sinkende Zinsen. Es ist also genau so gekommen, wie es die Protagonisten einer Privatisierungspolitik vor rund 15 Jahren geplant hatten. Sie wollten mit billigem Geld die

Wirtschaft ankurbeln und erhofften sich dadurch hohe Wachstumsraten. Dass dieses Geld sich ganz andere Wege in fast unkontrollierbare Finanzprodukte bahnt und die Weltwirtschaft damit nahezu in den Kollaps treibt, war sicher nicht vorgesehen. Auch nicht, dass die privaten Renten- und Lebensversicherer durch die niedrigen Zinsen fast ihre Geschäftsgrundlage verlieren. Doch darauf hätte man mit ein wenig Nachdenken kommen können, gibt der Bremer Ökonom Rudolf Hickel zu bedenken: »Wenn wir noch mehr privat sparen, wird das Kapitalanlageergebnis der Versicherungen noch schlechter. Gleichzeitig wird der Volkswirtschaft Einkommen entzogen, die Konsumquote sinkt. Die private Altersvorsorge in Versicherungsverträgen wirkt also eindeutig krisenverschärfend.«[84]

Lobbyisten 1: Bestellte Gutachten und käufliche Wissenschaft

Der Auftritt der neuen Rentenpropheten

Es war Mitte der 1990er-Jahre auf einem Flug nach Singapur. Ich sollte dort für »plusminus« und das ARD-Morgenmagazin Reportagen darüber machen, wie flink oder wie zögerlich deutsche Firmen auf dem asiatischen Markt agieren. Neben mir im Jumbo der Singapur Airlines »Raffles-Class« saß Max Höfer, seinerzeit für die Wirtschaftszeitung »Capital« tätig. Wenige Jahre später sollte er als Geschäftsführer der Initiative Neue Soziale Marktwirtschaft noch eine wichtige Rolle spielen. Max Höfer hatte damals das Thema Rente frisch für sich entdeckt und erzählte mir voller Begeisterung von einem Wissenschaftler aus Freiburg: Bernd Raffelhüschen. »Den musst du unbedingt kennenlernen«, schwärmte mir Höfer vor und erklärte mir sinngemäß: »Der macht Generationenbilanzen, der absolut letzte Schrei. Der weiß heute schon, wie teuer die Rente in 30 Jahren wird. Ganz irre.« Und ich sollte ihn kennenlernen, den Professor mit dem speziellen Namen, der seine ganz spezielle Marktlücke gefunden hatte.

Für einen Bericht[1] *über die gesetzliche Rentenversicherung suchten wir einen frischen Wissenschaftler, ein neues Gesicht, der sich zudem ein Urteil traute, was in 30 oder 40 Jahren die heutigen Einzahlungen noch wert sind. Und Professor Bernd Raffelhüschen enttäuschte uns Fernsehleute nicht. Mit seinen damals noch sehr blonden Rauschgoldhaaren erinnerte er nicht nur an Thomas Gottschalk, sondern hatte unzweifelhaft auch ein gewisses Showtalent. So sagte er in die Kamera, was er später noch viele Male sagen sollte: »Das be-*

deutet, dass in der gesetzlichen Rente die Rendite der heute eingezahlten Beiträge in jedem Fall negativ wird.« Raffelhüschen unterstrich seine provokanten Aussagen mit flinken Strichen an seiner Tafel. Doch egal, wie er die Kurven und Diagramme auch platzierte, sie endeten immer im Desaster, das er launig kommentierte: »Entweder wir werden 2030 untragbar hohe Beitragssätze haben oder ein unerträglich niedriges Rentenniveau.«

Falls die künftige Generation nur so viel zahlen wolle wie ihre Eltern, dann, so prognostizierte Raffelhüschen, »landen wir bei einem Rentenniveau von unter 40 Prozent, vielleicht sogar bei 30 Prozent,[2] *es kommt garantiert weniger heraus, als einbezahlt wurde. Wir kommen um einen Umbau unserer Altersversorgung hin zu einem viel höheren Anteil an privater Absicherung nicht herum.«*

Starker Tobak, doch Raffelhüschens Thesen machten Eindruck. Es folgten jedenfalls ungezählte Auftritte in TV-Magazinen, in Talkshows und auf Vortragsreisen. Übrigens ist bei seinem ersten Auftritt »Im Ersten« dann doch noch was schiefgegangen. Bei der Einblendung seines Namens, die in der Regel live erfolgt, hatte sich die Hilfskraft am Regiepult vertippt: Raffelhöschen lautete der leicht missglückte Untertitel. Seine Studenten, so ließ er uns wissen, hätten herzlich gelacht.

Mitte der 1990er-Jahre waren die Probleme der gesetzlichen Rentenversicherung entgegen der öffentlichen Wahrnehmung eigentlich bereits gelöst. Norbert Blüm und die »Rentenmänner«,[3] so nannte man seinerzeit jenen Zirkel von rund 30 Experten aus Politik, Wissenschaft und der Institution Rentenversicherung, die bis dato fast im Alleingang die Rentendiskussionen führten, waren sich sicher, mit der 1992er Reform und einigen kleinen Nachjustierungen die gesetzliche Rente wetterfest gemacht zu haben. Sie hatten die nettolohnbezogene Rentenanpassung[4] eingeführt, die anrechenbaren Ausbildungszeiten radikal beschnitten, die Rente nach Mindesteinkommen abgeschafft und das Renteneintrittsalter für Frauen erhöht. Außerdem hatten sie heftige Rentenabschläge für alle beschlossen, die vorzeitig in Rente gehen. Ein Bündel von harten Maßnahmen, die jedoch die Rente nicht in ihrer Substanz gefährdeten. Trotz der damals hohen Arbeitslosigkeit und der absehbar niedrigen Geburtenraten war die gesetzliche Rente tragfähig finanziert.

»Eigentlich war die Kuh schon vom Eis«, erinnert sich Winfried Schmähl, seinerzeit Vorsitzender des Sozialbeirats und inzwischen emeritierter Professor für Wirtschaftswissenschaften. »Die Horrorszenarien mit Beitragssätzen von 36 Prozent waren durch die diversen Reformmaßnahmen längst vom Tisch. Im schlimmsten Falle wäre der Beitragssatz irgendwann nach 2030 auf 26 Prozent gestiegen.«[5] Und selbst das hätte teilweise vermieden werden können, wenn der Finanzminister die von der Politik veranlassten Maßnahmen – beispielsweise die Zahlung von vergleichsweise hohen Renten für ostdeutsche Rentner und die Kosten für Frühverrentungsprogramme – voll aus Steuermitteln ersetzt hätte.

In dieser Situation geschah etwas höchst Merkwürdiges: Die gesetzliche Rentenversicherung geriet ab Mitte der 1990er-Jahre immer mehr in den Fokus öffentlicher Kritik. Medienkampagnen schürten die Angst, dass die Rentenkasse schon bald vor dem Kollaps stünde und die heutigen jungen Arbeitnehmer nur noch in ein Fass ohne Boden einzahlten. Höhepunkt der polemischen Diskussion war der *Spiegel*-Titel vom 3. Februar 1997: ›Wie die Alten die Jungen ausplündern‹.[6] Im gleichen Heft, unmittelbar vor der Titelgeschichte über die »marode Rentenkasse«, prangte eine Anzeige der Allianz-Lebensversicherung: »Die Allianz Privatrente ergänzt, was die Gesetzliche nicht leisten kann.«[7]

Ein Schelm, wer Böses dabei denkt. Prüft man die Berichterstattung dieser Tage, so tauchen in allen Gazetten immer wieder vier Professoren auf, die als Kronzeugen eines überfälligen Reformbedarfes herhalten:

Professor Meinhard Miegel, der in Bonn unweit des damaligen Regierungsviertels ein Institut[8] leitete, das seit Jahren vor allem eine Botschaft transportierte: Das System der gesetzlichen Rente ist nicht überlebensfähig. Schon 1985 forderte er den Totalumbau der deutschen Altersversorgung und propagierte den Ausbau der kapitalgedeckten Altersvorsorge.[9] Professor Bernd Raffelhüschen aus Freiburg, der neue Star unter den Rentenökonomen. Mit seinen Generationenbilanzen versuchte er eindrucksvoll zu belegen, wie sehr die junge Generation benachteiligt werde. Professor Bert Rürup, der sich als sozialdemokratischer Finanzwissenschaftler schon lange mit Rentenfragen befasste und sich mittlerweile ein solches Renommee erworben hatte, dass auch Rentenminister Blüm auf seinen Rat hörte. Rürup saß in sämtlichen Enquete-Kommissionen zum demographischen Wandel des Deutschen Bundestages und sollte später als enger Vertrauter von Bundeskanzler Gerhard Schröder den der Regierung unbequemen Professor Winfried Schmähl als Vorsitzenden des Sozialbeirates ablösen. Schließlich Professor Axel Börsch-Supan, der es sich als Direktor des MEA, des Mannheimer Forschungsinstituts Ökonomie und Demographischer Wandel, mit einem ganzen Stab von Wissenschaftlern zur Lebensaufgabe gemacht hatte, die Überlegenheit privater Altersvorsorge wissenschaftlich zu untermauern. So verkündete Börsch-Supan, dass man bei identischem Rentenniveau mit privater Altersvorsorge nur ein Viertel so viel einzahlen müsse wie beim gesetzlichen Umlageverfahren.[10]

Und die Presse stürzte sich begierig auf die neuen Rentenpropheten. Ob im *Spiegel*, der *Zeit*, im *Handelsblatt*, der *FAZ* oder in den einschlägigen Wirtschaftsmagazinen wie *Wirtschaftswoche* oder *Capital*: Die tickende Zeitbombe der unweigerlich bevorstehenden »demographischen Katastrophe« wurde zu dem drängenden Thema der Zeit. Worte wie »Generationengerechtigkeit« und »Zukunftsfestigkeit« wurden zu Schlüsselbegriffen. Der Reformbedarf stand plötzlich außer Frage, jedenfalls wenn man den vier

Rentenpropheten glaubte. Auch die Rollen in Gesellschaft und Politik wurden neu verteilt: Klassische Sozialpolitiker wie Norbert Blüm (CDU) und Rudolf Dreßler (SPD), die die vergangenen Reformen stets im Konsens durchgezogen hatten, bekamen das Etikett ›Blockierer‹ oder ›ewig Gestrige‹ verpasst. Alle Befürworter eines radikalen Wandels waren hingegen ›Modernisierer‹. Die Jungen waren die ›Opfer‹, denen enorm hohe Beiträge abgepresst würden, die aber später angeblich nichts zu erwarten hätten. Die Alten hingegen waren die ›Schmarotzer‹, die sich jahrzehntelang mit üppigen Renten ein schönes Leben machten. So einfach war das.

Auch wir vom Fernsehen rannten mit der Meute mit. Wann immer die Zukunftsaussichten der gesetzlichen Rente oder die zu erwartenden Renditen der damals 30-Jährigen thematisiert wurden, führte unser Weg nach Bonn in die Ahrstraße 45: Dort residierte Meinhard Miegel mit seinem Institut für Wirtschaft und Gesellschaft (IWG).[11] *Die Kameraleute kannten den Weg damals schon blind auch ohne ›Navi‹. Miegels engste Mitarbeiterin Stefanie Wahl begrüßte uns freundlich und geleitete uns umgehend zur Kassandra der Altersversorgung. Seinen CDU-Parteikollegen Kurt Biedenkopf hatte Miegel schon in den 1980er-Jahren überzeugt, dass der Ausstieg aus der beitragsfinanzierten gesetzlichen Rente nötig sei. Die Alternative von Miegel und Biedenkopf: eine steuerfinanzierte Grundsicherung in etwa auf Sozialhilfeniveau. Darüber hinaus solle jeder privat vorsorgen, wie es ihm beliebt. Die gesetzliche Rente in der bestehenden Form wäre erledigt.*

Miegel erwartete uns Fernsehleute immer sehr freundlich, aber in preußisch korrekter Haltung. In seinem dunklen Anzug und mit perfekt sitzender Krawatte nahm er in seinem gewaltigen Bürostuhl hinter einem riesigen schwarzen Tisch Platz und fuhr dann schweres Geschütz auf: »Wer im Jahr 1995 in Rente gegangen ist, der hatte noch eine recht ordentliche Rendite. Er bekommt nämlich für jede real einbezahlte Mark als Rentner zwei Mark heraus. Wer im Jahr 2015 in Rente geht, wird für jede real einbezahlte Mark gerade noch eine Mark rausbekommen. Das wäre null Rendite. Und das bedeutet, dass jeder, der sein Geld nur aufs Sparbuch angelegt hat, sich besser steht als derjenige, der im Rentensystem ist. Und im Jahre 2035 wird ein Rentner real nur noch 80 Pfennige bekommen, das sind dann real 20 Prozent Verlust.«[12] *Das saß. Ein staatliches Zwangssystem, das die künftigen Rentner geradezu enteignet, dem konnte die Politik nicht tatenlos zusehen. Höchste Zeit zum Handeln!*

1996 gründeten fast alle Parteien »Alterssicherungskommissionen«. Auch die Bundesregierung reagierte: Norbert Blüm berief im Sommer 1996 die Regierungskommission »Fortentwicklung der Rentenversicherung«. Mit dabei: Bert Rürup, Meinhard Miegel und auch der damalige Chef des Sozialbeirats Winfried Schmähl. Der Druck im Rentenkessel stieg, da der gerade erst auf 19,2 Prozent erhöhte Rentenbeitrag zum Jahreswechsel erneut steigen sollte. Mit 20,3 Prozent sollte er 1997 tatsächlich erstmals die psychologisch wichtige Schmerzgrenze von 20 Prozent überschreiten. Die neuen Rentenpropheten verlangten wie auch Vertreter der Wirtschaft nun endlich ernsthafte Korrekturen. Zur Kritik an dem angeblich nicht zukunftsfähigen und ungerechten Rentensystem kam nun noch der Vorwurf, die hohen Lohnnebenkosten belasteten die Konkurrenzfähigkeit der deutschen Wirtschaft. Eine Senkung der Beitragssätze sei dringend geboten. Nur so könnten neue Arbeitsplätze geschaffen werden.

»Das war eine völlig übertriebene Sicht«, so urteilt Professor Winfried Schmähl heute. »Lohnnebenkosten, Demographie und auch Generationengerechtigkeit waren Schlagworte, die Zukunftsangst in der Bevölkerung schürten, um den Weg in die kapitalmarktabhängige Alterssicherung als unbedingt notwendig zu verkaufen.« Tatsächlich hatten die Finanzprobleme, die in den

1990er-Jahren die Beiträge von 17,7 Prozent bis auf 20,3 Prozent trieben, nichts mit der Qualität des Rentensystems zu tun. Sie waren vielmehr die Folge der hohen Arbeitslosigkeit, die über »die blühenden Landschaften« (O-Ton Helmut Kohl) Ostdeutschlands hereingebrochen war.[13] Die Politik hatte teure Frühverrentungsprogramme beschlossen und die Kosten hierfür der Rentenkasse aufgeladen. Ohnehin war sie durch die sofortige Zahlung von vergleichsweise hohen Renten in Ostdeutschland belastet. Die folgerichtig steigenden Beiträge wurden aber nun perfiderweise der Rentenversicherung als Versagen angekreidet. Peter Bofinger, Mitglied des Sachverständigenrats und damit einer der fünf ›Wirtschaftsweisen‹, erklärt es so: »Im Ganzen wurden die sozialen Sicherungssysteme seit 1990 in doppelter Hinsicht misshandelt. Zuerst wurden sie für die Finanzierung der deutschen Einheit herangezogen, obwohl für eine solche gesamtstaatliche Aufgabe eindeutig das Steuersystem zuständig gewesen wäre. Zugleich wurde daraus resultierenden Klagen der Arbeitgeber über zu hohe Lohnnebenkosten willig nachgegeben, indem man ihnen die Umgehungsmöglichkeiten der Minijobs und der Scheinselbstständigkeit eröffnete. Dadurch ging die Zahl der Vollzeitversicherten weiter zurück, so dass man wieder höhere Beitragssätze benötigte, was als Ausdruck einer überzogenen sozialen Sicherung interpretiert wurde. Im Lauf der Jahre ist so in den Medien und der Politik ein demagogisches Meisterstück gelungen: Der in den 1990er-Jahren von der Politik übel missbrauchte Sozialstaat wurde zum Schurken des Gaunerstücks erklärt: Auf der Anklagebank sitzen nicht die Politiker, die die Besserverdienenden nach 1990 vor Steuererhöhungen schützten, sondern die geschröpften Arbeitnehmer, denen ein ›Mangel an Eigenverantwortung‹ vorgeworfen wurde.«[14] Also ein perfekt gelungenes PR-Manöver à la George Orwells »1984«: Denn auch das Volk war aufgrund der Medienkampagnen mittlerweile selbst der Ansicht, es müsse mit der Rente dringend etwas geschehen.

Am 27. Januar 1997 legte die Blüm'sche Rentenkommission ihren Bericht vor. Ihr zentraler Vorschlag, der auch später als Gesetz verabschiedet wurde: die Einführung eines ›demographischen Faktors‹. Dieses Konzept geht auf Bert Rürup zurück. Die Idee war, die Belastungen aus der steigenden Lebenserwartung jeweils zur Hälfte auf die Jungen und die Alten zu verteilen. Der Beitragssatzanstieg bis 2030 sollte halbiert werden: statt von 20 Prozent auf 26 Prozent nur noch auf maximal 23 Prozent. Dafür wurde eine aus heutiger Sicht moderate Niveauabsenkung beschlossen, die, wie die Kommission ausdrücklich betonte, »auch den zukünftigen Rentnergenerationen ein Lebensstandard sicherndes Rentenniveau gewährleisten«[15] sollte. Der Einführung von privaten Altersvorsorgeelementen wurde eine klare Absage erteilt, wie Norbert Blüm bei der Vorstellung seines Gesetzentwurfs klarstellte: »Die Reform erfolgt im System. Alle Alternativen dazu sind bei der Vorbereitung der Reform erneut erwogen und geprüft worden, haben sich aber sämtlich als unpraktikabel, unfinanzierbar, leistungsfeindlich, unsozial oder ordnungspolitisch verfehlt erwiesen.«[16] Punkt. Es war wohl das letzte Mal, dass ein für Renten zuständiger Bundesminister so glasklar den Begierden der Finanzwirtschaft eine Absage erteilte.

Selbst der moderate Blüm-Plan wurde vom Chef des Sozialbeirats Winfried Schmähl sehr kritisch beurteilt. Er wies darauf hin, dass Durchschnittsverdiener bereits damals 26 Jahre arbeiten müssten, um später eine Rente in Höhe der Sozialhilfe zu erzielen. Weitere Rentenkürzungen würden die Legitimität der Rente ernsthaft in Frage stellen.

Komplett abgelehnt wurden die Kürzungen von der SPD. Ihre Alterssicherungskommission stellte fest, dass eine Senkung des Rentenniveaus nicht nur sozialpolitisch unvertretbar, sondern auch ökonomisch unsinnig sei. Die demographischen Faktoren würden überschätzt, die volkswirtschaftlichen Faktoren hingegen unterschätzt, so die SPD-Kommission, die unter Leitung von Rudolf Dreßler ihre Position am 4. Mai 1997 in Bad Honnef bei Bonn verkündete.

Etwas mehr als ein Jahr später sah die Welt ganz anders aus: Rudolf Dreßler war als führender Sozialpolitiker der Sozialdemokraten abgemeldet, und mit dem Machtwechsel zu Rot-Grün leitete Kanzler Gerhard Schröder (SPD) die Privatisierung der gesetzlichen Altersvorsorge ein. Und es war, als höre man in der Ferne schon die Losungen des großen Bruders: »Private Vorsorge bedeutet Wohlstand«, »Staatliche Vorsorge bedeutet Bevormundung« und »Eigenverantwortung bedeutet Sicherheit«.

Nicht ohne Grund nennt man ihn den Rentenpapst: Prof. Dr. Dr. h. c. Hans-Adalbert »Bert« Rürup. Zwischen 1995 und 2008 war er unbestritten der Wissenschaftler mit dem größten Einfluss auf die Politik – und das ganz gleich, ob die ›Schwarzen‹ oder die ›Roten‹ den Kanzler stellten. Als ich ihn im Februar 1997 erstmals für das WDR-Fernsehmagazin »markt« in seinem Büro an der Technischen Hochschule Darmstadt besuchte, war ich verblüfft, in welch winzigem Büro der Rentenpapst residierte. Überzeugend waren jedoch die Präzision seiner Analyse und seine Gabe für knappe, treffende Formulierungen. Klar war auch: Hier sitzt ein Mann, der alles weiß, keinen inhaltlichen Widerspruch duldet und für alle Probleme die richtige Formel findet: den ›demographischen Faktor‹ beispielsweise. Den hatte er für Blüm kreiert. In der Rentenanpassungsformel sorgte der Faktor für eine Dämpfung des Rentenniveaus. Die Begeisterung, mit der Rürup seine Erfindung am Flip-Chart skizzierte, beeindruckte mich. Auch wie schnell er die Beerdigung seines schönen Planes durch die rot-grüne Bundesregierung wegsteckte und ganz fix wieder neue Instrumente zur Absenkung des Rentenniveaus präsentierte: Riesterfaktor, Nachhaltigkeitsfaktor, Ausgleichsfaktor. Auch das Rentenniveau wurde ständig neu berechnet: ›Bruttorentenniveau‹, ›Nettorentenniveau‹, ›Standardrentenniveau netto vor Steuern‹. Dass dies eher der Vernebelung diente und somit kein sinnvoller Vergleich mehr möglich war, räumte der Rentenpapst unumwunden ein: »Das Rentenniveau kann ausfallen, je nachdem wie ich es berechne: was ich rausnehme, was ich reinnehme. Das heißt, man kann jedes Niveau erzeugen, das Niveau ist also eine ziemlich manipulative Größe.«[17]

Ein funktionierendes System wird kaputtgeredet

Der Mann geht zwischen den Fotografen und Kameraleuten unter. Kein Wunder, Norbert Blüm ist nur ein Meter dreiundsechzig groß. Der Rentenminister kämpft sich zu dem für ihn freigehaltenen Telefon-Arbeitsplatz des neuen Call-Centers vor. Er soll eine neue Info-Hotline eröffnen. Das macht er gerne. Beratung von Mensch zu Mensch. Für uns ist das eine gute Gelegenheit, den Minister am Rande kurz zu interviewen. Es ist schon 1997 die absolute Ausnahme, in den Ministerbüros Termine für ›plusminus‹, ›monitor‹ oder ähnliche TV-Magazine zu bekommen. Seit sich die Politiker in den Talkshows minutenlang ausbreiten dürfen, stellen sie sich nur noch ungern kritischen Journalisten, die ihre Aussagen – aus Politikersicht höchst ärgerlich – auf Sekundenhäppchen reduzieren. Blüm ist ohnehin ein gebranntes Kind, seit er auf dem Bonner Marktplatz öffentlich »Denn eins ist sicher: Die Rente« plakatierte. Diese Szene ist wohl gefühlte tausend Mal wiederholt worden und wurde im Laufe der Jahre zum Synonym einer angeblich gescheiterten Politik, noch schlimmer: Sie steht für die Rentenlüge schlechthin.

»Ich würde es auch wieder tun«, erzählt er uns heute. »Das war mein Statement gegen die Miesmacher und Privatisierungsfreunde, denn diese Propaganda läuft ja schon solange ich denken kann. Ich musste da was dagegensetzen. Und außerdem: Der Satz stimmt ja bis heute. Höchst unsicher sind hingegen die privaten Finanzprodukte.«[18] Und dennoch: Über viele Jahre zogen die

Gegner der gesetzlichen Rente das Motto: ›Die Rente ist sicher‹ so konsequent durch den Kakao, dass sich sein Wahrheitsgehalt schlicht verflüchtigte.

Der Spiegel hatte das Rentenproblem schnell durchschaut: »Das System hat einen gravierenden Mangel: Was aktuell erwirtschaftet wird, wird sogleich verfrühstückt. Eine Vorsorge für wirtschaftlich schlechtere Zeiten findet nicht statt.«[19] Und auch zehn Jahre später verkündet der langgediente *Spiegel*-Fachredakteur Michael Sauga, dass es sich bei der gesetzlichen Rente um ein gewaltiges Täuschungsmanöver handele: »Welch ein Irrtum! Es wird nichts zurückgelegt, nichts gespart. Was die Versicherten heute als Beiträge an die Rentenanstalten bei Bund und Ländern abführen, landet schon morgen auf dem Girokonto eines Seniorenhaushalts. Umlageverfahren nennen das die Fachleute. Es bedeutet, dass die vorgebliche Versicherung gar keine Versicherung ist, sondern eine staatliche Umverteilungsmaschine. Es bedeutet, dass die Rentenversicherung von der Hand in den Mund lebt. Es bedeutet, dass die schöne Begriffswelt der Sozialpolitiker nichts anderes ist als ein Trugbild zur Täuschung der Arbeitnehmer.«[20]

Die fachliche Beschreibung des Umlageprinzips ist durchaus korrekt, doch die polemische Bewertung zeigt, dass die wirtschaftsliberalen Kritiker die Wirkweise und Natur der staatlichen Rentenversicherung offenbar nicht verstehen wollen. Tatsächlich funktioniert staatliche Sozialversicherung ohne Ansparen – und gerade deshalb ist es im besten Sinne eine Versicherung. Es gibt Millionen Arbeitnehmer, die sich durch ihre Beitragszahlungen Anwartschaften auf eine spätere Rente sichern. Und gleichzeitig viele Millionen Rentner, die von eben jenen Geldern ihre Renten bezahlt bekommen. Versicherungsschutz existiert, auch ohne jahrelanges Anhäufen von Kapital. Im Unglücksfall bekommt ein Versicherter schon nach einem einzigen Arbeitstag, der mit einem Arbeitsunfall endet, eine lebenslange Rente gezahlt, also noch bevor er einen einzigen Euro Beitrag gezahlt hat. Das ist Versicherung im besten Sinne! Und auch bei den Altersrenten ist es ein ungeheurer Vorteil, dass nicht jahrzehntelang Geld gehortet wird: Das Umlageverfahren ist weitgehend inflationssicher, und es gibt keine Gelder, die in einem Aktiencrash oder einer Finanzkrise verlorengehen könnten. Und es funktioniert ohne lange Anlaufphase, sofort. Die deutsche Einheit wäre ohne Umlageverfahren ein Problem geworden. Millionen ostdeutsche Rentner hätten ohne Rente dagestanden, wenn die Rentenzahlung an jahrzehntelanges Horten von Geld geknüpft würde. Glücklicherweise bekamen die Ostrentner aber sofort ihre Rente in Mark ausgezahlt, ganz so, als hätten sie zuvor jahrzehntelang ihre Beiträge in D-Mark und Pfennig abgeführt. Sozialpolitisch ein grandioser Erfolg. So gesehen ist es eine besonders bittere Ironie der Geschichte, dass das größte Erfolgsprojekt der deutschen Rentenversicherung, der Vollzug der deutschen Einheit, später als Bumerang auf die Rentenkasse zurückschlug und ihre Teilprivatisierung einleitete.

Die Fakten: Es war vor allem die Massenarbeitslosigkeit in Ostdeutschland, die massiv die Rentenkasse belastete. Weniger Beitragseinnahmen von den Aktiven, dafür höhere Ausgaben für frühverrentete Arbeitslose. Das ließ die Beitragssätze steigen. Und nun passierte Folgendes: In der öffentlichen Debatte wurden zunehmend Ursache und Wirkung umgedreht. Es waren nun plötzlich die hohen Beitragssätze, die angeblich schuld an der hohen Arbeitslosigkeit waren und die Konkurrenzfähigkeit Deutschlands in einer globalisierten Welt gefährdeten. Die angeblich »völlig überzogenen« Lohnnebenkosten galten nun als das größte Übel der deutschen Wirtschaft. Das Deutsche Institut für Wirtschaftsforschung kritisierte zwar in einem Wochenbericht, damit werde »der Sachverhalt auf den Kopf gestellt«,[21] doch die Stimmung war längst gekippt, wie sich die damalige DGB-Vize Ursula Engelen-Kefer erinnert: »Das war eine ganz perfide Kampagne. Die Lohnnebenkosten wurden zu einem Dämon hochstilisiert, und Kohl und Genscher haben es geschafft, dass die Schuld für die hohen Beitragssätze nicht etwa in der verfehlten Wirtschafts- und Sozialpolitik und der katastrophal fehlgeschlagenen Privatisierung der Ostwirtschaft gesehen wurde, sondern bei den Arbeitslosen und den Sozialkassen selbst. Ein demagogisches Meisterstück.«[22] Ein Coup, den Orwells ›Wahrheitsministerium‹ in ›1984‹ kaum besser hinbekommen hätte.

Dabei gab und gibt es gute Argumente, die althergebrachte gesetzliche Rentenversicherung zu verteidigen. Der ›Generationenvertrag‹ ist genau genommen ein solidarischer Gesellschaftsvertrag. Der Grundgedanke: Alle Bürger sollen menschenwürdig leben können. Die Leistungsfähigen, also die Erwerbstätigen, zahlen ein, und zwar gerade so viel, wie benötigt wird, um die Alten und die Kranken mit Renten zu versorgen. Was reinkommt, wird verteilt, ohne jedes Profitstreben. Und die Leistungen, die das System seit 1957 erbringt, sind beachtlich: Es hat derzeit über 52 Millionen Versicherte und zahlt an rund 20 Millionen Personen etwa 25 Millionen Renten aus.[23] Jedes Jahr kommen rund 1,3 Millionen Renten hinzu, etwa gleich viele fallen weg. Ein Finanzvolumen von 250 Milliarden Euro wird dabei jährlich bewegt. Nicht nur die Alten profitieren: Jedes Jahr werden rund eine Million Kuren und Reha-Maßnahmen für rund 5,5 Milliarden Euro bezahlt, um Arbeitnehmer wieder fit zu machen. Scheitert dies, so werden Erwerbsminderungsrenten gezahlt: derzeit an rund 1,5 Millionen Personen in einem Volumen von rund 15 Milliarden Euro. Außerdem werden Hinterbliebenenrenten an Witwen und Waisen in Höhe von rund 40 Milliarden Euro gezahlt. Leistungen, die eine private Versicherung in dieser Form gar nicht erbringen kann und schon gar nicht zu diesem Preis. Der Verwaltungskostensatz der Deutschen Rentenversicherung liegt unter 1,5 Prozent. Zum Vergleich: Bei privaten Rentenversicherungen gehen im Schnitt rund 15 Prozent der Einzahlungen für Kosten drauf, also das Zehnfache!

»Die gute alte Rentenversicherung ist das Beste, was wir haben.« Das hat Norbert Blüm (CDU) auch in rauen Zeiten schon immer gesagt, »denn wenn man sich die vergangenen 100 Jahre anschaut, erkennt man, dass der Weg der Privatversicherung mit Kreuzen, mit Grabstätten an der Wegstrecke gekennzeichnet wird. Die staatliche Rente aber hat immer gezahlt. In der Inflation, in der Währungsreform, immer. Selbst als Deutschland in Trümmern lag.«[24]

Bleibt noch ein weiterer gravierender Vorteil der im Umlageverfahren konstruierten staatlichen Rente. Weil die Beiträge unmittelbar wieder in den Wirtschaftskreislauf in Form von ausgezahlten Renten zurückfließen, geht keine Kaufkraft verloren, wirkt sie konjunkturstabilisierend. Die von neoliberalen Wirtschaftsprofessoren hochgelobte private Altersvorsorge entzieht hingegen durch den Aufbau eines Kapitalstocks der Wirtschaft enorme Geldmengen. Wollte man heute die gesetzliche Rentenversicherung von der Umlage auf ein kapitalgedecktes System umstellen, wäre die Bildung eines gewaltigen Kapitalstocks von mindestens 5 Billionen Euro, also 5000 Milliarden Euro notwendig. Die Folgen wären gewaltig: Der volkswirtschaftliche Konsum würde enorm leiden, denn das über Jahrzehnte angelegte Geld kann ja nicht gleichzeitig für Pizzen, PCs oder PKWs ausgegeben werden. Zum anderen würden die gewaltigen Mengen an Finanzkapital den Kapitalmarktzins dauerhaft in den Keller treiben. Eine auskömmliche Verzinsung von festverzinslichen Anlagen, wie sie die Lebensversicherungswirtschaft benötigt, wäre damit nicht zu schaffen. Außerdem würde das Risiko, dass Altersvorsorgegelder in Finanzkrisen tatsächlich verlorengehen, enorm steigen. Liegt das Zinsniveau für sichere Anlagen dauerhaft am Boden, ist die Gefahr groß, dass sich die Finanzjongleure in ihrem Streben, nach hohen Renditen, noch riskantere Finanzwetten ausdenken als in der Vergangenheit. Die Zeiträume zwischen den zyklisch auftretenden Finanzkrisen würden weiter zusammenschmelzen.

Doch diese Gefahren waren in den 1990er-Jahren noch kein Thema: Deregulierung, die Schaffung freier Märkte und die Rückführung des Sozialstaates hießen die Parolen der Marktradikalen. »Der ungeliebte teure Sozialklimbim einer sozialen Marktwirtschaft mit Nachkriegssozialromantik müsse endlich über Bord geworfen werden.«[25] So erinnert sich Ursula Engelen-Kefer, die damals als DGB-Vize standhaft gegen die Privatisierungstendenzen kämpfte. Die Verteidiger des klassischen, als zu teuer empfundenen Sozialstaats waren aber automatisch in der Defensive. Sie galten als Betonköpfe und Besitzstandswahrer, während die Marktradikalen sich als Modernisierer und Deregulierer feiern ließen und auf die angeblich viel höheren Renditen des Kapitalmarkts setzten. Und die Börse gab ihnen zunächst auch recht. 1996 begannen die Kurse an den Börsen deutlich zu steigen. Diese Chancen für die Altersversorgung nicht zu nutzen, sei dumm, hieß es damals.

Doch wie ist es den selbsternannten Modernisierern eigentlich gelungen, so erfolgreich die Meinungsführerschaft zu übernehmen? Diese Frage hat sich auch die Bremer Lobbyismusforscherin Diana Wehlau gestellt. In einer preisgekrönten Forschungsarbeit[26] konnte sie belegen, wie die Öffentlichkeitsarbeit der Finanzdienstleistungsbranche in den 1990er-Jahren gezielt darauf ausgerichtet wurde, »die öffentliche und politische Debatte um die Zukunftsfähigkeit der staatlichen Alterssicherung zu befördern, die private kapitalgedeckte Altersvorsorge durchweg positiv darzustellen und als Alternative ins Zentrum zu rücken«.[27] Wehlau fand heraus: Wirtschaftsnahe Denkfabriken, auch »Think-Tanks« genannt, und genehme Wissenschaftler wurden von der Finanzindustrie unterstützt.[28] Letztlich mit Erfolg, wenn es auch ein paar Jahre dauerte, wie Diana Wehlau feststellt: »Galt die staatlich organisierte Alterssicherung bis Anfang der 1990er-Jahre in der Öffentlichkeit wie auch der Politik noch als weitgehend ›krisensicher, stabil und armutsfest‹ und die Finanzmärkte als ›volatil, riskant und unberechenbar‹, kehrte sich diese Bewertung vor allem durch den einsetzenden Finanzmarktboom ab Mitte der 1990er-Jahre sukzessive in das Gegenteil um.«[29] Und es war nicht nur die langsam aufkeimende Börseneuphorie, welche die Öffentlichkeit überzeugte, wie Wehlau erkannte: »Wenn man Argumente nur oft genug hört, egal ob sie logisch sind oder nicht, dann werden sie nach einer gewissen Zeit als wahr oder richtig hingenommen. Und wenn die immer gleichen Argumente in unterschiedlichen Zusammenhängen und Zirkeln nur oft genug wiederholt werden, dann werden sie am Ende nicht mehr hinterfragt und wirken tatsächlich unglaublich überzeugend.«[30] Zumal, wenn diese Dinge auch von »unabhängigen Wissenschaftlern« wie den neuen Rentenpropheten geäußert werden. So erklärte uns Bernd Raffelhüschen 1997 in einem Interview für das Wirtschaftsmagazin ›plusminus‹ nicht nur, dass die junge Generation später definitiv weniger rausbekommen werde, als sie zuvor eingezahlt habe, sondern auch, dass das Rentensystem praktisch vor dem Kollaps stehe: »Wenn wir das System so weiterfahren mit diesem Anspruchsniveau, ist es in fünf bis zehn Jahren nicht mehr reformfähig.«[31] Auch Meinhard Miegel bestätigte uns im gleichen Jahr, »dass das System marode ist, es ist brüchig geworden«.[32] Es stehe außer Frage, dass jede Form der privaten Altersvorsorge wesentlich lukrativer sei als das staatliche Rentensystem. Schon in einigen Jahren würden die Rentner insgesamt weniger Rente bekommen, als sie zuvor an Beiträgen gezahlt hätten.

Miegel prognostizierte: »Das Problem, das sich dabei auftut, ist, dass die Rentabilität dabei so schlecht wird, dass wir rechtliche Probleme bekommen. Wir werden sogar verfassungsrechtliche Probleme bekommen.«[33]

So sprach einer der Rentenpropheten im Jahr 1997. Seltsam nur: Die Negativrendite in der gesetzlichen Rente gibt es bis heute nicht. Stattdessen bietet die Rentenkasse den Rentnern noch immer eine Beitragsrendite von über drei Prozent. Dennoch hat sich der Eindruck des maroden staatlichen Rentensystems bis heute in den Köpfen festgebrannt und die Versicherer machen davon reichlich Gebrauch. So behauptet Dr. Maximilian Zimmerer, Vorstandsvorsitzender der Allianz Lebensversicherungs AG, noch im Jahr 2012 keck: »Nur eine private Rentenversicherung kann den Kunden ein lebenslanges Einkommen garantieren.«[34] Die gesetzliche Rentenversicherung ist für ihn schlicht kein Thema mehr.

Die sogenannte »demographische Katastrophe«

Die Medien stiegen auf die Katastrophenszenarien nur zu gerne ein: *Capital* beschwor den »Generationenkrieg«.[35] *Der Spiegel* meldete den »Kinder-Crash« und stellte fest: »Weil Deutschland vergreist, wird die Rentenversicherung unbezahlbar.«[36] Alles Belege für den vermeintlich größten Schwachpunkt der staatlichen Rente: Zu viele Rentner – zu wenige Beitragszahler. Bei den anhaltend niedrigen Geburtenraten funktioniere das System schlicht nicht mehr. Rentenprophet Meinhard Miegel munitionierte den *Spiegel* für dessen Horrorgeschichte »Wie die Alten die Jungen ausplündern«[37] mit Zahlen: Das Verhältnis der Aktiven (die 20- bis 60-Jährigen) zu den Passiven (den über 60-Jährigen) werde sich in nur etwas über 30 Jahren dramatisch verändern. Während 1997 noch 2,6 Aktive einen Rentner »durchfütterten«, stünden für diese Aufgabe im Jahr 2030 gerade noch 1,4 Aktive zur Verfügung. Miegel damals im *Spiegel*: »Dann ist das System weg!«[38]. Ins gleiche Horn stößt Rentenprophet Raffelhüschen. In den 1990er-Jahren taucht er immer wieder im Wirtschaftsfachblatt *Capital* mit exklusiven Rechenergebnissen auf. Raffelhüschens Berechnungen sind wirklich atemberaubend: Der Rentenbeitragssatz werde irgendwann um 2035 »auf maximal 33,46 Prozent hochschnellen«.[39] Beeindruckend exakte Vorhersagen, bei den vielen Unwägbarkeiten von fast vier Jahrzehnten. Doch noch sensationeller sind die Ergebnisse seiner Generationenbilanzen. Der Wissenschaftler traut sich allen Ernstes zu, für alle Geburtsjahrgänge exakt zu berechnen, was sie ein Leben lang einerseits in die Sozialkassen einbezahlen und andererseits herausbekommen werden. Ins Minus rutschen laut Raffelhüschen alle ab dem Geburtsjahrgang 1960. Ganz schlimm trifft es die 1996 Geborenen. Die machen – so errechnete der Freiburger Wissenschaftler bereits 1995 – angeblich rund 150 000 Euro Verlust. Jeder Einzelne.[40]

Was beim Studium von *Capital* auffällt: Oft ist es Max Höfer, der als Leiter des Politikressorts Bernd Raffelhüschens Unheilsprophezeiungen ins Blatt bringt. Eine erfolgreiche Liaison auf lange Sicht. Denn später wurde Max Höfer Geschäftsführer der Initiative Neue Soziale Marktwirtschaft, einer von den Metallarbeitgebern gegründeten PR-Truppe. Auch dort brachte er seine »Wunderwaffe« Raffelhüschen erfolgreich an den Start. Ferner knüpfte Höfer mit seiner Agentur »höfermedia« für Raffelhüschen lukrative Kontakte zu Wirtschaftsunternehmen, die mit knackigen Forschungsergebnissen ihr Bild in der Öffentlichkeit aufpolieren wollen. Beispielsweise die Deutsche Post AG. Diese gibt neuerdings einen Glücksatlas heraus.[41] Das Glück und die Post, so die Botschaft, das gehört zusammen wie Pech und Schwefel. Ein sensationeller Imageerfolg, der als eine der größten PR-Aktionen der letzten Jahre gilt. Als Glücksforscher fungiert: Professor Bernd Raffelhüschen.

Doch zurück zur Rente und der Bevölkerungsentwicklung. Hier hatte *Capital* 1997 prophetisch verkündet: »Ohne Zuwanderer schrumpft Deutschland in 50 Jahren auf die Hälfte seiner Einwohner.«[42] Eine Halbierung! Doch keine Angst, bislang ist davon noch nichts zu spüren: Im Zeitraum von 1995 bis 2010 stieg die Bevölkerungszahl laut Statistischem Bundesamt sogar um rund 100 000 Personen. Der Kölner Statistikprofessor Gerd Bosbach hält die Meldungen von einem dramatischen Bevölkerungsrückgang denn auch für Unfug: »Das ist bestenfalls moderne Kaffeesatzleserei, im schlimmsten Falle interessengeleitete Panikmache. Die Wahrheit ist: Wie groß die Bevölkerung in 50 Jahren sein wird, das weiß heute niemand.«[43]

Und nicht nur das: Bosbach bestreitet zudem kämpferisch die These, dass eine sinkende Bevölkerungszahl das Sozialsystem und die gesetzliche Rente überhaupt gefährdet. Die Demographie werde vielmehr als Dämon aufgebaut, um Einschnitte im Sozialsystem zu rechtfertigen, so Bosbach, »doch das gibt die demographische Entwicklung nicht her«.

Als früherer Mitarbeiter des Statistischen Bundesamtes weiß Bosbach, wovon er redet. Und er kratzt damit am Mythos seiner eigenen Zunft, die gerne so tut, als könne sie mit mathematischer Präzision die Bevölkerungsentwicklung so sicher vorhersagen wie »Sonnen- und Mondfinsternisse«.[44] »Leider nur Wunschdenken«, weiß der Autor des Bestsellers »Lügen mit Zahlen« und verweist auf die ganz erstaunlichen Schwankungen in der offiziellen Statistik, den sogenannten »koordinierten Bevölkerungsvorausberechnungen« des Statistischen Bundesamtes. Alle drei Jahre geben die Wiesbadener Demographie-Profis zurzeit neue Zahlen heraus. Und regelmäßig werden damit die alten Werte um mehrere Millionen Menschen korrigiert. Wohlgemerkt, nach nur drei Jahren. So meldete die 8. Vorausberechnung für das Jahr 2030 bis zu 11,2 Millionen Bürger mehr als die vorhergehende 7. Berechnung.[45] Die 11. Berechnung lag wiederum bis zu 6 Millionen Bürger niedriger als die 10. Berechnung.[46] Sehen so seriöse Prognosen aus? Dazu kommen die enormen Bandbreiten: Je nachdem, welche Szenarien über Zuwanderungszahlen oder Geburtenraten unterstellt werden, schwanken die Berechnungen nicht selten um rund 15 Millionen Personen. »Wie ich schon sagte: Moderne Kaffeesatzleserei!«, schmunzelt Bosbach. Das Einzige, was wirklich feststeht, ist die seit vielen Jahren niedrige Geburtenrate in Deutschland.

Auch Professor Bosbach geht davon aus, dass die Bevölkerungszahl langfristig sinkt, doch das ist für ihn kein Problem: »Was wäre eigentlich so schlimm daran, wenn wir 2050 so viele Einwohner hätten wie 1970?«[47] Die Rentenpropheten wenden dagegen ein, entscheidend sei das Verhältnis zwischen Jungen und Alten, und das würde immer ungünstiger. »Mag sein«, entgegnet Bosbach, »doch darauf kommt es bei der Rente gar nicht primär an«. Auch in der Vergangenheit habe es schon ganz erhebliche demographische Veränderungen gegeben: Seit 1960 sank der Anteil der Jugendlichen an der Gesamtbevölkerung um mehr als 30 Prozent. Dafür hat sich Anteil der über 65-Jährigen fast verdoppelt. Die Bevölkerung alterte im Schnitt um rund zehn Jahre. Und wie wirkte sich diese bereits erfolgte »demographische Katastrophe« aus? Wir kennen die Antwort: steigender Wohlstand und ein Ausbau der Sozialsysteme, bei allerdings steigenden Beiträgen. 1960 lag der Rentenbeitragssatz noch bei 14 Prozent – 2010 bei knapp 20 Prozent. »Nun wird aber kein Mensch behaupten wollen«, resümiert Statistikprofessor Bosbach, »dass es den Menschen heute schlechter gehe, nur weil der Rentenbeitragssatz deutlich höher liegt.« Die zunehmenden Rentenausgaben durch die Alterung der Gesellschaft wurden schlicht von der gewaltigen Produktivitätsentwicklung und den Lohnsteigerungen aufgefangen. Statt damals umgerechnet 3000 Euro beträgt das durchschnittliche jährliche Arbeitnehmereinkommen heute über 30 000 Euro.[48] Und zehn Prozent Arbeitnehmerbeitrag von 30 000 Euro für die Rente zu zahlen, das falle eben leichter als sieben Prozent von damals rund 3000 Euro. Am Ende hätte heute der Arbeitnehmer trotz Inflation und höherer Beitragssätze wesentlich mehr Kaufkraft als vor 50 Jahren, sagt Bosbach. Man unterschätze bei Prognosen eben leicht die Produktivität. Im langjährigen Mittel wachse die Produktivität aber real um rund 1,5 Prozent pro Jahr. Und das eröffne auch in Zukunft enorme Spielräume, wie Bosbach vorrechnet: »Selbst wenn die Arbeitnehmer nur mit einem Prozent an der Produktivitätsentwicklung in Form von Lohnerhöhungen beteiligt würden, könnte jeder im Jahr 2060 30 Prozent Rentenbeitrag zahlen und könnte trotzdem sein verbleibendes Einkommen nach Abzug der Preissteigerung um über 40 Prozent steigern.«[49]

Mit seinem Beispiel verdeutlicht Bosbach, dass auch dramatische Veränderungen der Bevölkerungsstruktur – entgegen dem üblichen Mantra – nicht das Ende der umlagefinanzierten Rente bedeuten müssen. In Wirklichkeit sei aber, darauf legt der Wissenschaftler Wert, ein solch hoher Beitragssatz keineswegs zu erwarten. Die Rentenpropheten machten einen entscheidenden Fehler, wenn sie das Problem ausschließlich an dem sich verschlechternden Altenquotienten festmachten, also dem Verhältnis der 20- bis 65-Jährigen zu den Alten. Unterschlagen werde damit einerseits die Entlastung der Berufstätigen, weil sie künftig für weniger Kinder und Jugendliche aufkommen müssten. Andererseits: Es komme gar nicht auf das Verhältnis von Jungen und Alten an, sondern auf das Verhältnis von Beitragszahlern und Rentenempfängern. Gelänge es, die Arbeitslosigkeit konsequent abzubauen und aus der stillen Reserve neue Erwerbstätige zu gewinnen, verlöre die demographische Entwicklung nahezu jede Dramatik. »Wir haben heute rund fünf Millionen arbeitslose Menschen, denn die offizielle Statistik erfasst sie ja nicht alle. Bringen wir einen großen Teil davon wieder in Vollzeitjobs, haben wir das sogenannte Demographieproblem schon weitgehend entschärft«, ist Gerd Bosbach überzeugt. »In allen Prognosen geht man von einem Arbeitslosensatz von fünf bis zehn Prozent aus. Die Forscher gehen also für die nächsten 50 Jahre davon aus, dass unsere Kinder und Jugendlichen zu doof sind, um ausgebildet zu werden.« Und noch etwas kritisiert Bosbach: Zwar werde immer die längere Lebenserwartung in die Szenarien eingerechnet, aber stets so getan, als würden die Arbeitnehmer auch in Jahrzehnten noch mit 65 in Rente gehen. »Das ist doch völlig unseriös. Wenn die Menschen zehn Jahre älter werden und es an Arbeitskräften tatsächlich mangeln sollte, dann werden sie auch länger arbeiten.« Fazit: Es gibt zweifellos demographische Veränderungen, doch ihre Bedeutung wird für die Rente maßlos überschätzt.

Wieso bleibt die Demographie in der öffentlichen Debatte trotzdem ein Dauerbrenner? Auch da hat Professor Bosbach eine Erklärung. Die angeblich objektiven und alternativlosen Demographieargumente dienen prächtig dazu, wirtschaftliche Interessen durchzusetzen. So wurde unter der rot-grünen Bundesregierung die größte Rentenniveauabsenkung in der Geschichte der Rentenversicherung beschlossen. Gleichzeitig wurde der Beitragssatz quasi eingefroren und mit Einführung der Riester-Rente die Altersversorgung teilprivatisiert. Alle Vorteile, analysiert Bosbach, lägen bei den Arbeitgebern und der Finanzindustrie: »Ohne die große Demographie-Angst wäre es ihnen nicht gelungen, die private Rentenvorsorge so zu pushen. Auf der einen Seite konnten sich die Arbeitgeber aus der paritätischen Finanzierung der Rente verabschieden,[50] und auf der anderen Seite ist die private Rente ein sehr lukratives Geschäft für Versicherungen und Finanzdienstleister.«[51]

Bosbach steht mit seiner Kritik nicht allein. Auch für Dr. Thomas Ebert ist »die ›Zeitbombe demographische Entwicklung‹ im Grunde bereits weitgehend entschärft«.[52] Ebert war bis Mai 2000 oberster Rentenfachmann im Bundesarbeitsministerium. Ralf E. Ulrich, der Direktor des Instituts für Bevölkerungs- und Gesundheitsforschung in Bielefeld, verweist darauf, dass die Angst vor dem demographischen Wandel in den letzten 100 Jahren bereits dreimal die Öffentlichkeit beschäftigte. Die Überzeichnung in Form einer demographischen Apokalypse wurde oft von Interessen geleitet. Einige der schlimmsten Befürchtungen, wie der bereits kurzfristig erwartete Kollaps der Rentenversicherung, sind bis heute nicht eingetreten.[53] Und auch Ex-Minister Norbert Blüm weist immer wieder darauf hin, dass vergleichsweise wenige Kinder nicht den Ruin des Rentensystems bedeuten: »Es hängt ja gar nicht von der Zahl der Geburten ab, sondern ob die, die geboren werden, Arbeit haben und wie produktiv sie sind. Wenn es nur auf die Kopfzahl ankäme, müssten die Menschen im Kongo eine hervorragende Alterssicherung haben, die haben nämlich viele Kinder. Es kommt aber darauf an, was die Arbeit hergibt. Um 1900 hat ein Bauer drei Nichtlandwirte ernährt, heute ernährt er 88. Nach der Theorie der Kopfzahlfetischisten müssten wir jetzt alle verhungert sein.«[54]

Dennoch verfängt die Demographie-Propaganda bis heute, und die Politik lässt sich willfährig für die Interessen der Finanzwirtschaft einspannen. Jüngstes Beispiel ist das ›Berliner Demographie-Forum‹, eine Plattform »zur Diskussion der Herausforderungen des demographischen Wandels«. Gegründet wurde es von Bundesfamilienministerin Kristina Schröder (CDU) und Allianz-Chef Michael Diekmann. Treuherzig macht die Ministerin mit ihrem Foto Werbung auf der Allianz-Internetseite.[55] Und bei der Eröffnungsveranstaltung am 12. Januar 2012 bekam der Allianz-Boss an der Seite der Ministerin seinen großen Auftritt. Gleich zu Beginn knöpfte sich Diekmann den neuen Lieblingsfeind der Versicherungswirtschaft vor: »Herr Gerd Bosbach«. Der hatte ein paar Tage zuvor in der *Süddeutschen Zeitung* die demographischen Horrorszenarien von Politik und Wirtschaft als pure Angstmache enttarnt.[56] Diese These teile er nicht, so Allianz-Chef Diekmann. Er benennt in seiner Rede auch einen zweiten Wissenschaftler, der das Ausmaß der Herausforderung aus Allianz-Sicht offenbar besser begriffen hat: »Herr Professor Raffelhüschen«. Der lege die künftige Belastung durch die ungedeckten Leistungsversprechen des deutschen Staates und seiner Sozialkassen schonungslos offen: 4,6 Billionen Euro. Diekmanns Lösungsvorschlag dürfte nur wenige der über 230 versammelten »Entscheidungsträger aus Politik, Wissenschaft, Diplomatie, Zivilgesellschaft und Medien«[57] überrascht haben: »Alle umlagefinanzierten Sozialsysteme müssen verstärkt in eine Kapitaldeckung überführt werden.«[58]

Wie die Versicherungswirtschaft das »neue Denken« finanziert

Sie sitzen in Talkshows und werden im Frühstücksfernsehen um Rat gefragt, wenn es um die Altersvorsorge geht. Und es sind immer wieder dieselben Professoren: Meinhard Miegel, Bert Rürup, Bernd Raffelhüschen und Axel Börsch-Supan. Sind sie die Einzigen, die zum Thema etwas zu sagen haben? Vermutlich nicht. Sind es die klügsten Köpfe? Vielleicht, schließlich saßen sie in hochwichtigen Kommissionen der Bundesregierung. Und warum verkünden sie immer wieder, dass jeder dringend mehr private Altersvorsorge leisten müsse, um der Armut im Alter zu entgehen? Man wird ihnen zugutehalten müssen, dass sie wirklich daran glauben.

»Sachkundig und unabhängig, so werden sie uns meist vorgestellt«, kritisierte schon vor Jahren das ARD-Morgenmagazin, »aber kaum jemand sagt, wie eng sie mit der Versicherungswirtschaft verbandelt sind.«[59]

Meinhard Miegel begann seine berufliche Karriere 1970 als Firmenanwalt des Chemiekonzerns Henkel, um dann zunächst engster Mitarbeiter des damaligen CDU-Generalsekretärs Kurt Biedenkopf zu werden und 1975 zum Leiter der Hauptabteilung ›Politik, Information und Dokumentation‹ der Bundesgeschäftsstelle der CDU aufzusteigen. Zusammen mit Kurt Biedenkopf gründete Miegel zwei Jahre später das Institut für Wirtschaft und Gesellschaft (IWG) in Bonn. Hauptanliegen des konservativen ›Thinktanks‹: die Öffentlichkeit von der Überlegenheit privater Altersvorsorge zu überzeugen. Finanziert wurde das Institut von Unternehmensspenden und den Auftraggebern der Studien. So erstellten Miegel und seine Mitarbeiter zahlreiche Publikationen für das Deutsche Institut für Altersvorsorge (DIA). Dieses von der Deutschen Bank gegründete und zu 100 Prozent finanzierte Institut versuchte genau wie Miegels IWG die Deutschen von der ›Versorgungsillusion‹ zu befreien, sie kämen ohne massive private Vorsorge über die Runden. Gleich die erste DIA-Publikation war ein Renditevergleich zwischen gesetzlicher Rente, Wertpapieren und Lebensversicherung.[60] Das Ergebnis konnte nicht überraschen: Sinngemäß lautete es: Aktien- und Fondsanlage – spitze. Lebensversicherung – so lala. Gesetzliche Rente – grottenschlecht. Erstellt wurde die Studie vom langjährigen wissenschaftlichen Berater des DIA, Professor Meinhard Miegel. Koautoren des DIA-Studien-Debüts waren Professor Bernd Raffelhüschen sowie Dr. Reinhold Schnabel, damals ein Assistent von Professor Axel Börsch-Supan. All diese Forscher sollten in den Folgejahren regelmäßig für das von der Deutschen Bank und mehreren seiner Finanztöchter[61] gegründete DIA forschen und publizieren.[62] Professor Miegel beispielsweise zu Themen wie »Rentenwahrheit – Rentenklarheit« (2001) oder »Lebensstandard im Alter« (2002).[63] 2006 gab Miegel seine Rolle als wissenschaftlicher Berater des DIA auf. Danach trat er als Referent für den Finanzdienstleister MLP auf.[64] Von 2003 bis 2010 gehörte er unter anderem dem Konzernbeirat der AXA Konzern AG an.[65]

Miegels erschütternde Prognosen bewahrheiteten sich bislang nicht: Weder sind die realen Renditen in der gesetzlichen Rentenversicherung negativ, noch schnellten die Beitragssätze auf über 30 Prozent.

Auch Miegels Ko-Autor der ersten DIA-Renditestudie, Bernd Raffelhüschen, blieb der Finanzwirtschaft so eng verbunden, dass er von der Informationsplattform ›Lobbypedia‹ als »Lobbyist für die Privatrente und dadurch für die privaten Versicherungsunternehmen« eingestuft wird.[66]

Bernd Raffelhüschen ist Direktor des Forschungszentrums Generationenverträge (FZG) an der Universität Freiburg und ordentlicher Professor an der Uni Freiburg. Als solcher hat er seit Mitte der 1990er-Jahre zahlreiche Schriften publiziert, in denen er ganz dringend zu einem verschärften Umstieg auf mehr Kapitaldeckung in den Sozialsystemen rät. Sein Forschungszentrum wird unter anderen finanziert von der HDI-Gerling Pensionsmanagement AG, der Union Asset Management Holding AG, dem Verband der privaten Krankenversicherung e. V., der Süddeutschen Krankenversicherung a. G. sowie der Initiative Neue Soziale Marktwirtschaft (INSM).[67] Darüber hinaus finanzierte sich Raffelhüschens Institut durch Studien, beispielsweise für das Deutsche Institut für Altersvorsorge (DIA),[68] den Bund der Steuerzahler, die Initiative Neue Soziale Marktwirtschaft, die Union Asset Management Holding AG, die ERGO Versicherungsgruppe, die Union Investment Gruppe oder den Lebensversicherer ›neue leben‹.[69] Jährlich erstellt Raffelhüschen für den Fondsanbieter Union Investment den »Vorsorgeatlas«, in dem er stets aufs Neue die enormen Versorgungslücken der Deutschen beklagt. Statt der aus seiner Sicht erforderlichen 60 Prozent des letzten Bruttoeinkommens könnten Pflichtmitglieder von der staatlichen Rente – so warnt Raffelhüschen – nur 35 Prozent erwarten. Selbst mit Riester-Rente kämen sie allenfalls auf 40 Prozent. Viel zu wenig, urteilt Raffelhüschen. Und sein Auftraggeber, die Union Investment, dürfte ihm da zustimmen.[70]

Aber auch ganz persönlich engagierte sich Raffelhüschen: als Mitglied des wissenschaftlichen Beirats des Wirtschaftsrats der CDU[71], als Aufsichtsrat der ERGO-Versicherungsgruppe[72], als Botschafter der Initiative Neue Soziale Marktwirtschaft[73], als Aufsichtsrat der Volksbank Freiburg[74] und als Vorstand der Stiftung Marktwirtschaft. Darüber hinaus tritt Raffelhüschen als hochbezahlter Referent auf Veranstaltungen von Finanzdienstleistern auf. 2012 tourt Raffelhüschen für das Versicherungsunternehmen Gothaer auf der »GoFuture Sales Tour« durch sieben Städte der Republik, von Hamburg über Berlin bis Stuttgart. Die Gothaer verspricht ihren Vertriebspartnern fachkompetente Informationen »zum Thema biometrische Megatrends« von Professor Raffelhüschen, »einem der führenden Experten auf den Gebieten soziale Sicherungssysteme und Biometrie«. Gleichzeitig könne man »ein Demographiekonzept für Unternehmen kennenlernen, das eine verkaufsfördernde Antwort auf immer drängendere Fragen … gibt.«[75]

Und wie steht es mit der Treffsicherheit des Experten Raffelhüschen, der sich zutraut, für jeden Geburtsjahrgang zu ermitteln, wie viel Verluste er sich mit dem umlagefinanzierten deutschen Sozialsystem einhandeln wird? Schon bei kurzfristigen Prognosen zur Höhe des Beitragssatzes liegt der Fachmann weit daneben. Ein Beispiel: Die im Zuge der Finanzkrise den Rentnern gegebene Rentengarantie[76] werde die Beitragszahler insgesamt 46 Milliarden Euro kosten. Das errechnete Raffelhüschen im Sommer 2009 im Auftrag der Initiative Neue Soziale Marktwirtschaft (INSM).[77] Bereits 2010 werde der Beitragssatz von 19,9 auf 20,2 Prozent steigen und im Jahr 2011 werde sogar eine Erhöhung auf 21,1 Prozent notwendig sein. So die Pressemitteilung der Initiative Neue Soziale Marktwirtschaft vom 16. 6. 2009.

Und wie ist es gekommen? Keine Spur von Beitragssteigerungen. Tatsächlich konnte und kann der Beitragssatz sogar gesenkt werden. Zum 1. 1. 2012 von 19,9 Prozent auf 19,6 Prozent. Und für 2013 hat der Deutsche Bundestag gar eine weitere Absenkung auf dann 18,9 Prozent beschlossen.[78]

So polarisiert Bernd Raffelhüschen von den neuen Rentenpropheten wohl am meisten. Während die Finanzbranche ihn als Superstar verehrt, wird er von kritischen Wissenschaftlern besonders böse abgestraft. Beispielhaft dafür steht das Urteil von Professor Udo Reifner, der das verbraucherorientierte Hamburger Institut für Finanzdienstleistungen leitet: »Herr Raffelhüschen produziert eine Ideologie und wird dabei von der Finanzwelt hofiert. Er glaubt an das, was er sagt, und das nicht zu seinem Schaden.«[79]

Kommen wir zu Professor Dr. Dr. h. c. Bert Rürup, über viele Jahre der unumstrittene Star unter Deutschlands Polit-Ökonomen. Zwar ist die Zahl seiner wissenschaftlichen Publikationen überschaubar, aber sein Gespür für die Nähe zu den Mächtigen war von Beginn an groß. Bevor er seine erste Professur an der Gesamthochschule in Essen übernahm, arbeitete Rürup in der Planungsabteilung des Bundeskanzleramtes. Sein damaliger Chef, Albrecht Müller, erinnert sich an ein Rentengutachten Rürups: »Das war ein sehr gutes Papier. Rürup ist ein schlauer Kopf. Er müsste wissen, dass das, was er heute sagt, nicht stimmt. Er erzählt es halt, weil er in Interessen eingebunden ist.«[80]

Professor Rürup stellt das uns gegenüber in einem langen Interview ganz anders dar. Finanzielle Abhängigkeiten von der Finanzindustrie weist er zurück. Und auch in seiner Zeit als Universitätsprofessor sei kein Euro oder keine Mark von Versicherungen oder der Finanzwirtschaft in seine Forschungen geflossen. Lediglich die örtliche Sparkasse habe gelegentlich seinem Lehrstuhl kleinere Spenden zukommen lassen. Er habe in seiner aktiven Zeit auch nie ein Gutachten für eine Bank oder einen Lebensversicherer erstellt.

Dafür machte sich Rürup in der Politik bald unentbehrlich. In den 1980er-Jahren erstellte das SPD-Mitglied beispielsweise ein Gutachten für den damaligen Bundesarbeitsminister Herbert Ehrenberg über den Sinn einer »Maschinensteuer«.[81]

Gegen Ende der 1990er-Jahre entwickelte er sich immer mehr zum überparteilichen Superberater, dem »Rentenpapst«. Er wurde zu Blüms wichtigstem Ratgeber und entwickelte in der »Blüm-Kommission« die Eckpunkte für die Rentenreform 1999.[82] In allen drei Enquete-Kommissionen des Deutschen Bundestags zum »Demographischen Wandel« war er vertreten. Unter Gerhard Schröder stieg Rentenpapst Rürup gar zum ökonomischen Chefberater der Regierung schlechthin auf. Rürup wurde 2000 Chef des Sozialbeirats, Mitglied des Sachverständigenrats und gilt als heimlicher Vater der Riester-Rente.

Ursula Engelen-Kefer, damals DGB-Vize und Vorsitzende des

Vorstands der gesetzlichen Rentenversicherung, kennt Rürup aus zahlreichen Begegnungen: »Die Kompetenz konnte man ihm nie absprechen, aber er schien mir vor allem unglaublich eitel. Es war ihm immer sehr wichtig, dass er in Ämter berufen wurde, dass er gefragt wurde. Und so hat er sich opportunistisch an alle rangeworfen: an Blüm, an Schröder, an Riester und an Ulla Schmidt.«[83] Die Presse nannte ihn deshalb »gnadenlos pragmatisch«[84] oder auch etwas despektierlicher: »Der Biegsame«.[85]

2002/2003 leitete Rürup die wichtige Regierungskommission für die Nachhaltigkeit in der Finanzierung der sozialen Sicherungssysteme, auch kurz »Rürup-Kommission« genannt. Und mit der »Rürup-Rente« wurde endlich eine staatlich geförderte Privatrente nach dem umtriebigen Politberater benannt. Im März 2005 erreichte er schließlich den Olymp deutscher Wirtschaftswissenschaftler: Bert Rürup wurde Vorsitzender des Sachverständigenrats (»Die Wirtschaftsweisen«) und in dieser Funktion 2008 für weitere drei Jahre bestätigt. Der jähe Absturz in der öffentlichen Wahrnehmung erfolgte aber schon wenige Monate später: Im November 2008 wurde bekannt, dass Bert Rürup bei dem in Verbraucherschutzkreisen heftig kritisierten AWD[86] als »Chefökonom« und Sonderberater für die private und betriebliche Altersversorgung angeheuert hatte.[87] Hierfür soll ein fürstliches Jahresgehalt vereinbart gewesen sein. Auf Nachfrage will Bert Rürup keinen Betrag nennen. Der Aufschrei war groß, weil Rürup schon unterschrieben hatte, bevor er seinen Posten als Chef der Wirtschaftsweisen geräumt hatte und als Universitätsprofessor emeritiert worden war. Der bisherige Politikberater sollte AWD-Gründer Carsten Maschmeyer zufolge auch als Aushängeschild für den Verkauf von Riester- und Rürup-Renten dienen: »Natürlich ist das ein gewünschter Effekt«, räumte der Versicherungsunternehmer ein.[88] Rürup zeigte sich damals von der Kritik überrascht. Er habe »ein außerordentlich gutes Gewissen«, seine Kenntnisse aus der Politik in den Dienst eines der größten Verkäufer von Altersvorsorgeprodukten zu stellen. Das deutsche Rentensystem sei mit der Einführung privater Vorsorgeprodukte stabilisiert, nun liege »der Ball im Feld der Finanzdienstleister«.[89] Seine Rolle als AWD-Chefökonom füllte Rürup nur einige Monate aus, dafür intensivierte er offenbar seine Beziehung zu Carsten Maschmeyer noch und gründete 2009 die Maschmeyer-Rürup AG. Die will Beratungsleistungen in Sachen Altersvorsorge bieten. Die firmeneigene Internetseite jubilierte: »Zwei Päpste tun sich zusammen«.[90] Die Presseerklärung der Maschmeyer-RürupAG bezeichnete Rürup als Rentenpapst und Maschmeyer als Vertriebspapst.[91] In einer zweiten Erklärung, betitelt mit »Rürup und Maschmeyer für die Welt«,[92] wurde großspurig angekündigt, dass der »Ex-Kanzlerflüsterer Rürup und der Ex-Vorstandschef des Versicherungsverkäufers AWD Carsten Maschmeyer« nun ihr Tätigkeitsfeld auf den gesamten Globus ausweiten wollen: »Der Experte für soziale Sicherungssysteme lässt Deutschland hinter sich und setzt zum Sprung auf die Weltbühne an, gemeinsam mit einem guten Bekannten. ›Maschmeyer und Rürup auf internationalem Parkett‹.«[93]

Für Insider kommt der Seitenwechsel des Polit-Ökonomen nicht ganz überraschend. Bereits am 24. 1. 2005 meldete der Finanzdienstleister MLP, dass er »jetzt den Wirtschaftsweisen Professor Bert Rürup als Referenten gewonnen« habe.[94] Ein Jahr später meldet MLP, es hätten 33 Veranstaltungen mit Professor Bert Rürup und Professor Bernd Raffelhüschen im Jahr 2005 stattgefunden.[95] Der kritische Web-Blog »NachDenkSeiten« fragt daraufhin: »Kann die Politik bei solchen finanziellen Abhängigkeiten und geschäftlichen Einbindungen noch auf den ›objektiven‹ Rat solcher Experten bauen?«[96] Denn die Referententätigkeit für MLP ist nicht der einzige geschäftliche Kontakt des Wirtschaftsweisen mit der Versicherungswirtschaft: Wie die Lobbyismusforscherin Diana Wehlau herausfand, nahm Rürup 2006 zusammen mit Walter Riester an der »AWD Roadshow Altersvorsorge« teil.[97] Bereits damals scheint die Zusammenarbeit von Rürup, Riester und Maschmeyer so gut funktioniert zu haben, dass sie sich zu einer Werbeveranstaltung von *Super-Illu*, AWD und *Focus Money* am 29. August 2007 im Renaissance Hotel in Leipzig zusammenfanden.[98] Auch Walter Riester kann sich auf seine Männerfreunde weiter verlassen. Bei der MaschmeyerRürupAG wird der Ex-Minister als Mitarbeiter geführt.[99] Bert Rürup gilt übrigens als einer der bestbezahlten Gastredner. Insider schätzen das Honorar auf 15 000 bis 20 000 Euro, wenn Rürup beispielsweise die Veranstaltung einer Großbank veredelt. Der Ex-Geschäftsführer der Initiative Neue Soziale Marktwirtschaft Max Höfer erinnert sich an seine Gespräche mit Frau Rürup, die für ihren Mann schon mal die Preise aushandelt: »Sie wissen doch«, pflegte diese zu sagen, »wir vertreten die Marktwirtschaft nicht nur inhaltlich, wir praktizieren sie auch.«[100] Doch Superberater Rürup kassierte nicht nur für PR-Veranstaltungen und Reden von der Finanzwirtschaft, er war sogar Funktionsträger in der Versicherungswirtschaft, während er gleichzeitig die Bundesregierung beriet. So war er im Aufsichtsrat der AXA-Pensionskasse[101] und Vorsitzender im sozialpolitischen Beirat der Gothaer Versicherung.[102] Letzteres war aus Sicht der Gothaer gerade in den Zeiten, da die Rürup-Kommission tagte, ein Glücksfall, wie uns der Vorstandsvorsitzende der Gothaer Lebensversicherung AG Dr. Helmut Hofmeier stolz berichtet: »Die fachliche Kompetenz von Herrn Rürup ist herausragend. Er hat im sozialpolitischen Beirat unseres Hauses mitgewirkt. Der Beirat hat zweimal im Jahr getagt, und wir haben uns über sozialpolitische Themen unterhalten. Herr Rürup hat uns beraten und über die sozialpolitischen Entwicklungen aufgeklärt. Wir konnten so verfolgen, warum welche Gesetze wie entstanden sind. Insgesamt war dies eine sehr spannende und wichtige Zeit.«[103]

In anderen Gremien ist Rürup trotz seiner Verbindung mit Maschmeyer noch immer vertreten. So zum Beispiel als Vorsitzender des Kuratoriums des Deutschen Instituts für Wirtschaftsforschung in Berlin (DIW), einem der führenden Wirtschaftsforschungsinstitute Deutschlands. Der Bremer Wirtschaftsprofessor Rudolf Hickel ist entsetzt: »Bei Rürup und Raffelhüschen bin ich der Meinung, die sind so verfilzt, dass sie ihre wissenschaftliche Glaubwürdigkeit verloren haben. Die Versicherungswirtschaft hat da Statthalter gefunden.«[104]

Wir sprechen Bert Rürup darauf an. »Quatsch«, sagt er. Mitnichten war oder sei er ein Büttel der Versicherungswirtschaft. Die Wahrheit sehe eher anders aus: »Ich habe den Versicherungen das Geschäft mit den Kapitallebensversicherungen kaputtgemacht. Durch das Alterseinkünftegesetz, das in einer von mir geleiteten Kommission entworfen wurde und 2005 in Kraft trat, sind deren Steuerprivilegien gekappt worden«.[105] Das stimmt. Aber nur teilweise. Das Steuerprivileg für die Kapitallebensversicherung wurde 2005 nur zur Hälfte gestrichen. Und gleichzeitig wurde auf Initiative der Rürup-Kommission die steuerliche Begünstigung von privaten Rentenversicherungen massiv ausgebaut. Das zeichnet Rürup nicht gerade als Kämpfer wider die Versicherungsbranche aus.

Ein wenig mehr Kredit in der Wissenschaftlergemeinde genießt da offenbar noch Axel Börsch-Supan. So attestiert Winfried Schmähl ihm »von den vier Hauptprotagonisten für die private Vorsorge noch das wissenschaftlich fundierteste Profil, wie viele seiner Studien belegen. Ob seine Positionen so ganz wertfrei sind, das ist eine ganz andere Frage.«[106] Keine Frage ist hingegen, dass auch Börsch-Supans Forschung wohlwollend von der Finanzindustrie gefördert wurde. Wie Miegel war er Studien-Hauptlieferant für das Deutsche Institut für Altersvorsorge der Deutschen Bank. So zum Beispiel »Demographie und Kapitalmärkte« (2003) oder »Rentenlücken und Lebenserwartung« (2005).[107]

2001 gründete Börsch-Supan an der Uni Mannheim das Mannheimer Forschungsinstitut Ökonomie und Demographischer Wandel (MEA). Die Grundmittel des Instituts wurden zu gleichen

Teilen vom Land Baden-Württemberg und dem Gesamtverband der deutschen Versicherungswirtschaft (GDV) getragen.[108] Bereits 1999 hatte Börsch-Supan im Auftrag des GDV ein Gutachten zur Finanzierbarkeit der gesetzlichen Rente erstellt. Ergebnis: Nur mit einem Teilübergang vom Umlage- zum Kapitaldeckungsverfahren sei das System zu retten.[109]

Michael Adams, Professor für Wirtschaftsrecht an der Universität Hamburg, kritisiert, dass sich manche seiner Kollegen von der Versicherungswirtschaft einspannen lassen. »Ein schmuddeliges Geschäft«, konstatiert er, »man muss es käufliche Wissenschaft nennen.«[110] Adams, der sich mit einer provokanten Studie zur Minusrendite von Lebensversicherungen einen Namen machte, beklagt zudem, dass die Professoren von den Hochschulen massiv dazu gedrängt werden, Fremdgelder hereinzuholen: »Das nennt sich Korruption als Dienstaufgabe.«

Vorstandsvorsitzender des bis zum Jahr 2011 bestehenden MEA in Mannheim war übrigens Bert Rürup. Mittlerweile ist Börsch-Supan mit seinem Mitarbeiterstab von Mannheim nach München umgezogen und betreibt unter den Fittichen der Max-Planck-Gesellschaft das ebenfalls MEA abgekürzte »Munich Center for the Economics of Aging«. Börsch-Supan gilt derzeit als der einflussreichste Rentenberater der Bundesregierung und wird von der Presse schon »als der neue Rürup gehandelt«,[111] seitdem dieser sich durch seine offene Verbandelung mit Carsten Maschmeyer ins Abseits befördert hat.

Doch wie treffsicher sind Börsch-Supans Urteile? Seine 2005 für das DIA erstellte Studie »Rentenlücken und Lebenserwartung«[112] machte gewaltige Defizite im Sparverhalten der Deutschen aus. Defizite hatte aber, wie seinerzeit *Die Zeit* anprangerte, wohl auch die MEA-Studie selbst.[113] Der Immobilienbesitz, seit jeher einer der Grundpfeiler der privaten Altersvorsorge, wurde in der Studie für das DIA nicht berücksichtigt. »Bezieht man die Eigenheime mit ein, schließt sich die von Börsch-Supan beklagte

Rentenlücke doppelt und dreifach. Die These, die Deutschen in ihrer Gesamtheit müssten mehr Geld auf die hohe Kante legen, ist dann nicht mehr zu halten«, so die *Zeit*-Autoren in ihrem Artikel »Die wahre Rentenlüge«. Verwunderung löste auch eine vom MEA gelieferte Tabelle in der *BILD*-Zeitung über gewaltige Reduzierungen der gesetzlichen Rente als Folge der Finanzkrise aus. *BILD* machte am 13. Oktober 2009 mit dem »Rentenschock« auf und verkündete: »So viel Geld kann Sie die Krise kosten.«[114] Da wurde in einer langen Reihe vom Jahr 2010 bis zum Jahr 2040 auf den Euro genau dargelegt, wie viel Euro die staatliche Rentenkasse einem Standardrentner künftig monatlich weniger zahle. Im Jahr 2040: 194 Euro pro Monat. Ein typisches Beispiel dafür, wie die neuen Rentenpropheten Risiken fast ausschließlich bei der gesetzlichen Rente sehen. Die private Finanzwirtschaft, die schließlich die Finanzkrise verursacht hat, scheint hingegen viel weniger anfällig. Die Botschaft ist klar: ›Zweifelt auch in der Finanzkrise nicht an der privaten Vorsorge! Es ist in Wahrheit die gesetzliche Rente, die schwächelt. Private Vorsorge ist nötiger denn je.‹

Auch die Bremer Lobbyismusforscherin Diana Wehlau hat das Wirken der vier Rentenpropheten unter die Lupe genommen. Ihr Fazit: »Aufgrund der starken Medienpräsenz der angeführten Wissenschaftler verfestigt sich in der Öffentlichkeit der Eindruck, dies sei die einzig realisierbare und erstrebenswerte Reformoption. Eine ernsthafte Auseinandersetzung mit den theoretischen wie auch empirischen Widersprüchen dieser Position findet nicht statt, mit der Folge, dass die mit kapitalgedeckten Vorsorgeformen einhergehenden Risiken und Kosten ignoriert bzw. bewusst negiert wurden.«[115]

Man kann es auch weniger wissenschaftlich ausdrücken: Zuerst wird das bestehende Rentensystem systematisch schlechtgeredet und gar für die hohe Arbeitslosigkeit verantwortlich gemacht. Dann wird das Leistungsniveau heruntergefahren, um gemäß dem neuen Dogma die Lohnnebenkosten zu senken. Und nun passiert, was die Rentenpropheten und die Finanzwirtschaft schon immer gesagt haben: Die gesetzliche Rente reicht nicht. Zusätzliche private Altersvorsorge ist nötig. Bingo!

Lobbyisten 2: Die Manipulation der öffentlichen Meinung

Aktuell stehen auf der Lobbyliste des Deutschen Bundestags über 2000 Organisationen.[1] Rund 1100 dieser »Lobbyisten« haben einen Hausausweis und können damit problemlos im Bundestag ein- und ausgehen, um ihre Interessen zu vertreten. Und das tun sie auch. Dennoch handelt dieses Kapitel weniger von diesen ›klassischen‹ Lobbyisten, die die Bundestagsabgeordneten gezielt zu überzeugen versuchen. Im Fokus stehen vor allem Organisationen, die systematisch die öffentliche Meinung beeinflussen und damit Druck auf die Politik ausüben.

Vertreter der Initiative Neue Soziale Marktwirtschaft (INSM) oder des Deutschen Instituts für Altersvorsorge (DIA) weisen vehement zurück, dass sie »Lobbyisten« sind. »Wir waren nie in den Hinterzimmern aktiv und haben Parlamentarier beschwatzt«, erklären sie unisono. Brauchen sie auch gar nicht, denn ihre Methoden sind noch viel wirksamer. Sind erst Medien und die Öffentlichkeit gewonnen, fällt den Abgeordneten erfahrungsgemäß der Widerstand sehr schwer. Als »Think-Tanks«, also Denkfabriken, bezeichnen sich neben dem DIA und der INSM auch die Bertelsmann Stiftung und das Institut der Deutschen Wirtschaft (IW). Sie machen nicht einfach nur Stimmung, sondern präsentieren laufend Studien von renommierten Wissenschaftlern. Die geballte Fachkompetenz von vermeintlich unabhängigen Wirtschaftsprofessoren soll deutlich machen: Weniger gesetzliche Rentenversicherung und mehr private Altersvorsorge sind der richtige Weg. Natürlich verfehlt auch die direkte Ansprache von Funktionsträgern bis hin zu Kanzler und Bundespräsidenten beispielsweise durch die Bertelsmann Stiftung nicht ihre Wirkung. Der damals für die Rente zuständige Abteilungsleiter im Riester-Ministerium Dr. Thomas Ebert[2] erinnert sich: »Die Lobbyisten hatten problemlosen Zugang zum Kanzleramt, und die haben dann alles zerschossen, was die Sozialpolitiker zuvor beschlossen hatten.«[3]

Da ist es nur noch ein kleiner Schritt, die Kompetenz der Experten des Gesamtverbandes der deutschen Versicherungswirtschaft (GDV) auch bei der Formulierung von Gesetzen zu nutzen. Es ist das geschmeidige Zusammenwirken von ganz verschiedenen Gruppen und Institutionen, das letztlich wie durch eine unsichtbare Hand gesteuert zum bekannten Ergebnis in Sachen Rente geführt hat: die massive Kürzung der gesetzlichen Renten bei gleichzeitigem Ausbau der privaten Altersvorsorge. Und der größte gemeinsame Erfolg der beteiligten Lobbyisten: Sie vermitteln den Eindruck, dass diese Neuausrichtung – auch gerne hochtrabend Paradigmenwechsel genannt – alternativlos ist und am Ende jedem Einzelnen genauso viele Vorteile bietet wie der Gesellschaft insgesamt. Bekannt wurde diese Prägung der öffentlichen Meinung als TINA-Syndrom: There Is No Alternative. Kritiker wie der frühere SPD-Sozialexperte Rudolf Dreßler oder der Herausgeber der Nachdenkseiten Albrecht Müller sprechen auch schlicht von »Gehirnwäsche«. Übrigens: Von den Vorteilen einer Privatisierung der Altersversorgung für die Finanzwirtschaft ist in den Studien und öffentlichen Stellungnahmen der beteiligten Gruppen verdächtig wenig die Rede.

Die Initiative Neue Soziale Marktwirtschaft (INSM)

Auch Bundestagsabgeordnete wollen mal entspannen. Und wo könnten sie das besser als am sogenannten »Bundespressestrand« am Reichstagsufer, zum Beispiel bei einem leckeren »Reform-Cocktail«. Jahrelang sponserte die Initiative Neue Soziale Marktwirtschaft (INSM) diesen beliebten Treff der Politiker und konnte dort ihre Reformthesen ausbreiten: auf Bierdeckeln, Gläsern oder zum Beispiel einem schlichten Plakat, das die INSM auf der gegenüberliegenden Uferseite an der Spreemauer angebracht hatte: »Höchste Zeit für Reformen – Deutschland«.[4] Das Raffinierte dabei: Das Wort Deutschland, in der zweiten Zeile positioniert, wurde pittoresk beständig vom Spreewasser überspült. Das Signal war klar: Die Nation geht baden, falls nicht schnell gehandelt wird. »Das Plakat hat uns 200 Euro gekostet, und es wurde im *Handelsblatt* als Foto der Woche prämiert«, erinnert sich der damalige Geschäftsführer Dieter Rath.[5] Doch es sollte noch besser kommen. Das Bundespresseamt schaltete die Polizei ein und ließ das Plakat konfiszieren. »Keine Sorge, das ist für uns wie ein Lottogewinn«, beruhigte Rath die besorgte Pächterin des Gastronomiebetriebs. Rath machte den AP-Fotografen[6] ausfindig, kaufte ihm für 500 Euro die Rechte ab und streute die ›Beschlagnahmung‹ des Plakats als Presseerklärung. Das Echo war überwältigend: *Stern*, *Spiegel*, *Focus* und zahlreiche Tageszeitungen druckten das Foto. Einige Zeit später brachte der *Spiegel* das Foto noch einmal auf einer Doppelseite zu einer Story über den »Reform-Stau«. »Ein Rieseneffekt – für 700 Euro!«, freut sich Dieter Rath noch heute über den Coup.

Es war eine durchaus typische Aktion für die Initiative Neue Soziale Marktwirtschaft (INSM). Die INSM ist die vermutlich meistgehasste, aber auch gleichzeitig am meisten bewunderte Lobbyistengruppe des vergangenen Jahrzehnts: 1999 von den Arbeitgeberverbänden der Metallindustrie gegründet, startete sie mit einer Handvoll festen Mitarbeitern, und es wurde bis heute nie mehr als ein Dutzend. Doch die Wirkung der INSM ist enorm: Für die Wochenzeitung *Die Zeit* ist sie schlicht der »Lautsprecher des Kapitals«[7] und der Heidelberger Politikprofessor Manfred Schmidt wertet sie als »die bislang erfolgreichste Lobby, die die Wirtschaftsliberalen in Deutschland je hatten«.[8] Die INSM bearbeitet die Themen Arbeit, Soziales, Bildung und Steuern. Immer geht es darum, die Notwendigkeit von Reformen herauszustellen und einen Umbau der »ausgeuferten« Sozialsysteme zu fordern. Für die Rentenversicherung hieß das konsequenterweise: runter mit dem Leistungsniveau und mehr private Vorsorge. Das Verständnis hierfür in der Bevölkerung zu verankern, ist der INSM bestens gelungen. Das liegt an einer konsequent umgesetzten Strategie, wie uns Gründungsgeschäftsführer Dieter Rath in mehreren Interviews erläuterte: »Wollen Sie einen Begriff oder einen Slogan platzieren, brauchen Sie zunächst eine kreative Idee. Die müssen Sie dann optisch so umsetzen, dass Fotografen und Kameraleute Futter haben. Dann brauchen Sie einen glaubwürdigen Wissenschaftler, der die These untermauert. Und dann brauchen Sie noch den richtigen Zeitpunkt, damit es optimal wahrgenommen wird.«[9]

So kreisten am letzten Spieltag der Fußballbundesligasaison 2002/2003 über den Fußballstadien Sportflugzeuge mit dem Banner: »Ohne Reformen steigt Deutschland ab«.[10] Damit kam die INSM in die ›Tagesschau‹, ins ›heutejournal‹, in Talkshows, in führende Tageszeitungen und Wirtschaftsmagazine. Dabei sind solche Aktionen, die die INSM selbst ›Guerilla-Marketing‹ nennt, vergleichsweise preiswert. »Die meisten unserer effektvollen Aktionen haben nur 10 000 bis 20 000 Euro gekostet, und damit waren wir in allen Medien«, freut sich Dieter Rath. Eine einzige Anzeige in fünf großen Tageszeitungen kostet hingegen mehr als das Zehnfache. Befördert werden mit dem ›Guerilla-Marketing‹ entweder eine allgemeine Grundstimmung (»Reformen jetzt!«) oder auch konkrete Gesetzesinitiativen – und hier kommen die der INSM nahestehenden Wissenschaftler ins Spiel.

Als Verfasser von exklusiven Studien holte sich die INSM beispielsweise immer wieder Professor Bernd Raffelhüschen. Als »Überzeugungstäter« muss der sich nicht groß verbiegen, um ins Horn der Initiative zu stoßen: Nur mit mehr Kapitaldeckung in

Renten- und Pflegeversicherung kann der drohenden »demographischen Katastrophe« begegnet werden, keine Frage. Eindrucksvoll zeigt der Freiburger Wissenschaftler in Pressekonferenzen, wie sich die gesunde Bevölkerungspyramide in eine bedrohliche »Pilz«-Formation verwandelt und was dagegen hilft: viel, viel mehr private Altersvorsorge.

Mit immer neuen Studien unterfüttert die INSM ihre Grundthese und fasst ihre Erkenntnisse für Journalisten wohl aufbereitet im Internet zusammen. »Die Dossiers für Journalisten waren unsere Idee und sind danach oft kopiert worden. Journalisten können sich das ganze ›Package‹ runterladen und haben dann den Kopf frei, um die Studie zu prüfen«, erzählt uns Max Höfer, ein anderer Ex-Geschäftsführer der INSM, stolz.[11] Höfer weiß als ehemaliger Journalist, was seine Kollegen wünschen: »Es ist professionell, ihnen verständliches und relevantes Material vorzulegen, denn sie haben in der Regel wenig Zeit für komplizierte Recherchen.«

Und bei Kampagnen weiß die INSM, dass sie die verantwortlichen Redakteure direkt ansprechen und ihnen bereits einen Tag vor dem Ereignis Hintergrundmaterial zukommen lassen muss. »Es gibt 5000 Pressemeldungen am Tag – 92 Prozent davon landen im Papierkorb«, weiß Max Höfer. Und die INSM macht es besser. Zum Beispiel beim Kampf um die Senkung der Lohnnebenkosten. Die hatten die Financiers der INSM, die Metallarbeitgeber, ganz oben auf dem Wunschzettel stehen. Und nach den Rentenreformen unter Rot-Grün konnten die Lobbyisten der INSM den Vollzug melden: Statt der im Jahr 2030 drohenden 13 Prozent Arbeitgeberbeitrag (von insgesamt 26 Prozent Rentenbeitragssatz) kommen auf die Arbeitgeber nur noch höchstens 11 Prozent zu. In der jüngsten Vergangenheit konnte der Beitragssatz sogar deutlich gesenkt werden und soll noch weiter sinken.[12] Die Politik hat verstanden: Die Senkung der Lohnnebenkosten hat allererste Priorität.

Gelungen ist der INSM diese »Impfung« von Politik und Öffentlichkeit auch mit Hilfe prominenter Fürsprecher. Die Initiative hat ein dichtes Netzwerk von Botschaftern und Kuratoren, das die INSM-Grundthesen in der Öffentlichkeit verbreitet. Als die rot-grüne Rentenreform in die Endphase ging, vertraten beispielsweise Unternehmensberater Roland Berger, Ex-Verfassungsrichter Paul Kirchhof, der Ex-Vorsitzende der Wirtschaftsweisen Juergen B. Donges, die Vorsitzende des Bundestagsfinanzausschusses Christine Scheel und der Chef der Bundesanstalt für Arbeit Florian Gerster die Interessen der INSM.[13] Die wichtigste Rolle spielte bis 2012 jedoch Hans Tietmeyer als INSM-Kuratoriumsvorsitzender.[14] »Der passte optimal«, erinnert sich Dieter Rath. »Tietmeyer war schon Referent bei Ludwig Erhard, später Staatssekretär im Finanzministerium, Verfasser des berühmten Lambsdorff-Papiers[15] und Bundesbankpräsident – wer könnte uns glaubwürdiger repräsentieren? Tietmeyer hat uns die ›Big-Shots‹ verschafft.« So versammelten sich bei den Treffen der INSM oft Hochkaräter wie Kanzlerin Angela Merkel, der damalige EZB-Chef Claude Trichet, der Vorzeigeliberale Ralf Dahrendorf oder der ehemalige Vorsitzende der deutschen Bischofskonferenz Kardinal Karl Lehmann.[16] Doch die INSM wendet sich nicht nur an Promis. Auch der Draht zu den Büroleitern der Abgeordneten und Ministern wird gepflegt. Die werden häufig zu Mittagsveranstaltungen beispielsweise in eine Berliner Landesvertretung eingeladen. Schließlich haben die Büroleiter großen Einfluss auf das, was ihren Chefs vorgelegt wird.

Den größten Wert haben jedoch die prominenten INSM-Botschafter. Sie werden Presse und Rundfunkanstalten als Gesprächspartner angeboten und von diesen dankbar angefordert. »Es gab mal eine Talkshow, da waren gleich drei unserer Botschafter vertreten«, erinnert sich Ex-Geschäftsführer Dieter Rath. »Besonders wertvoll war natürlich«, darauf weist Rath hin, »wenn wir Leute von der SPD und den Grünen gewonnen hatten, denn die wirken in der Öffentlichkeit viel überzeugender als FDP- oder Unionsvertreter, denen man ja ohnehin unterstellt, dass sie unsere Position stützen.« Gold wert waren für die INSM also Politiker wie Wolfgang Clement (Ex-SPD), Florian Gerster (SPD), Oswald Metzger (Ex-Grüne) und Christine Scheel (Grüne).[17] Von den bekannten Wissenschaftlern unterstützen die INSM bis heute tatkräftig die Professoren Bernd Raffelhüschen, Juergen B. Donges, Rolf Peffekoven, Michael Hüther, Ulrich van Suntum und Thomas Straubhaar.[18] Allesamt Chefs von renommierten Instituten oder ehemalige Wirtschaftsweise.

Das Signal ist deutlich: Die wirtschaftswissenschaftliche Elite stützt die INSM-Forderungen. Kritiker werfen der INSM dabei unlautere Methoden vor: In Talkshows und Printmedien werde meist nicht erwähnt, dass die Promis offizielle INSM-Botschafter und damit quasi als Lobbyisten unterwegs sind. Die Öffentlichkeit werde so getäuscht. »Dabei macht uns unsere Nichterwähnung doch selbst am meisten traurig, denn wir wollen unsere Tätigkeit ja schließlich gegenüber unseren Geldgebern rechtfertigen«, vergießt Dieter Rath einige Krokodilstränen.

Genehme Programminhalte unterstützt die INSM nicht nur mit Experten, sondern auch mit Geld. Als der TV-Journalist Günter Ederer eine dreiteilige »Reform«-Serie für den Hessischen Rundfunk produzierte, schien das angebotene Honorar zu knapp bemessen. Die INSM sprang ein und zahlte dem Filmemacher 66 000 Euro für die Rechte an der Vermarktung der Videokassetten.[19] Ederer prangerte beispielsweise im »Märchen von der sicheren Rente« vor einem Millionenpublikum die Untauglichkeit der gesetzlichen Rente an. »Einfluss haben wir auf die Filme nicht genommen«, verteidigt Rath die Zahlung, »das war aber auch gar nicht nötig, Ederer hat uns ohnehin aus dem Herzen gesprochen.« Immerhin ist das »Märchen von der sicheren Rente« dreimal in der ARD gelaufen, dazu zig Wiederholungen in den Dritten Programmen und im Sender Phönix. Ein toller Erfolg – für vergleichsweise wenig Geld. Übrigens, die Videokassetten wurden von der INSM anschließend auch in Schulen zu Unterrichtszwecken verteilt.

Welche Ziele sie in Sachen Rente vertritt, darüber lässt die INSM von Beginn an niemanden im Unklaren: »Es ist eine gesamtgesellschaftliche – und damit soziale – Aufgabe, unseren Wohlfahrtsstaat abzuspecken. Er muss sich auf die wirklich Bedürftigen konzentrieren. Konkret bedeutet das unter anderem: Die gesetzlichen Rentenkassen werden in Zukunft vermutlich nur noch eine Grundsicherung bieten; wer im Alter seinen Lebensstandard sichern will, muss auch über die Riester-Rente hinaus private Vorsorge betreiben ... Der überzogene Zugriff der Sozialkassen und des Staates lähmt den Leistungswillen der Menschen.«[20]

Der Etat der Initiative betrug viele Jahre rund 9 Millionen Euro und wurde 2010 auf 7 Millionen Euro gesenkt. PR-Experten gehen jedoch davon aus, dass aufgrund der kreativen Einfälle der INSM-Macher und der tatkräftigen Unterstützung von Prominenten eine Wirkung erzielt wird, die locker einem 100-Millionen-Werbeetat eines Weltkonzerns entspricht. Ein besonders glückliches Händchen hatte die INSM stets darin, Sportpromis für ihre Sache einzuspannen: So warb Handball-Weltmeistertrainer Heiner Brand[21] genauso wie Uli Hoeneß (»Deutschland kann den Aufstieg schaffen«)[22] oder Oliver Bierhoff (»Wir brauchen einen Reformsprint, keine Trippelschritte!«) so engagiert wie kostenlos für die Initiative Neue Soziale Marktwirtschaft. Tatkräftig schlugen sie sich damit auf die Seite der ›Modernisierer‹ und halfen den Lobbyisten der Metallarbeitgeber bei ihren Mühen, den Sozialstaat zurückzubauen. Sie unterstützten die Initiative damit auch in deren wichtigstem Kampf, dem Kampf um Worte.

Ein gutes Beispiel ist Oliver Bierhoff. Der Ex-Kapitän der deutschen Fußballnationalmannschaft und Sohn eines RWE-Topmanagers hielt für die INSM eine Show-Vorlesung in der Berliner Humboldt-Universität. Rund 500 Zuhörer drängen sich am 14. April 2004 um 10 Uhr früh im Audimax, als Bierhoff die Frage stellt: »Was ist eigentlich gerecht und sozial?« Und der Vize-Weltmeister legt rhetorisch nach: »Was nützt den Schwächeren wirklich? Ist eine gut funktionierende Marktwirtschaft nicht die Voraussetzung für einen funktionierenden Sozialstaat?«[23] Natürlich kennt Bierhoff die Antwort: Vom Leistungssport könne man lernen, »dass Wettbewerb und Leistung hart, aber fair sind«. Völlig selbstverständlich gelte im Sport bei leistungsunwilligen Spielern das Motto: »Die Flasche muss auf die Bank.« Das müsse auch im Wirtschaftsleben akzeptiert werden und die Leistungsträger, die Eliten müssten stärker unterstützt werden. Donnernder Applaus.

Damit wird der Begriff ›sozial‹ im Kern umgedreht. Erfolg, Eigennutz und Eigeninitiative werden plötzlich zu sozialen Tugenden. Und der Alt-Bundespräsident Roman Herzog verkündet in einer Werbekampagne der Initiative: »So viel Sozialstaat ist unsozial.«[24]

Ganz bewusst und in bester Orwell-Tradition hat die Initiative für sich selbst den Namen »Neue Soziale Marktwirtschaft« gewählt. Damit heftet sie ihren Bestrebungen, die solidarische Sozialversicherung stark einzuschränken, noch das Etikett »sozial« an. Ein cleverer Schachzug: Denn in Wahrheit handelt es sich bei der INSM wohl eher um die Abrissbirne des Sozialen in der Marktwirtschaft.

Deutsches Institut für Altersvorsorge (DIA)

Wir sind zum Interview verabredet beim Deutschen Institut für Altersvorsorge (DIA) in Köln. Der Name klingt nach Größe und Kompetenz. Man könnte umfangreiche Forschungsstäbe, riesige Archive, smarte Kommunikationsberater und schicke Empfangsdamen erwarten. Schließlich stehen von Beginn an die Deutsche Bank und einige ihrer Töchter als potente Finanziers hinter dem DIA. Mit über 50 Studien hat das DIA die öffentliche Meinung in

Sachen »Privatisierung der Altersvorsorge« ganz wesentlich beeinflusst. Für den Ex-Geschäftsführer der Initiative Neue Soziale Marktwirtschaft Max Höfer steht gar fest: »Es waren Bernd Katzenstein und sein DIA, die Norbert Blüms Mantra ›Die Rente ist sicher‹ erschüttert haben. Das ist eindeutig deren Verdienst.«[25]

Und so sind wir doch einigermaßen verblüfft festzustellen: Das DIA ist Bernd Katzenstein oder umgekehrt. Eine One-Man-Show in einem rund 20 Quadratmeter großen Büro in der Kölner Innenstadt. Ein PC, ein Telefon, ein großer Schreibtisch, ein Regal und einige kleine Büroschränke reichen offenbar. Und natürlich Bernd Katzenstein, mittlerweile 71 Jahre alt, aber noch immer sehr agil. Er sieht sich als »Spinne im Netz« der Wissenschaftler und Experten, welche die inhaltliche Arbeit leisten. »Ich sorge für interessante Themen, für Verständlichkeit und die Vermarktung in die Medien«. Mitte der 1990er-Jahre suchte der Chefredakteur des Verbrauchermagazins »DM« eine neue Herausforderung und konstatierte, dass es in Sachen Altersvorsorge damals relativ wenige Informationen gab. »Das war wie ein großes schwarzes Datenloch«, erinnert er sich, »das wollte ich füllen.«[26] Nur wenige Wissenschaftler erforschten die Altersvorsorge, und der Transfer in die Medien klappte überhaupt nicht. »Und kaum ein Journalist hat sich dafür interessiert.« Das sollte sich ändern: Er begeisterte die Deutsche Bank, und die gründete 1997 das DIA. Als wissenschaftlichen Berater konnte er Professor Meinhard Miegel gewinnen. »Ab 1998 haben wir dann aus vollen Rohren geschossen«, freut sich Katzenstein. Gleich die erste Studie war ein Volltreffer, am 3. Juli 1998 im Presseclub Bonn vorgestellt: »Renditen der gesetzlichen Rentenversicherung im Vergleich zu alternativen Anlageformen«.[27] Meinhard Miegel setzte zusammen mit seinem Professorenkollegen Bernd Raffelhüschen und dem damaligen Assistenten von Axel Börsch-Supan, Dr. Reinhold Schnabel, das Maß für alle kommenden Studien. Die gesetzliche Rente: ein Trümmerhaufen – alle Jungen machen angeblich Verluste. Kapitalgedeckte Vorsorgeformen hingegen: viel renditestärker! Dadurch stehe einem Privatversicherten bei gleichen Einzahlungen später dreimal mehr Kapital zur Verfügung, als er aus der gesetzlichen Rentenversicherung zu erwarten hätte.[28] Bernd Katzenstein wusste als gelernter Journalist, wie Studienergebnisse gestrickt sein müssen, damit sie bei den Pressekollegen gut ankommen: plakativ, nachvollziehbar und besorgniserregend. Und so ging es jahrelang munter weiter: Professor Axel Börsch-Supan ermittelte, wie sich die Alterung der Bevölkerung auf die Kapitalmarktrendite im Jahre 2030 auswirken wird: weitgehend unproblematisch.[29] Professor Bernd Raffelhüschen errechnete die Verluste der Deutschen bei ihrer privaten Altersvorsorge durch die Finanzkrise – eher gering![30] Und immer wieder der Klassiker: Die Rendite der staatlichen Rente – unverändert mies![31]

Diese einseitige Meinungsmache rief 2008 den Chef der Deutschen Rentenversicherung, Herbert Rische, und den damaligen Vorsitzenden des Sachverständigenrats, Bert Rürup, zu einer gemeinsamen Klarstellung auf den Plan: das DIA rechne in mehrfacher Hinsicht falsch. Rürup erklärte: Die Renditen der gesetzlichen Rente blieben auch in Zukunft eindeutig positiv.[32] *Die Zeit* hatte die DIA-Renditestudien schon vorher als »Auftragsarbeit der Deutschen Bank« und »zu plump, um wahr zu sein« abgekanzelt.[33] Bernd Katzenstein hat den Schummel-Vorwurf immer vehement bestritten und darauf bestanden, dass das DIA zwar von der Deutschen Bank finanziert werde, aber inhaltlich vollkommen unabhängig agiere. »Die meisten Journalisten haben mir das auch abgenommen, sonst wären wir doch nicht so erfolgreich gewesen«, sagt er heute.

Katzenstein sieht sich selbstbewusst als Teil einer Bewegung, die in der Altersvorsorge einen Bewusstseinswandel geschafft und damit auch die Politik beeinflusst hat: »Politische Entscheidungen sind doch häufig nur Reaktionen auf Meinungsbildungsprozesse, die sich in Umfrageergebnissen widerspiegeln.«[34] Mit den »erfolgreichen« rot-grünen Rentenreformen ist die Hauptaufgabe des

DIA weitgehend erfüllt. Das Umfeld war allerdings damals auch recht günstig für die Lobbyisten: Der Börsenboom Ende der 1990er-Jahre hatte Bevölkerung und Politik in deren Sinne »positiv« eingestimmt. »Zum Glück«, räumt Bernd Katzenstein ein, denn er weiß: »Wäre die Finanzkrise nicht 2008, sondern zehn Jahre früher gekommen, dann hätte es wohl kaum die Riester-Rente gegeben.«

Doch warum hat die geplatzte New-Economy-Blase in Kombination mit dem Börsenabsturz nach dem 9. November 2001 den Riester-Plänen nicht geschadet? Auch diese Krise kam schlicht zu spät. Die entscheidenden Jahre seien 1998 bis 2000 gewesen, klärt uns Katzenstein auf, »bis dahin waren praktisch alle wichtigen internen politischen Entscheidungen gefallen.«[35]

Gesamtverband der deutschen Versicherungswirtschaft (GDV)

Der GDV gilt in Sachen klassischer Lobbyarbeit als die schlagkräftigste Truppe der Lebensversicherer. Über 300 Mitarbeiter beobachten das Geschehen in der Bundeshauptstadt.[36] Viele sind optimal vernetzt in den Bundestagsfraktionen und den Ministerien. Zwar kümmern sich nicht alle Mitarbeiter nur um Lebens- und Rentenversicherungen, doch liegt naturgemäß der besondere Fokus der GDV-Lobbyisten auf diesem wichtigsten Versicherungszweig. Und die Mitarbeiter sind fleißig: Abgeordnete berichten, dass in der Regel keine zwei Tage vergehen, bis sich ein GDV-Mitarbeiter bei ihnen meldet, falls sie sich in der Öffentlichkeit oder auch in einem Ausschuss des Bundestages kritisch über die deutschen Lebensversicherer und deren Interessen geäußert haben sollten. Natürlich kein Druck, Gott bewahre, nur ein ganz faires Gesprächsangebot, um ganz unaufgeregt die Diskussion mit Fakten zu versachlichen. Man will ja nur helfen …

Legendär sind die guten Beziehungen zwischen GDV und dem Bundesfinanzministerium. Praktisch, dass der GDV in der Berliner Wilhelmstraße 43 schräg gegenüber dem Finanzministerium gelegen ist. Spötter vermuten, dass, um den lästigen Fußweg über die Straße zu vermeiden, längst ein Tunnel das Ministerium mit dem Spitzenverband der Versicherungswirtschaft verbindet. Was Lebensversicherungen und deren steuerliche Behandlung angeht, haben die Fachleute des GDV schon immer eng mit dem Finanzministerium zusammengearbeitet. Vergleichsweise neu ist der GDV-Einfluss auf das Ministerium für Arbeit und Soziales und die gesetzliche Rente. Bis Ende der 1990er-Jahre waren Rentenreformen relativ autonom im Arbeitsministerium geplant worden. Mit dem Bekenntnis zu einer ergänzenden privaten Altersvorsorge, die über Steuervorteile gefördert werden sollte, war aber plötzlich das Finanzministerium mit im Boot und damit auch die Lobbyisten der Finanzwirtschaft. Konnten sie frühere Rentenreformen nicht aktiv beeinflussen, weil ihnen schlicht der Zugang zum Arbeitsministerium fehlte, wurden sie nun unmittelbar eingebunden, wie Lobbyismusforscherin Diana Wehlau herausfand: »Im Zuge der Riester'schen Rentenreform wurde die Finanzbranche erstmalig direkt an einem rentenpolitischen Gesetzgebungsprozess beteiligt.«[37] Der GDV nutzte diese Chance mit Bravour: Schon unmittelbar nach dem Regierungswechsel 1998 forderte der Versicherungsverband immer wieder, an der beschlossenen Senkung des Rentenniveaus festzuhalten und dringend flankierende Maßnahmen für den notwendigen Aufbau einer kapitalgedeckten Altersvorsorge zu ergreifen.[38]

Und der GDV nannte der Politik auch schnell Mindestkriterien, die die neue private Zusatzrente erfüllen müsse: lebenslange Laufzeit und die Garantie des Beitragserhalts. Damit war der Rahmen für die kommende Riester-Rente umrissen. Das Volumen der Einzahlungen war bereits im Frühjahr 1998 in einem Gutachten des Beirats im Wirtschaftsministerium genannt worden:

vier Prozent des Bruttoeinkommens. Alles Weitere waren dann nur noch Ausformulierungen von Details, bei denen der GDV allerdings wiederum nichts dem Zufall überließ. Der GDV gab gleich drei Gutachten in Auftrag, in denen die Notwendigkeit und die Rahmenbedingungen »für einen teilweisen Übergang vom Umlage- zum Kapitaldeckungsverfahren« dargelegt wurden.[39] Das Gutachten von Axel Börsch-Supan und Herwig Birg ergab: »Durch eine private Vorsorge in der Größenordnung von 3 Prozent des Arbeitseinkommens könne bereits ein Drittel der Rente ersetzt werden«.[40] Eine abenteuerliche Aussage, die gleichwohl deutlich machen sollte: Schon mit kleinen privaten Sparleistungen lassen sich die beabsichtigten Kahlschläge beim Rentenniveau angeblich locker ausgleichen.

Es folgten weitere Eckpunktepapiere, und im Juli 2000 legte der GDV einen »Vorschlag für einen Gesetzentwurf zur Förderung einer die Leistungen der gesetzlichen Rentenversicherung teilweise ersetzenden kapitalgedeckten Alterszusatzversorgung« vor, der bereits sämtliche notwendigen Änderungen der betreffenden Gesetzestexte (Vermögensbildungsgesetz, Einkommensteuergesetz und Einkommensteuer-Durchführungsverordnung) enthielt.[41]

Zu diesem Zeitpunkt war die gefürchtete private »Zwangsrente« schon längst vom Tisch. Walter Riester hatte in seinen ersten Entwürfen immer eine obligatorische Zusatzrente im Sinn gehabt. Dafür hatte sich auch der Riester-Berater Bert Rürup entschieden ausgesprochen.[42] Der Vorteil liege auf der Hand: weil dann deutlich geringere Provisionen anfielen, wären die Kosten niedriger und die Rendite höher. Und der Staat könne sich möglicherweise viele Milliarden an Subventionen sparen. Doch als im Juni 1999 diese Pläne öffentlich bekannt wurden, brach ein Sturm der Entrüstung los, maßgeblich angeführt von der *BILD*-Zeitung. Die titelte: »Auch das noch! Riester plant Zwangsrente.«[43] Gerhard Schröder rief Riester an und gab ihm den guten Ratschlag, das Thema obligatorische Zusatzrente zunächst fallenzulassen. Und so geschah es. Welchen Anteil die *BILD*-Zeitung daran hatte oder wer dem Springer-Blatt die heiße Nachricht »steckte«, ist unklar. Tatsache ist jedoch, dass der GDV massiv gegen eine gesetzliche Verpflichtung zur zusätzlichen Altersvorsorge plädiert hatte. Nicht staatlicher Zwang, sondern die gezielte Förderung von privater Vorsorge sei der beste Weg, betonte der GDV, stellte aber auch klar: Nur mit ausreichend hohen Subventionen werde die neue Altersvorsorge in breitem Umfang angenommen.[44] Und die Politik hatte wieder einmal verstanden.

Das Gesetz zur Riester-Rente kam am Ende fast genau so, wie es sich der Spitzenverband der Versicherer gewünscht hatte. Staatliche Förderung gibt es nur, wenn eine lebenslange Rentenzahlung sichergestellt ist. Zwar wurde nach hartem Ringen auch noch den Banken und Fondsanbietern erlaubt, »geriesterte« Sparpläne anzubieten. Doch die dürfen ihre Auszahlungen nur bis zum 85. Lebensjahr laufen lassen. Damit das Prinzip »lebenslange Zahlung« einer Rente gewährleistet ist, müssen auch Banken und Fondsgesellschaften für ihre Kunden eine zusätzliche Rentenversicherung abschließen, die ab Alter 85 einsetzt. Das ist sehr teuer und mindert die Attraktivität der Sparpläne enorm.[45] So sind die Versicherer die großen Gewinner der Riester-Reform – dank der Lobbyarbeit des GDV. Walter Riester hat selbst eingeräumt, dass das Gesetz unter starker Mitwirkung der Finanzwirtschaft zustande kam: »Und da hab ich auch gar nichts dagegen gehabt.«.[46] Ob es so weit ging, dass sogenannte »Leihbeamte« aus Verbänden und Versicherungsunternehmen in die beteiligten Ministerien entsandt wurden, ist nicht bewiesen. Für den Zeitraum von 2002 bis 2006 ist hingegen aktenkundig, dass in Bundesministerien 100 »Leihbeamte« von privaten Unternehmen und Verbänden tätig waren, die weiter von diesen bezahlt wurden und an der Erarbeitung von Gesetzentwürfen beteiligt waren.[47] Lobbyismusforscherin Wehlau geht aber davon aus, »dass die Praxis der Entsendung von Mitarbeitern nicht erst zu diesem Zeitpunkt begonnen hat«.[48]

Der GDV nimmt jedoch nicht nur Ministerien und Politiker ins Visier: Die Öffentlichkeit wird mit einer Vielzahl von Presseerklärungen und Pressekonferenzen bombardiert, um der Versicherungswirtschaft, wie es im selbstformulierten Selbstverständnis heißt, »die optimale Erfüllung ihrer Aufgaben zu ermöglichen«.[49] 2010 erregte der GDV mit einer bundesweiten Imagekampagne Aufsehen, die als Spots in TV und Kino sowie als Anzeigen in überregionalen Tageszeitungen und Zeitschriften geschaltet wurde. Erklärtes Ziel: »die in der breiten Bevölkerung bestehende Diskrepanz zwischen der Zufriedenheit der Kunden mit ›ihrem‹ Versicherer und dem allgemeinen (schlechten) Branchenimage zu verringern«.[50] Kostenpunkt der Kampagne: 18 Millionen Euro jährlich.[51] Gegen das schlechte Branchenimage ging der GDV zuvor auch etwas subtiler vor: Laut ARD-Clearingstelle für Schleichwerbung war der GDV beispielsweise Auftraggeber für 24 ›Placements‹ in der ARD-Vorabendserie »Marienhof«. Aktenkundig ist hierfür ein Netto-Umsatz von 208 607,09 Euro.[52] Auch die Aufsichtsbehörde für private Rundfunkanbieter[53] bescheinigte dem GDV, er habe als Auftraggeber von Schleichwerbung im kommerziellen Fernsehen »Einfluss auf redaktionelle Inhalte zu Sach- und Lebensversicherungen genommen«.[54] Wie viel Geld hierfür geflossen ist, ist nicht bekannt.

Bleibt die Frage, ob der GDV mit der Riester-Reform sein Ziel schon erreicht hat? Wohl kaum. Das *Manager-Magazin* beschreibt in einem Artikel über Lobbyismus als Ziel des GDV: die weitgehende Privatisierung der staatlichen Rente.[55] Doch das will man so offen nicht aussprechen. Unser Interviewpartner Thomas Lueg, der seit 1997 den GDV als Referent für Sozialpolitik und Alterssicherung vertritt, plädiert dafür, die Altersvorsorge, die trotz Riester-Reform noch immer sehr »umlagelastig sei«, in eine »gesündere Balance« zu bringen. »Alles in allem halten wir langfristig ein ausgewogenes Verhältnis von gesetzlicher Rente einerseits und privater sowie betrieblicher Absicherung andererseits für sinnvoll und vertretbar.«[56] Doch was heißt das in Zahlen? Ein ausgewogenes Verhältnis von beispielsweise 50:50 zwischen gesetzlicher und privater Alterssicherung würde bedeuten, dass sich die Einnahmen der deutschen Lebensversicherer glatt verdoppeln würden. Statt rund 90 Milliarden Euro kämen dann fast 200 Milliarden Euro pro Jahr in die Kassen der Versicherer. Ein Traum würde wahr, nicht zuletzt aufgrund der effektiven Lobbyarbeit des GDV.

Die Bertelsmann Stiftung

Es gibt Institutionen, die geben sich so überzeugt als Wohltäter der Gesellschaft, dass kaum einer auf den Gedanken kommt, oder besser, dass kaum einer es wagt, ihnen böse Absichten zu unterstellen. Die Bertelsmann Stiftung in Gütersloh ist so eine Organisation. Nach eigenen Angaben hat sie bislang 928 Millionen Euro für gemeinnützige Arbeit zur Verfügung gestellt.[57] Derzeit arbeiten ihre rund 300 Mitarbeiter an 60 Projekten. Sie forschen zu besserer Bildung, effizienteren Schulen, zur Integration von Migranten, zur Gesundheitspolitik, zum demographischen Wandel, zur Altersvorsorge, zum Föderalismus ...[58]

In allen Bereichen will Bertelsmann »Motor für Reformen« sein und »exemplarischen Lösungsmodelle entwickeln und verwirklichen«.[59] Und weiter: »Als unabhängige Reformkraft wollen wir Blockaden aufheben, die der Zukunftsentwicklung entgegenstehen, um so die gesellschaftliche Entwicklung voranzubringen.«[60]

In der Rentenpolitik haben die »Bertelsmänner« ihre Reformziele inzwischen weitgehend erreicht: Weniger Staat und mehr Eigeninitiative – runter mit dem gesetzlichen Rentenniveau und dafür mehr private Vorsorge. Es ist die Folge einer cleveren Bertelsmann-Zweiwege-Strategie: Zum einen bringt die Bertelsmann Stiftung ihre Studien über die Medien in die Öffentlichkeit und genießt quer durch fast alle politischen Lager allergrößten Respekt. Zum anderen verfolgt die Stiftung seit langem eine konsequente Strategie der direkten Politikberatung. Was ihr dabei hilft: Sie gilt als politisch und finanziell absolut unabhängig. Immerhin hält die Bertelsmann Stiftung 77,6 Prozent Anteile an dem größten europäischen Medienkonzern, der Bertelsmann AG[61] und erzielt hieraus sichere Einnahmen. Die Bertelsmann-Forscher brauchen keine staatlichen Forschungsgelder. Dafür hat ihr Wort bei den Mächtigen umso mehr Gewicht. Gerne lassen sich Politiker, Wirtschaftsbosse und Gewerkschaftsfunktionäre in Bertelsmann-Gesprächskreise einladen, um über Reformthemen zu philosophieren. So soll auch Walter Riester den Kontakt zu Kurt Biedenkopf und den Gefallen an der kapitalgedeckten privaten Altersvorsorge gefunden haben. Die damalige DGB-Vize-Chefin Ursula Engelen-Kefer berichtet: »Die Bertelsmann Stiftung spielt eine große Rolle als Strippenzieher. Da wurden alle Gewerkschaftsvorsitzenden eingeladen, um an die Kapitaldeckung herangeführt zu werden.«[62]

Doch die Bertelsmann Stiftung nimmt auch gezielt die politischen Institutionen ins Visier, um ihre Reformvorschläge zu lancieren. Bekannt ist das beispielsweise vom Bundespräsidialamt. Unter Bundespräsident Roman Herzog ist es der Stiftung gelungen, einen Wissenschaftler direkt bei Herzog zu platzieren. Vorwand: Ein Doktorand des damaligen Vorstands der Bertelsmann Stiftung, Professor Werner Weidenfeld,[63] sollte ein Buch über Herzogs Amtszeit schreiben und dafür den Präsidenten begleiten.[64] Der junge Forscher war vier Jahre lang hautnah dran an Herzog und seinen engsten Mitarbeitern. Er war, wie Herzogs Staatssekretär Wilhelm Staudacher bestätigt, auch an der Konzeption und Erstellung von Reden beteiligt: »Er hat voll am Leben und an der Arbeit des Bundespräsidialamtes teilgenommen.«[65]

Am 26. April 1997 hält Roman Herzog eine besondere Rede, die als »Ruck-Rede« in die Geschichte eingehen wird. Herzog beklagt, ein Gefühl der Lähmung liege über Deutschland. Eine von

Ängsten erfüllte Gesellschaft werde unfähig zu Reformen. Er nennt die Themen Steuern, Renten, Gesundheit und Bildung. Und dann fallen die berühmten Worte: »Durch Deutschland muss ein Ruck gehen. Wir müssen Abschied nehmen von liebgewordenen Besitzständen. Alle sind angesprochen, alle müssen Opfer bringen.«[66] In seiner Rede betont Roman Herzog die Leitgedanken von Reinhard Mohn, dem Gründer der Bertelsmann Stiftung. Und Mohn wiederum legt nach: Am 23. Mai 1997 kauft er eine Seite in der *Frankfurter Allgemeinen Zeitung* und konkretisiert seine Visionen unter der Überschrift »Zum Appell des Bundespräsidenten, den Reformstau zu überwinden«.[67] So schafft es die Bertelsmann Stiftung in Kooperation mit einem ihr gewogenen Bundespräsidenten, die Reformziele der Stiftung als die Reformziele der deutschen Gesellschaft zu etablieren. Noch heute wirbt der Bundespräsident a. D. Roman Herzog auf der Internetseite der Stiftung an prominenter Stelle: »Durch Deutschland muss ein Ruck gehen. Die Reformprojekte der Bertelsmann Stiftung bieten konkrete Lösungen an, die unser Land weiterbringen.«[68] Übrigens, ein umfangreiches Werk über Roman Herzog hat der hoffnungsvolle Wissenschaftler nicht zustande gebracht. Nur eine 88 Seiten dünne Schrift mit dem Titel »Der Bundespräsident im demokratischen Prozess der Bundesrepublik Deutschland«.[69]

Dafür gelang die Umsetzung der Ruck-Reformziele umso besser. Denn die hierfür zuständigen Politiker spielten im Gütersloher Macht-Monopoly bereitwillig mit. Bereits als Kanzlerkandidat gab Gerhard Schröder dem *Spiegel* ein Interview mit Aussagen, die an Bertelsmann-Thesen erinnerten.[70] Der Chef der Bertelsmann AG Mark Wössner lobte, mit einem Kanzler Schröder würde er gerne die Reformpolitik der Stiftung umsetzen.[71]

Tatsächlich wurde Gerhard Schröder Bundeskanzler, und wenige Tage später wechselte Mark Wössner vom Chefsessel der Bertelsmann AG wie geplant in die Leitung der Bertelsmann Stiftung.

Gefeiert wurde das mit einem Festakt am 30. Oktober 1998, zu dem sich Gerhard Schröder und sein Außenminister Joschka Fischer mit einem Hubschrauber einfliegen ließen. Wössner adelte die Partnerschaft mit Deutschlands Polit-Spitzenpersonal mit den Worten: »Von hier und heute geht eine neue Zeitrechnung aus.«[72] Und Kanzler Schröder bedankte sich artig: »Das Land wäre ohne die gemeinsinnorientierte Politikberatung der Bertelsmann Stiftung ärmer«, sagte der frischgebackene Kanzler in seinem Grußwort.[73] Beobachter zeigen sich überzeugt, noch nie war der Einfluss der Bertelsmann Stiftung so groß wie unter Kanzler Schröder. Der Riester-Reform und insbesondere der Agenda 2010 dürften also auch Rezepte aus der ›Gütersloher Giftküche‹ zugrunde liegen.

Bemerkenswert ist hierbei eine weitere Personalie: Im Januar 2001 wechselte Stefan Profit, bis dahin bei der Bertelsmann Stiftung zuständig für Wirtschafts- und Sozialpolitik, in das Bundesarbeitsministerium.[74] Bei Walter Riester war Stefan Profit nun Referent im Leitungsstab und bereitete sowohl den Minister wie auch die Staatssekretäre auf Sitzungen vor und machte sie mit der zu erwarteten Entscheidungs- und Stimmungslage vertraut.[75] In der Frauenzeitschrift *Brigitte* beschrieb er Monate nach seinem Einzug bei Walter Riester seine Rolle so: »Ich bin ganz nahe am politischen Prozess dran, habe einen tiefen Einblick darin, wie sich Entscheidungsprozesse abspielen, wie unterschiedliche Interessenverbände Einfluss nehmen.«[76] Das dürfte seinem früheren Arbeitgeber, der Bertelsmann Stiftung, gefallen haben.

Die scheint bei ihrem Bemühen, möglichst umfassend Einfluss zu nehmen, auch vor »einer selektiven Darstellung der Ergebnisse von ihr in Auftrag gegebener Gutachten« nicht zurückzuschrecken. Das jedenfalls behauptet Professor Udo Reifner vom Hamburger Institut für Finanzdienstleistungen (iff). Reifner erstellte im Auftrag der »Bertelsmänner« eine Studie mit der Fragestellung: Wie lässt sich Altersarmut vermeiden? »Wir haben einen Altersvorsorgereport erstellt, sehr ausführlich und differenziert. Die Bertelsmann Stiftung hat das dann für die Öffentlichkeit auf drei Seiten sehr verkürzt zusammengefasst«, ärgert sich Reifner. Aus dieser Zusammenfassung habe man die ›Message‹ herauslesen können, mit mehr privater Altersvorsorge sei das Problem zu lösen – »aber das war gar nicht die Aussage unseres Reports. So kann man Forschung, ohne sie inhaltlich zu beeinflussen, auch verfälschen in ihr Gegenteil.«[77]

Kritische Wissenschaftler vor den eigenen Reform-Karren zu spannen, das scheint eine Spezialität der Bertelsmann Stiftung. Diese Erfahrung machte auch Statistikprofessor Gerd Bosbach, der seit Jahren gegen den ›Mainstream‹ der Demographie-Angstmache argumentiert. Da sich auch Bertelsmann sehr intensiv mit dem Thema beschäftigte, traf Bosbach bei öffentlichen Veranstaltungen häufig auf den Demographie-Experten der Stiftung, Andreas Esche.[78] Die beiden vereinbarten, dass man sich doch abseits einer solchen Veranstaltung künftig mal zusammensetzen könne. Zu einem intensiven wissenschaftlichen Diskurs, wie er vor Publikum einfach nicht zu führen sei. »Und dann bekam ich drei Monate später eine Einladung nach Gütersloh vom dortigen Stadtrat, was ich zunächst für einen Zufall gehalten habe. Toll, dachte ich mir, selbst vor Bertelsmanns Haustür werde ich mittlerweile eingeladen.«[79] Und wie es der Zufall so will, wird Bosbach von seinem Kollegen Esche auch in die Bertelsmann Stiftung eingeladen.

An jenem Tag wartete schon die ganze wissenschaftliche Spitze der »Aktion demographischer Wandel« auf ihn. Drei Stunden dauerte das Gespräch, doch es sollte nicht nur um einen Fachdiskurs gehen: »Die wollten mich ganz klar anwerben.« Natürlich nicht ganz und gar, er hätte weiter seine Lehr- und Forschungstätigkeit machen können. Doch die Angebote klangen verlockend: Die »Bertelsmänner« wollten ihm Zugang zu umfangreichen Daten ermöglichen. Er könne auch Vorträge für die Stiftung halten, etwa in London oder New York. Und schließlich: Ob er mit seinem Sachverstand über Studien, an denen sie gerade arbeiteten, drüberschauen könne, natürlich gegen gutes Honorar.

»Natürlich hätte ich weiter meine Meinung äußern dürfen«, erinnert sich Bosbach, »aber das ist so ein schleichender Prozess der Vereinnahmung.« Dazu kam es nicht, denn Bosbach lehnte dankend ab.[80] Seitdem ist er nie wieder in öffentlichen Veranstaltungen auf Andreas Esche, seinen Widerpart aus der Bertelsmann Stiftung, gestoßen.

Die Altersvorsorge gehört aktuell nicht mehr zu den Forschungsschwerpunkten der Bertelsmann Stiftung. Offenbar sieht sie in dieser Frage keinen dringenden Handlungsbedarf mehr.

Institut der deutschen Wirtschaft (IW)

»Die Rentenreformen des vergangenen Jahrzehnts finden unsere Unterstützung, da haben wir eigentlich wenig zu meckern«, erläutert Dr. Jochen Pimpertz in einem längeren Hintergrundgespräch.[81] Pimpertz ist der Rentenexperte am Institut der deutschen Wirtschaft (IW) in Köln. Und das IW mit seinen rund 370 Mitarbeitern ist der »Think-Tank« der deutschen Arbeitgeber. Hinter dem Forschungsinstitut stehen rund 120 Verbände, die entweder der Bundesvereinigung der deutschen Arbeitgeberverbände (BDA) oder dem Bundesverband der deutschen Industrie (BDI) angehören.[82] Und Dr. Pimpertz und seine Kollegen haben tatsächlich allen Grund zur Zufriedenheit: Die rot-grünen Rentenreformen sind erfreulich gut im Sinne der deutschen Wirtschaft und der deutschen Arbeitgeber verlaufen. Pimpertz: »Die Begrenzung des Beitragssatzanstiegs in der Rentenversicherung reduziert das Risiko für Unternehmen, mit steigenden Lohnnebenkosten konfrontiert zu werden.«[83] Man kann es auch deutlicher ausdrücken: »Die Arbeitgeber ziehen sich aus dem traditionellen Sozialkonsens zurück«, konstatiert der frühere Spitzenbeamte im Bundesarbeitsministerium Dr. Thomas Ebert.[84] Bei den Rentenreformen hat das IW kräftig mitgewirkt. Es sieht sich als »führendes privates Wirtschaftsforschungsinstitut in Deutschland«.[85] Die IW-Analyse der Rentenfrage kam laut Pimpertz zu einem klaren Ergebnis: Erstens ließe die demographische Entwicklung keine andere Wahl als die Abkehr vom Konzept einer lebensstandardsichernden gesetzlichen Rente. Zweitens müsse der durch die Begrenzung der Rentenbeiträge gewonnene Spielraum von den heute Jungen unmittelbar für zusätzliche private Vorsorge genutzt werden. Das ist das Grundkonzept der Riester-Rente.

Satzungsgemäß will das IW solche Erkenntnisse in die Öffentlichkeit transportieren. »Als anerkannter Meinungsbildner«[86] wird das IW nach eigener Darstellung rund 6000 Mal pro Jahr in den Printmedien zitiert, und seine Forscher sind jährlich 500 Mal in TV- und Radiointerviews vertreten.[87]

Dazu kommen zahlreiche Fachaufsätze in wissenschaftlichen Organen und Veröffentlichungen in hauseigenen Publikationen wie dem Nachrichtendienst »iwd«. Bereits 1999 veröffentlichte das IW unter dem Titel »Reform des Sozialstaates« eine Studie, in der ausdrücklich die hohe Abgabenlast angeprangert und zu einer umfassenden Rentenreform geraten wurde.[88] Der größte Einfluss des IW entsteht jedoch vermutlich indirekt über die Verbände BDA und BDI. Diese beiden Spitzenverbände werden nicht nur im eigentlichen Gesetzgebungsverfahren gehört, sondern befinden sich »im permanenten Dialog mit Politikern und den Fachabteilungen der Ministerien«.[89] Und die Experten von BDA und BDI holen sich ihr Fachwissen selbstverständlich auch vom hauseigenen Forschungsinstitut, dem IW. »Das ist natürlich für uns eine Chance, unsere wissenschaftliche Expertise in den politischen Prozess einzubringen«, erläutert Pimpertz.[90]

Unmittelbaren Einfluss haben die Arbeitgeber auch in der Deutschen Rentenversicherung. Dort sind sie genau wie die Gewerkschaften in den Selbstverwaltungsgremien vertreten. Seit

Jahren ist beispielsweise Alexander Gunkel (BDA) Vorsitzender des Bundesvorstandes der staatlichen Rentenkasse und wechselt sich in dieser Rolle regelmäßig mit Annelie Buntenbach (DGB) ab.[91] Selbstverständlich greift BDA-Mann Gunkel auch auf die Forschungen des IW zurück. Personell direkt vertreten ist das Institut der deutschen Wirtschaft im Sozialbeirat der Bundesregierung: Das Mitglied der IW-Geschäftsführung Dr. Rolf Kroker sitzt seit 1997 in diesem Beratungsgremium und hat damit die wesentlichen Rentenreformgesetze begleitet.[92] Eng verbunden ist das IW auch der Initiative Neue Soziale Marktwirtschaft (INSM), die sie auf ihrer Internetseite in der Rubrik »Projekte« als »Stimme der ökonomischen Vernunft in der Reformdebatte« benennt.[93]

Den Schulterschluss zwischen IW und INSM, die beide von Arbeitgeberverbänden finanziert werden, demonstriert auch IW-Direktor Professor Michael Hüther. Seit Jahren fungiert er als Botschafter für die Initiative Neue Soziale Marktwirtschaft und wertet damit deren wirtschaftspolitische Kompetenz auf.[94] Auch das IW selbst hat in den vergangenen Jahrzehnten in der öffentlichen Wahrnehmung eine deutliche Aufwertung erhalten. Noch vor 20 Jahren bekamen IW-Vertreter in der öffentlichen Diskussion stets das Etikett »arbeitgebernah« verpasst. Damit wurde ihre Unabhängigkeit und Glaubwürdigkeit von vielen Medien stark angezweifelt. Das hat sich geändert. Heute sind die IW-Experten und zuvorderst Direktor Hüther in den Medien gern gesehen, und viele Redakteure vergessen sogar den Hinweis, aus welchem Stall die Kölner Forscher kommen.

Für einen Kurswechsel in der Rentenpolitik sieht das IW keinerlei Grund.

Die Tatsache, dass bislang noch nicht einmal die Hälfte der Förderberechtigten eine Riester-Rente abgeschlossen hat, spräche weder gegen die Rentenreform im Allgemeinen noch gegen die Riester-Rente im Speziellen. »Vielleicht sind die anderen ja bereits gut versorgt, etwa durch eine Betriebsrente«, stellt Dr. Jochen

Pimpertz in den Raum. Auch die deutliche Zunahme künftiger Altersarmut ist für den IW-Forscher bislang noch nicht erwiesen: »Aktuell müssen wir sagen«, so Rentenexperte Pimpertz, »ist das vielleicht eine plausible These, die aber wissenschaftlich noch längst nicht erhärtet ist.« Dass in Zukunft Arbeitnehmer mit niedrigen Einkommen häufig nur noch gesetzliche Renten unterhalb des Sozialhilfeniveaus bekommen werden, weiß auch IW-Forscher Pimpertz. Dennoch sieht er keinen Anlass zur Sorge: »Wir wissen bislang zu wenig darüber, ob diese Personen nicht vielleicht einen gut abgesicherten Ehepartner haben, der etwa als Freiberufler oder gut verdienender Beamter das Paar im Alter versorgt; oder ob sie nicht durch eine Erbschaft gut abgesichert werden. Es fehlen uns hierzu leider Daten und Befunde.«[95]

Bleibt die Frage: Gibt es wirklich so viele reiche Selbstständige und verbeamtete Universitätsprofessoren, die die rund 20 Millionen Personen alimentieren werden, die später nur Mini-Renten zu erwarten haben?

Der Kniefall der Politik vor der Versicherungswirtschaft

Es war im Dezember 2000. Allmählich hatten sich die Pläne von Rot-Grün in Sachen Rentenreform konkretisiert, und wir erzählten in »plusminus«[1] die Geschichte vom furchtlosen Ritter Norbert und dem Zauberer Walter. Norbert hatte auf seiner Bundesburg den Fehler gemacht, das Volk mit der Ankündigung des »demographischen Faktors« und einer geplanten Rentenniveauabsenkung von 70 auf 64 Prozent zu verärgern.[2] Er war deshalb 1998 mitsamt der Kohl-Regierung von der Burg gejagt worden. Rund zwei Jahre hatte Zauberer Walter seitdem gebraucht, um die neuen Formeln zu finden, die die Blüm'schen Folterinstrumente ersetzen sollten: »modifizierte Nettoanpassung«, »zusätzliche private Altersvorsorge« und »Ausgleichsfaktor«. Auch wenn sich das alles noch sehr geheimnisvoll anhörte, war uns schon damals klar: Die Zaubertricks von Walter Riester würden sich als Rentenkürzungen entpuppen, die weit über das hinausgingen, was Norbert Blüm geplant hatte. Riesters Chefberater Bert Rürup gab damals in »plusminus« offen zu, »dass diese Leistungsrücknahmen bis zum Jahr 2030 im Rahmen der Umlagerente ausgeprägter sind als in der Blüm-Reform«.[3] Schlussbild: Zauberer Walter versucht verzweifelt ein Kaninchen aus dem Hut zu zaubern, doch er scheitert kläglich. »Schlechte Aussichten also für alle«, texteten wir damals, »die geglaubt hatten, Riester werde Blüms Rentenkahlschlag stoppen. Die bittere Wahrheit ist: alles wohl nur fauler Zauber.«

Was wir damals nicht wussten: Wie kam es zu der radikalen Kehrtwende der SPD, die ihren Wahlsieg 1998 auch ihrem Anti-Blüm-Rentenwahlkampf verdankte? Und wer hatte Riester die neuen Formeln eingeflüstert? Mehr als zehn Jahre später antwortete mir auf diese Fragen der Vorstandsvorsitzende einer großen deutschen Lebensversicherung bei einem Imbiss nach einer Pressekonferenz jovial: »Also ich sag ja meinen Kollegen immer, wir müssten eigentlich auf ewig SPD wählen. Für das, was die uns Gutes getan haben.«

Die Entmachtung der Sozialpolitiker unter Kanzler Schröder

»Es war schon oft so«, erklärt uns der damalige Kanzlerberater Bert Rürup heute im Gespräch, »dass die richtige Politik von den auf den ersten Blick ›falschen‹ Parteien gemacht wurde.«[4] Das soll wohl heißen: Die Sozialdemokraten machten eine Politik, die alle viel eher von einer CDU-Bundesregierung erwartet hätten. Unmittelbar vor und nach der Wahl 1998 war es noch nicht offenkundig, doch aufmerksamen Beobachtern war eine Personalie nicht entgangen: Nicht Rudolf Dreßler, der langjährige sozialpolitische Sprecher der SPD, war als Arbeits- und Rentenminister vorgesehen, sondern der in der SPD eher unbekannte Walter Riester. Riester war damals 2. Vorsitzender von Deutschlands größter Gewerkschaft, der IG Metall. Dort war er als erfolgreicher Tarifpolitiker in Stuttgart bekannt geworden. Als Sozialpolitiker war der Schwabe jedoch ein unbeschriebenes Blatt. »Aus Sicht von Gerhard Schröder ein genialer Schachzug«, wie Michael Sauga, der für den *Spiegel* die Berliner Szene beobachtet, feststellt: »Riester war als Spitzengewerkschaftler von der SPD praktisch nicht abzulehnen. Aber in der Praxis machte er gar keine Gewerkschaftspolitik. Er war ein Politiker von Schröders Gnaden, der dem Lafontaine-Mann Dreßler vorgezogen wurde.«[5]

Mit Rudolf Dreßler wäre eine Teilprivatisierung der gesetzlichen Altersversorgung nicht zu machen gewesen. Und unter einem Kanzler Lafontaine wäre zweifellos Rudolf Dreßler Rentenminister geworden. Er stand wie kein Zweiter für den Erhalt eines lebensstandardsichernden, staatlichen Rentensystems – beitragsbezogen und von Arbeitnehmern und Arbeitgebern paritätisch finanziert. Darüber war Dreßler schon so häufig mit Schröder aneinandergeraten, dass ihn seine Nichtberücksichtigung »wegen unüberbrückbarer Meinungsverschiedenheiten«[6] nicht wirklich überraschte. Empört hat ihn jedoch, »dass ich diese Personalie den Zeitungen entnehmen musste; dass Schröder nicht einmal das Format hatte, es mir in einem Gespräch mitzuteilen.«[7] Gleichwohl war Dreßler 1998 – wie er heute einräumt – ahnungslos, was dann kommen sollte: »Wir konnten uns das schlicht nicht vorstellen, dass ausgerechnet Sozialdemokraten die solidarische, paritätisch finanzierte Rente zerstören würden. Das war damals undenkbar.«[8]

Und zunächst war von einer solchen Gefahr auch noch nichts zu spüren. In den ersten Monaten der rot-grünen Regierung verhinderte der SPD-Parteivorsitzende und Finanzminister Oskar Lafontaine noch den Putsch gegen die SPD-Beschlusslage. Die Blüm'schen Rentenkürzungspläne waren sofort nach der Machtübernahme gestoppt worden. Riester wollte gar die Rente mit 60 einführen, um von der hohen Arbeitslosigkeit runterzukommen.[9] In eine ähnliche Richtung zielte der Kampf gegen die 630-Mark-Jobs und die Scheinselbstständigkeit. Mehr sozialversicherungspflichtige Beschäftigung schaffen, war Riesters erklärtes Ziel. Und das erwartete die Öffentlichkeit auch von einer SPD-geführten Bundesregierung.

Doch genau in diesen Punkten scheiterte Walter Riester grandios. Statt sie zu verbieten, wurde der Fortbestand der Minijobs zum 1. April 1999 gesetzlich festgeschrieben. Seitdem stieg ihre Zahl von 4 auf rund 7,5 Millionen. Die heute 450-Euro-Jobs genannte geringfügige Beschäftigung kostet die Sozialversicherung viele Milliarden an Einnahmen. Auch von der Rente mit 60 war bald keine Rede mehr. Dafür wird Riester wohl als Totengräber der solidarischen Rentenversicherung in die Geschichte eingehen.

Möglich wurde das, weil am 11. März 1999 Einschneidendes passierte: Oskar Lafontaine trat nach einem monatelangen internen Streit mit Gerhard Schröder von seinen Ämtern als Finanzminister und SPD-Parteivorsitzender zurück. »Dass da irgendwann einer vom Feld gehen würde, war uns eigentlich klar«, erinnert sich der *Spiegel*-Mann Sauga, »dafür waren die Positionen zu verschieden. Wenn zwei solche Alphatiere aufeinanderstoßen, kann das nicht lange gutgehen.«[10]

Der Ausgang war dennoch überraschend, denn Oskar Lafontaine hatte seinerzeit in Partei und Fraktion eigentlich den größeren Rückhalt. »Für uns war das ein Schock«, erinnert sich Ursula Engelen-Kefer, »auf Lafontaine konnten wir uns bis dahin meistens verlassen. Er war das unerlässliche Gegengewicht zu Schröder.«[11] Von einem Tag zum anderen war damit den sozialdemokratischen Sozialpolitikern der Schutzpatron abhandengekommen. Und es war verblüffend, wie schnell sich der Wind drehte. Die sozialdemokratische DGB-Vize-Chefin Engelen-Kefer hatte darunter besonders zu leiden. Sie saß als eine von wenigen Frauen im SPD-Parteivorstand und war in den monatlichen Sitzungen das bevorzugte Ziel von Sticheleien Gerhard Schröders. Schröder hatte den Parteivorsitz und damit auch die Meinungsführerschaft übernommen. Sobald sich Engelen-Kefer mit Kritik zur Rentenreform meldete, wurde sie vom Chef abgebügelt: »Ach Ursula, hör doch endlich mit diesen ollen Kamellen auf. Du siehst doch, dass du hier keine Mehrheit hast.«[12] Um seine scharfzüngige Kritikerin zu diskreditieren, verballhornte er zudem ihren Namen zu »Quengelen-Keifer«. Ein Name, der sich bis heute in Journalistenkreisen hartnäckig hält.

Das zeigte allen anderen: Wer sich gegen Schröder wendet, wird an den Pranger gestellt. Das bekamen insbesondere die Sozialexperten Rudolf Dreßler und Ottmar Schreiner, lange Jahre stellvertretender SPD-Fraktionschef im Deutschen Bundestag, zu spüren. In den damals legendären »Rotweinrunden« nordeten die selbsterklärten »Modernisierer« Gerhard Schröder und sein Kanzleramtsminister Bodo Hombach befreundete Journalisten großer Tages- und Wochenzeitungen ein. Überzeugte Sozialpolitiker galten fortan in den meisten Gazetten als »ewig Gestrige«, »Traditionalisten«, »Besitzstandswahrer« oder auch als »Betonköpfe«. Es war ein Krieg der Worte, mit dem die spätere Politik vorbereitet wurde. Gerne verkündete Schröder damals sein neues Dogma: »Es gibt keine linke oder rechte Wirtschaftspolitik, sondern nur eine moderne oder unmoderne.«[13] Damals war aber jedem klar, dass er mit ›moderner Politik‹ keinesfalls eine traditionell linke Politik nach dem geltenden SPD-Parteiprogramm meinte. Schröders theoretische Fundierung hatte sein Wahlkampfberater und späterer Kanzleramtsminister Bodo Hombach in einem Manifest als die »Neue Mitte« beschrieben.[14] Im Zentrum steht der »aktivierende Sozialstaat«, und hier wird in Grundzügen Schröders Wirtschaftspolitik vorweggenommen: die Agenda 2010 und die Teilprivatisierung der Rente. »In der Rentenversicherung«, heißt es dort, »stehen wir vor einer grundlegenden Umwälzung. Bisher haben sich alle Initiativen im Labyrinth der institutionellen Interessen totgelaufen ... Auch wir brauchen eine zweite, kapitalgedeckte Säule.«[15] Das ist deutlich.

Und dennoch. Unmittelbar nach der Wahl, so Ursula Engelen-Kefer, »war für mich nicht erkennbar, mit welcher Kompromisslosigkeit Schröder seinen Weg in die ›Neue Mitte‹ verfolgen würde.« Zunächst musste sich Schröder im Machtkampf gegen Oskar Lafontaine durchsetzen. Mit perfekter Unterstützung durch seinen Freund Bodo Hombach. Der gilt als begnadeter Polit-Strippenzieher und soll Lafontaine mehrfach im Inland wie im Ausland in Misskredit gebracht haben. Die britische *Sun*, vergleichbar mit der *BILD*-Zeitung, stilisierte ihn schließlich zum »gefährlichsten Mann Europas«.[16] Chefs der Allianz-Versicherung und großer Energieversorger beschwerten sich persönlich bei Schröder über Lafontaine. Einige Zeit später kam es in einer Kabinettssitzung zum Eklat, aus dem Lafontaine schwer beschädigt hervorging. Lafontaine sah in dieser Situation, wie Vertraute berichten, nur zwei Optionen: »Entweder ich stürze den sozialdemokratischen Kanzler oder ich trete zurück. Für die erste Option fehlte mir das Mandat.« Mit Lafontaines Rückzug war das Schicksal der Verteidiger einer klassischen SPD-Rentenpolitik besiegelt. »Schröder trennte fortan deutlich zwischen Modernisierern und Traditionalisten«, berichtet Ursula Engelen-Kefer. »Dabei ging es nach dem simplen Schema, ›wenn du nicht mein Freund bist, dann bist du mein Feind‹. Ich gewann den Eindruck, dass es Schröder immer mehr um bedingungslose Gefolgschaft ging.«[17]

Und darin war Schröder erfolgreich. Als Walter Riester seinen ersten Gesetzentwurf zur Riester-Rente im Sommer 2000 in der SPD-Fraktion zur Abstimmung stellte, waren von den über 200 SPD-Abgeordneten gerade mal 19 dagegen. Nur ein kleines Häufchen Aufrechter unterstützte noch Rudolf Dreßler und das bestehende SPD-Parteiprogramm. Ende August 2000 legte Dreßler sein Mandat nieder und wechselte als Botschafter nach Israel. 2012 treffen wir ihn in einem Café in Bonn-Oberkassel. 12 Jahre nach seinem Abgang leidet er noch immer sichtlich unter dem rentenpolitischen »Verrat« der damaligen SPD. Noch immer kocht er innerlich und verteidigt seinen damaligen Abgang als notwendige Selbstschutzmaßnahme: »Wenn ich geblieben wäre, hätte ich mich zwischen Trübsinn und Trunksucht entscheiden müssen. Und beides wollte ich nicht.« Die dann erfolgte Demontage des gesetzlichen Rentensystems hält Dreßler für einen »klaren Fall von politischer Korruption«, und er ist »froh, dass ich daran nicht mehr mitwirken musste«.[18] Die Stimmung in der Bundestagsfraktion hatte sich in der Rentenpolitik innerhalb von nur zwei Jahren komplett gedreht. Ein Lehrbeispiel, wie Machtpolitik funktioniert. Gerhard Schröder war als Kanzler und Parteichef in der Lage, attraktive Posten und Listenplätze in Aussicht zu stellen. Die früheren Sozialpolitik-Leithammel waren hingegen abgemeldet. Ursula Engelen-Kefer: »Am Ende war ich im Parteivorstand ganz allein. Ich war die Letzte, die sich gegen die Riester-Rente gewehrt hat. Wer stellt sich gegen den Vorsitzenden und Kanzler? Niemand. Die wollten doch alle wieder aufgestellt werden.«[19]

Der Erfolg von Schröders Konzept der »Neuen Mitte« zeigt sich auch an anderen Personalien. Auf Oskar Lafontaine folgte mit Hans Eichel ein Finanzminister, der aus verschiedenen Gründen dem Schröder-Riester-Kurs in Sachen Rente bereitwillig folgte. Eichel, der sich als besonders sparsamer Haushälter profilieren wollte, plädierte für eine abgespeckte Rentenversicherung, weil er damit einen Anstieg des Bundeszuschusses verhindern wollte. Den Start in eine staatlich geförderte private Altersvorsorge unterstützte er hingegen mit ganzem Herzen. Der aus Hessen stammende Eichel machte sich dabei die Argumente der Finanzmetropole Frankfurt zu eigen: Private Altersvorsorge stärke den Finanzplatz Deutschland. Mehr privates Sparen senke die Zinsen, steigere die Investitionen und sorge für mehr Wirtschaftswachstum. So das Credo der Banken und Versicherungskonzerne. Eichel trieb damals die Privatisierungspläne so engagiert voran, dass *Die Zeit* im Jahre 2000 titelte: »Rente – Eichels nächste Reform«.[20] Optimal passten da auch die neuen Finanzstaatssekretäre: Heribert Zitzelsberger[21] und Caio Koch-Weser ersetzten Heiner Flassbeck[22] und Claus Noé. Koch-Weser kam von der Weltbank[23] und hatte dort einen knallharten Rentenprivatisierungskurs vertreten, den die Weltbank zahlreichen Ländern aufzwang – mit fatalen Folgen, wie das Beispiel Chile belegt. Dort war die durch die Weltbank erzwungene Umstellung auf eine kapitalgedeckte Altersversorgung glatt gescheitert. Nach seinem Ausscheiden aus der Politik wechselte Koch-Weser 2006 ins Management der Deutschen Bank Group.[24]

Die Bremer Lobbyismusforscherin Diana Wehlau stellt fest, dass sich das »rentenpolitische Policy-Netzwerk« mit dem Personalwechsel im Bundesfinanzministerium neu formierte. Das Finanzministerium übernahm im Verlauf der Rentenreform wegen der steuerlichen Förderung der Riester-Rente eine führende Rolle im Gesetzgebungsprozess. Damit erhielt die Versicherungswirtschaft, die traditionell enge Beziehungen zum Finanzministerium unterhält, direkten Einfluss auf die Rentengesetze.[25] Dies hat Walter Riester in der ARD-Dokumentation »Das Riester-Dilemma« sogar offen eingeräumt: »Sie müssen Folgendes sehen, das Gesetz ist nicht im Arbeitsministerium, sondern im Finanzministerium formuliert worden. Und natürlich hat das Finanzministerium auch enge Beziehungen zu Teilen der Finanzwirtschaft, weil sie auch laufend in die Gesetze reingehen. Und dass dort Beratungen erfolgen, ist völlig richtig. Und da hab ich auch gar nichts dagegen gehabt.«[26]

Die Verquickung der Finanzwirtschaft mit den politischen Akteuren der Schröder-Ära zeigen weitere personelle Verflechtungen. Einige Beispiele: Die damalige Vorsitzende des Finanzausschusses, Christine Scheel (Grüne), war Beiratsmitglied bei der Hamburg-Mannheimer und der Barmenia Versicherung.[27] Klaus Brandner (SPD) und Karl-Josef Laumann (CDU) waren als führende Sozialexperten des Ausschusses für Arbeit und Sozialordnung gleichzeitig Beiratsmitglieder bei der Allianz Lebensversicherung. Im Haushaltsausschuss war Jochen Borchert (CDU) als Aufsichtsrat der LVM Lebensversicherung AG verbunden, und Günter Rexrodt (FDP) hatte einen Aufsichtsratssitz bei der AWD Holding AG. Walter Riesters für die Rentenreform zuständige Staatssekretärin war Ulrike Mascher, die vor ihrem Einzug in den Bundestag 16 Jahre lang Angestellte der Allianz-Versicherung war.[28]

Und ganz offensichtlich war die Finanzwirtschaft mit den Politikern und Parteien sehr zufrieden. Die Bundestagsparteien erhielten während des Rentenreformprozesses Großspenden in Höhe von 4,5 Millionen Euro, wie Diana Wehlau belegt.[29] »Die zielgerichtete Kontaktpflege wird insbesondere daran deutlich, dass die rot-grünen Koalitionsparteien bis zum Regierungsantritt überhaupt keine Großspenden der Finanzdienstleistungsbranche erhalten hatten, aber nach der Ankündigung einer Stärkung der privaten Altersvorsorge im Gesamtsystem der Alterssicherung erstmalig und mehrfach Großspenden an sie überwiesen wurden.«[30] So wurde die SPD erstmals im Jahre 2000 von der Allianz-Versicherung bedacht und erhielt dann im Zeitraum 2001/2002 mehr als 250 000 Euro vom Branchenprimus spendiert. Die Grünen erhielten über 100 000 Euro.[31]

Derweil waren jene Politiker, die vor 1998 das sozialpolitische Gesicht der SPD prägten, »von der innerparteilichen Modernisierungsfraktion marginalisiert und ausgegrenzt worden«, wie Diana Wehlau feststellt. Ottmar Schreiner und Ursula Engelen-Kefer spielten keine Rolle mehr. Statt Dreßler war nun Ulla Schmidt in der SPD-Fraktion Sprecherin für Arbeit und Soziales und stellvertretende SPD-Vorsitzende. Sie war zwar in Rentenfragen ein Neuling, zeichnete sich aber durch eine »unbedingte Loyalität zum Bundeskanzler Schröder aus«[32] und unterstützte Walter Riester bei der Durchsetzung seiner Reform im Bundestag. Dazu noch einmal Diana Wehlau: »Für diesen Einsatz und ihre Loyalität wurde sie von Gerhard Schröder im Januar 2001 mit dem Posten der Gesundheitsministerin belohnt.«[33]

Dieser in der SPD so augenfällige Putsch gegen die bis dahin geltende Programmatik wurde massiv begünstigt durch den Börsenboom gegen Ende der 1990er-Jahre. Die Kursgewinne an der Börse hatten sich vorübergehend vollkommen vom Marktgeschehen in der realen Wirtschaft abgekoppelt. Bis dahin war es undenkbar gewesen, zur Absicherung der gesetzlichen Rente die Kapitalmärkte heranzuziehen. Nun schien es nur allzu verführerisch, auch für die Altersversorgung der breiten Masse die scheinbar mühelosen Gewinne anzuzapfen. Mahner, die vor einem schnellen Ende des schönen Traums warnten, wollte damals keiner hören, auch in anderen Parteien, wie sich Norbert Blüm erinnert: »Da waren die Sozialdemokraten und auch viele in meiner Partei die Opfer eines neoliberalen Tsunamis. Stichworte: Börse, Kapitaldeckung, Demographie, Generationengerechtigkeit und Wettbewerb. Privatisierung war immer toll und der Staat war der große Trottel. Auf den Parteitagen war ich der absolute Depp, weil ich immer dagegen gestimmt habe. Da wollte niemand mit mir gesehen werden, so als hätte ich Lepra.«[34]

Die Hannover-Connection

Sommer 1997, ein gutes Jahr vor der rot-grünen Machtübernahme. Der niedersächsische Ministerpräsident Gerhard Schröder soll, wie der *Stern* berichtete, einen zweistündigen Vortrag vor Finanzmaklern gehalten haben. Das Besondere: Die Veranstaltung soll in den Räumlichkeiten eines der bereits damals erfolgreichsten Finanzunternehmers stattgefunden haben. Bis heute bestreitet Schröder, dass er schon damals Carsten Maschmeyer[35] gekannt hat. Der betrieb von Hannover aus mit dem AWD eines der größten Allfinanzunternehmen[36] Deutschlands. In der Szene nannten sie den AWD-Gründer liebevoll »Maschi«. Der braungebrannte Überflieger hatte aber auch andere Beinamen: »Milliarden-Magier« oder »Finanz-Messias«.[37]

Bereits zuvor war aufgefallen, dass das Land Niedersachsen im Bundesrat eine Gesetzesinitiative gestartet hatte, die vom Branchendienst »Gerlach-Report« damals als »Lex Strukturvertriebe«[38] gebrandmarkt wurde. Auch weiter sollten Versicherungsvermittler »unregistriert und unausgebildet« arbeiten dürfen. Dies käme Unternehmen wie Maschmeyers AWD zugute, kritisierte »Gerlach-Report«-Chefredakteur Helmut Kapferer.[39] Auffällig auch: Die Initiative soll nicht vom niedersächsischen Wirtschaftsministerium ausgegangen sein, sondern direkt von Gerhard Schröders Staatskanzlei.[40]

Es dauerte nicht lange, und Carsten Maschmeyer zeigte sich großzügig. Für 650 000 Mark spendierte der AWD-Chef zunächst anonym eine Wahlkampfanzeige: »Der nächste Kanzler muss ein Niedersachse sein.« Geschaltet wurde die Anzeige unmittelbar vor der Niedersachsenwahl im Frühjahr 1998 in 16 Tageszeitungen. Wie Maschmeyer später erklärte, wollte er Schröder zu einem triumphalen Erfolg verhelfen, um den seiner Ansicht nach viel zu linken Oskar Lafontaine als SPD-Kanzlerkandidaten zu verhindern.[41] Mit Erfolg. Gerhard Schröder wurde wie geplant Kandidat und später auch Kanzler. Zuvor soll Maschmeyer über einen Mittelsmann ein weiteres Mal eine Anzeige zugunsten Schröders geschaltet haben: »Handwerk und Mittelstand für Gerhard Schröder«. Für 150 000 Mark.[42] Als Kanzler setzte Schröder dann zusammen mit Walter Riester die Teilprivatisierung der gesetzlichen Altersversorgung durch. Tatkräftig unterstützt wurden sie im parlamentarischen Prozess durch einen weiteren Hannoveraner: Gerd Andres (SPD). Seit 1987 saß er für den Wahlkreis Hannover Nord im Bundestag und wurde 1998 zunächst Staatssekretär unter Riester und behielt diesen Posten später auch unter Wolfgang Clement und Franz Müntefering. Gerd Andres war als parlamentarischer Strippenzieher ein Garant dafür, dass die Riester-Rente unter den SPD-Abgeordneten eine deutliche Mehrheit fand. Wichtig war auch ein weiterer Hannoveraner: Hubertus Schmoldt. Der Schröder-Intimus und Chef der Gewerkschaft IG Bergbau, Chemie, Energie (BCE) galt von Beginn an als Anhänger der Riester-Rente und hat im Gewerkschaftslager einen Systemwechsel zu mehr kapitalgedeckter Altersvorsorge beharrlich unterstützt.[43] Ein Vorgang also, von dem AWD-Chef Carsten Maschmeyer genau wie alle anderen Vermittler von Riester-Policen direkt profitierte. Man sitze auf einer riesigen Ölquelle, soll »Maschi« daraufhin seinen Mitarbeitern zugerufen haben, und müsse diese nur noch anbohren.[44]

Für Maschmeyer persönlich hat sich die beharrliche Arbeit gelohnt: Als er 2008 seine AWD-Anteile an die Versicherung Swiss-Life verkaufte, kassierte er dafür 600 Millionen Euro.[45]

Mittlerweile sind Carsten Maschmeyer und Gerhard Schröder auch ganz offiziell dicke Freunde, quasi die Keimzelle der »Hannover-Connection«, wie sie Maschmeyer selbst in einem Interview für die *Welt am Sonntag* bezeichnete.[46] Maschmeyer hatte eine Journalistin in seinen Weinkeller geladen. Hinter »Türen aus 300 Jahre alter Eiche« und »Steinmauern von einer uralten Burg in Kroatien« kredenzte er einen sündhaft teuren Rotwein. In diesem Keller, erklärte er stolz, seien »große Industriefusionen eingeleitet worden« und »Ideen für die Agenda 2010 entstanden«.[47] Erst am Tag zuvor »waren ein paar Freunde hier«, erklärt »Maschi« die herumstehenden, bereits benutzten Gläser: »Markus Schächter, der Intendant vom ZDF, unser Oberbürgermeister Stephan Weil und Gerhard Schröder.« »Maschi« gefällt sich in der Rolle des ›spin doctors‹, der die Mächtigen zusammenbringt, der Spiritus Rector der Modernisierer. Unter der Überschrift »Netzwerken ist das halbe Leben« enthüllt Maschmeyer später in *BILD*[48], »warum Kontakte (fast) alles sind und wie er selbst sein Netzwerk aufgebaut hat«. Treuherzig verkündet der Finanzunternehmer der *BILD*-Leserschaft, dass die mächtigsten Personen »nicht unbedingt intelligenter oder qualifizierter seien als der Durchschnitt«. Nein, sie »haben einfach mehr Kontakte und bessere Kontakte, die sie meist seit langer Zeit pflegen und wechselseitig nutzen ... Geschäftlich gesehen kann jeder Neukontakt bares Geld wert sein.«[49] Zu Maschmeyers VIP-Netzwerk gehört laut *BILD* beispielsweise Frank-Walter Steinmeier (SPD), der schon für Schröder in Hannover die Staatskanzlei leitete und später in der großen Koalition Vize-Kanzler und Außenminister wurde. Aber auch Schröders Nachfolger als Ministerpräsident Niedersachsens und heutiger SPD-Chef Sigmar Gabriel. »Maschi« netzwerkt aber nicht nur mit Sozis. Ex-Bundespräsident Christian Wulff (CDU), der zuvor ebenfalls Niedersächsischer Ministerpräsident war, bezeichnet sich öffentlich als guter Freund Maschmeyers. Auch mit Merkels Starministerin, der Hannoveranerin Ursula von der Leyen (CDU), ist Maschmeyer befreundet. Sie kennen sich noch vom gemeinsamen Medizinstudium, das Maschmeyer nach fünf Semestern abbrach, um sich ganz der Finanzvermittlung zu widmen. Die *Süddeutsche Zeitung* bescheinigte der Hannover-Connection eine »Kohäsion des Erfolges, die seinesgleichen sucht«, und hat »eine geradezu unheimliche Nähe« ausgemacht.[50] Auch Phillip Rösler (FDP) ist schon lange Teil dieses Geflechts. Der wichtigste Kumpel Maschmeyers war und bleibt jedoch Ex-Kanzler Gerhard Schröder, wie Maschi bekennt: »Carsten und Gerhard, die von ganz unten kommen. Klar verbindet das.«[51]

Und Freunde helfen sich: Nach dem Ende seiner Kanzlerschaft half Maschmeyer bei der Vermarktung von Schröders Memoiren »Entscheidungen – mein Leben in der Politik«. *Spiegel Online* meldete daraufhin: »Maschmeyer hat Schröder Million für Buchrechte gezahlt«.[52] Und auch Gerhard Schröder weiß offenbar, wie er seinem Freund Carsten helfen kann. Ende 2004 erklärte er damals noch als Kanzler auf einer AWD-Veranstaltung vor zahlreichen Versicherungsvermittlern: »Sie als AWD-Mitarbeiter und Mitarbeiterinnen erfüllen eine staatsersetzende Funktion. Sichern Sie die Rente Ihrer Mandanten, denn der Staat kann es nicht. Private Vorsorge lautet das Gebot der Stunde!«[53]

Ein unmittelbarer Mitarbeiter Schröders nahm den Aufruf zur privaten Vorsorge sehr wörtlich. Regierungssprecher Béla Anda wechselte nach Schröders Niederlage 2005 als Pressesprecher zu Maschmeyers AWD.[54] Ein gut bezahltes, wenngleich nicht vergnügungssteuerpflichtiges Amt. Angeblich klagen Hunderte AWD-Anleger, weil sie sich vom AWD falsch beraten fühlen und sehr viel Geld verloren haben. Immer wieder stehen der AWD und sein Gründer Carsten Maschmeyer öffentlich am Pranger. Die ARD-Dokumentation »Der Drückerkönig und die Politik« enthüllte im Januar 2011 die AWD-Methoden und Maschmeyers Klüngel-Geflecht mit den Promis aus Politik und Showgeschäft. Maschmeyer hatte zuvor versucht, mit massiver Einschüchterung und juristischen Mitteln die Ausstrahlung der vom NDR produzierten Sendung zu verhindern. Erfolglos – offenbar fehlten ihm im Hamburger Funkhaus die politischen Freunde. Andere Freunde sind – bei der Fülle an Kontakten lässt sich das wohl kaum vermeiden – vorübergehend auf dem absteigenden Ast. Zum Beispiel Christian Wulff. Auch den förderte Maschmeyer, indem er dessen Buch »Besser die Wahrheit« mit verkaufsfördernden Anzeigen unterstützte. Kosten: 43 000 Euro.[55] Gerade frisch im Bundespräsidentenamt ließ »Maschi« seinen Freund Christian in seiner Nobel-Villa auf Mallorca Urlaub machen. Wulff wiederum soll die Schauspielerin Veronica Ferres mit Maschmeyer bekannt gemacht haben. Seit 2009 sind Maschmeyer und Ferres offiziell ein Paar, womit Maschmeyer auch der Eintritt in die Welt des Showbiz gelungen ist. Schließlich hielt Christian Wulff 2009 an der Universität Hildesheim auf dem Festakt zur Verleihung der Ehrendoktorwürde an Carsten Maschmeyer die Laudatio. Mittlerweile ist bekannt geworden, dass Maschmeyer der Universität Hildesheim ein Jahr zuvor 500 000 Euro gespendet hatte. Er gebe diesen Beitrag, so Maschmeyer, »weil ich mich meiner Hildesheimer Heimat sehr verbunden fühle«.[56]

An anderer Stelle funktioniert das Netzwerk aber noch prächtiger. Für sein neues Geschäftsprojekt hatte Carsten Maschmeyer Schröders früheren Chefberater, Professor Bert Rürup, als Partner gewonnen. Beide waren Teilhaber der »MaschmeyerRürupAG«, die als unabhängiges Unternehmen weltweit Beratungsleistungen in Sachen Alters- und Gesundheitsvorsorge anbietet. (Ende 2012 endete die Zusammenarbeit zwischen Maschmeyer und Rürup so plötzlich wie geräuschlos. Fast heimlich wurde Rürups Büro bei der MaschmeyerRürupAG geschlossen.) Bei der Vorstellung des neuen Unternehmens waren neben Schröder (»Ich bin mit den beiden Gründern persönlich befreundet«) auch Hans-Dietrich Genscher, Walter Riester und der Ex-Commerzbank-Chef Klaus-Peter Müller zugegen.[57] Maschmeyer und Rürup, so erklärten sie auf ihrer Internetseite, »haben sich mit Bedacht die Unterstützung vieler Jahrzehnte Berufserfahrung für ihr Unternehmen gesichert. Sie suchen hochkarätige Verbindungen und Kontakte in die Spitzen von Unternehmen und Politik.«[58] Im Aufsichtsrat des neuen Unternehmens sitzt übrigens Stefan Homburg. Der ist Professor für Öffentliche Finanzen an der Leibniz-Universität Hannover und war bis 2007 Berater mehrerer Bundesregierungen.[59] Ein Netzwerk à la Maschmeyer eben.

Und dem entgeht man auch in der ARD nicht – zumindest nicht im Unterhaltungsprogramm. Am 20. März 2011 wurde zur besten Sendezeit am Sonntagabend der Tatort »Mord in der ersten Liga« gesendet. 9,42 Millionen Zuschauer sahen, wie Charlotte Lindholm in der Hannoveraner AWD-Arena einen Mord an einem Fußballer aufklärte.[60] Immer wieder und weit mehr als szenisch vertretbar wurden die Werbebanner des AWD (»Volltreffer für Ihre Finanzen« – »Ihr persönlicher Finanzoptimierer«) im Stadion prominent ins Bild gesetzt. Ein klarer Fall von Schleichwerbung. Übrigens: Im richtigen Leben heißt Charlotte Lindholm Maria Furtwängler und ist Gattin des Chefs des Burda-Verlages.[61] Das Paar ist gerngesehener Gast bei den Festveranstaltungen von Carsten Maschmeyer und Veronica Ferres.

Wir betreten die gediegene Büroetage im 3. Stock der Bockenheimer Landstraße 64 im Westend. Der Frankfurter Standort der MaschmeyerRürupAG. An der Milchglasscheibe lesen wir »Independent International Consultancy«. Und so kalt wie dieser Begriff, so kalt wirkt auch das Interieur hinter der Scheibe. Riesige glatte Flächen, überwiegend in Schwarz und Weiß gehalten. Bunt findet hier nur auf den Schaubildern der Computermonitore statt. Hier residiert Vorstandsmitglied Professor Dr. Dr. h. c. Bert Rürup. Außerdem eine Vorstandssekretärin und drei Wirtschaftswissenschaftler. Der Vorstandsvorsitzende Maschmeyer ist nur selten hier, hat sein Büro mit ebenfalls vier Mitarbeitern in Hannover.[62] Hier haben sich zwei Ge-

triebene zusammengetan, die viel verbindet, aber in der Vergangenheit noch mehr trennte. Von beiden ist bekannt, dass sie in jungen Jahren verbissen ihr Glück in der Leichtathletik suchten. Maschmeyer als Dauerläufer und Rürup als Kugelstoßer. Beide durchaus mit Erfolg. Während Carsten Maschmeyer aber nicht über einen Niedersachsentitel hinauskam, schaffte es Bert Rürup immerhin mit einer Bestweite von 16,88 m in den Nationalkader. 1966 hätte es für den Essener Rürup fast zur Teilnahme an den Europameisterschaften in Budapest gereicht.[63] *Auch beruflich schien Bert Rürup das bessere Los gezogen zu haben: Während Maschmeyer sein Medizinstudium schmiss, brachte es Rürup bis zum Professor für Finanz- und Wirtschaftspolitik, erlangte aufgrund seiner Kompetenz in Rentenfragen schon bald den Beinamen »Rentenpapst« und stieg als Vorsitzender des Sachverständigenrates zur Begutachtung der gesamtwirtschaftlichen Entwicklung in den Olymp der Ökonomen auf.*[64]

»Leider konnte sein Einkommen aber nie«, kommentierte ein Finanzexperte, »mit seinem öffentlichen Ruhm und seiner Autorität mithalten.« Stimmt. Während für »Maschi« zunächst bei der OVB und später dem AWD die Millionen nur so sprudelten, blieben Bert Rürups Einnahmen überschaubar. Das Professorengehalt der TU Darmstadt. Hier ein Vortrag, dort ein Beiratshonorar. Und natürlich das Honorar des Sachverständigenrats: Für den Chef dieses erlauchten Kreises betrug es 35 000 Euro. Pro Jahr. Für »Maschi« waren das Peanuts. Der hat mit der Vermittlung von Finanzprodukten und dem Aufbau eines schlagkräftigen Strukturvertriebs Hunderte von Millionen verdient. Bereits nach einem Jahr AWD feierte er am 1. April 1989 eine Milliarde Mark Vertragsumsatz mit einem rauschenden Fest: Auf einem Elefanten reitend ließ er sich in der Eilenriedehalle in Hannover von 1700 Gästen bejubeln.[65] *Doch trotz dieses Erfolges haftete ihm aufgrund der fragwürdigen AWD-Verkaufspraktiken stets ein Schmuddel-Image an, und er musste sich in der ARD als »Drücker-König« verspotten lassen.*[66]

Doch nun haben sich Elefantenreiter und »Rentenpapst« zusam-

mengetan. Und Rürups Büro ist so riesig, dass da ein Elefant locker reinpassen würde. Auch finanziell soll sich Rürups Arbeit endlich auszahlen. Über das Budget seines Forschungsinstituts schweigt der frühere Kugelstoßer aber eisern. Ob das nicht seinen guten Ruf ruiniert habe, die Kooperation mit Maschmeyer, wollen wir wissen. »Bei einigen sicher, bei anderen nicht«, antwortet Rürup und fügt hinzu, »ich kann nur sagen: mein Eigenbild von Carsten, den ich 2007 näher kennengelernt habe, ist ein anderes als das in den Medien oft kolportierte. Mir gegenüber war er immer zuverlässig und ehrlich. Doch bei Carsten Maschmeyer gibt es ja keine Unschuldsvermutung, es gibt eigentlich immer nur Schuldvermutungen.«[67]

Die Liaison nahm dann jedoch ein überraschendes Ende. Zum Jahresende 2012 beendete Bert Rürup seine Mitarbeit in der MaschmeyerRürup AG. Die Firma wird abgewickelt.

Walter Riester und sein Auftrag

Oktober 2000. Walter Riester ist ausnahmsweise zu einem Interview für das Fernsehen bereit.[68] *Wir besuchen ihn in seinem Berliner Ministerbüro. Auch nach rund zwei Jahren Ministerschaft vermittelt er noch immer den Stolz eines kleinen Jungen, der mit strahlenden Augen seine neue elektrische Eisenbahn vorführt. Der ganze Apparat um ihn, die vielen Fachleute, alles nur für ihn, den Chef. Er versucht locker zu wirken, was bei Walter Riester vermutlich nie gelingen wird. Und er neigt zum Dozieren. Dabei entsteht leicht der Eindruck: Hier will jemand unbedingt demonstrieren, dass auch er etwas weiß. Dass er nicht zu Unrecht auf diesem Sessel sitzt. Manchmal klingt er dabei etwas besserwisserisch. Es geht in dem Interview um die Abschaffung der Berufsunfähigkeitsrente innerhalb der gesetzlichen Rentenversicherung. Auf Nachfrage muss Riester einräumen, dass er keinerlei Vorstellung davon hat, wie teuer die private Absicherung dieses Risikos den Normalverdiener zu stehen kommt. »Moment mal«, unter-*

bricht er das Gespräch und verlangt herrisch per Telefon von einem seiner Spitzenbeamten exakte Aufklärung. Es ist diese Mischung aus Dilettantismus und Perfektionismus, die die Hauptstadtkorrespondenten schon so oft bei ihm beobachtet haben. Genau wie bei der Riester-Rente versucht er dann, die Abschaffung des Berufsschutzes als sozial gerecht zu rechtfertigen – obwohl es doch in Wahrheit nur eine weitere Demontage des Sozialstaats ist. Tatsächlich sollte der von Riester verordnete Verlust des gesetzlichen Berufsunfähigkeitsschutzes in den kommenden Jahren zu einem Verkaufsschlager für private Versicherungspolicen werden. Seit der Riester-Reform gilt die private Berufsunfähigkeitsversicherung als unverzichtbar. Über 6 Milliarden Euro nehmen Allianz & Co jährlich damit ein.[69] *Dank Riester.*

Walter Riester ist wahrscheinlich nicht der Erfinder der Riester-Rente. Der langjährige sozialpolitische Sprecher der SPD, Rudolf Dreßler, glaubt, dass Riester in Sachen Rente zu Beginn seiner Amtszeit »von Tuten und Blasen keine Ahnung« hatte.[70] Der langjährige Berater der Bundesregierung, »Rentenpapst« Bert Rürup, offenbart, dass Riester sehr misstrauisch gewesen sei und alles habe nachrechnen wollen. Aber zur Kompetenz Riesters in Rentenfragen verweigert er jeden Kommentar. Als Erfinder der Riester-Rente will Rürup selbst nicht gelten und verweist auf den Beirat des Bundeswirtschaftsministeriums, der bereits im März 1998 – also ein halbes Jahr vor dem rot-grünen Wahlsieg – ein Konzept präsentierte, das dem späteren Riester-Konzept verdächtig ähnelte. Vielleicht hat auch der Gesamtverband der deutschen Versicherungswirtschaft (GDV) die Riester-Rente erfunden. Der GDV machte schon im Herbst 1998 detaillierte Vorschläge – fast zwei Jahre, bevor Riester selbst seinen ersten Gesetzesentwurf vorlegte.[71]

Klar ist: Walter Riester machte in einem Interview mit der Wochenzeitung *Die Zeit* 1997 nebulöse Andeutungen, dass es bei der Rente Strukturänderungen geben müsse.[72] Auch wenn er nichts Konkretes vorschlug, brachte ihm das Interview in der IG Metall viel Ärger ein. Andererseits war es – so stellt es Riester in seiner Autobiographie dar – quasi das Bewerbungsschreiben für den Ministerposten unter Schröder.[73] Riester und Schröder sollen sich in Gesprächskreisen der Bertelsmann Stiftung kennen- und schätzen gelernt haben. In solchen Zirkeln brachten die »Bertelsmänner« den Spitzenfunktionären aus Parteien und Gewerkschaften die Gefahren der Demographie und die Vorteile einer kapitalgedeckten privaten Altersvorsorge nahe. Dort soll Riester auch Kurt Biedenkopf getroffen haben, der zusammen mit dem Sozialwissenschaftler Meinhard Miegel die Abschaffung der beitragsfinanzierten gesetzlichen Rente favorisiert. Wer mehr als Sozialhilfe haben wolle, so Biedenkopf und Miegel, müsse privat vorsorgen. Davon zeigte sich Riester nach eigenen Angaben schwer beeindruckt. Biedenkopf »stelle die richtigen Fragen«, und seine Überlegungen böten »plausible Ansätze«, schreibt Riester, der die Abschaffung der beitragsfinanzierten Rente zwar ablehnte, aber Biedenkopf beipflichtete, »dass man das System verändern müsse«.[74] Unstrittig ist auch Riesters enge Verbindung zu Arbeitgeberchef Dieter Hundt, den er zu seiner Zeit als Tarifexperte in langen Verhandlungsmarathons schätzen gelernt hat. Mit ihm war er sich offenbar einig, dass die Lohnnebenkosten keinesfalls steigen dürften und mehr private Altersvorsorge nötig sei. Das ist so ziemlich genau das Gegenteil von dem, was die Sozialdemokraten vor der Wahl 1998 dem Volk erzählt hatten.

Und damit war er der ideale Mann für Gerhard Schröder, sagt Ursula Engelen-Kefer: »Schröder wollte eine kapitalgedeckte Altersvorsorge, und er wollte auf jeden Fall Dreßler verhindern, deshalb passte Riester perfekt ins Konzept.«[75] Sie räumt aber ein, dass sie bei Riesters Amtsantritt verkannt habe, in welchem Ausmaß Sozialdemokraten zu Handlangern der Finanzindustrie werden könnten. Albrecht Müller pflichtet ihr bei: »Ich sehe mich noch im Hof meines Hauses sitzen, zusammen mit Detlef Hensche, dem Vorsitzenden der IG Medien. Und wir hatten eine *Frankfurter*

Rundschau auf dem Tisch liegen, darin ein Text von Riester, in dem er seltsame sozialstaatskritische Vorschläge machte. Und ich frage Hensche, wie so etwas angehen kann. Detlef Hensche meinte damals, Walter Riester könne man trauen.«[76] Irren ist eben menschlich. Wochen später sieht sich Detlef Hensche gezwungen, in einem offenen Brief an den »lieben Walter« Position zu beziehen und die geplante Riester-Rente hart als »sozialpolitisch untragbar« und »verdeckte Subventionierung der privaten Versicherungswirtschaft« anzuprangern: »Man gebe bitte nicht als Reform aus, was im Kern eine Umverteilung zugunsten der Arbeitgeber und der privaten Versicherungswirtschaft ist.«[77]

Doch was steckt eigentlich hinter der Person Walter Riester? Hatte er tatsächlich eine Vision, die ihn in das Amt getrieben hat, oder war er nur ein »Getriebener«, der Schröder gut ins Konzept passte und dessen Vorgaben ausführte? Ist seine Rolle als Minister und späterer Abgeordneter die logische Folge seines Werdegangs, der am 27. September 1943 im bayrischen Kaufbeuren begann?

Walter Riester hat sich aus kleinsten Verhältnissen hochgearbeitet. Er wuchs ohne Vater auf, die Mutter litt darunter, dass sie ihm keine höhere Schulbildung finanzieren konnte. Mit knapp 14 entschloss er sich, eine Ausbildung zum Fliesenleger zu machen. Da gab es damals laut Riester die besten Verdienstaussichten. Parallel engagierte er sich in der Gewerkschaft und durfte nach der Meisterprüfung sogar ein Jahr an der Akademie der Arbeit in Frankfurt studieren. Dann stieg er ganz um auf die Gewerkschaftskarriere, wurde Jugendsekretär beim DGB Baden-Württemberg, später Bezirkssekretär und danach Bezirksleiter der IG Metall in Baden-Württemberg. Und weil im wirtschaftlich starken ›Ländle‹ traditionell die Pilotabschlüsse im Tarifpoker der Metaller ausgehandelt werden, wurde Riester bundesweit bekannt. Nach rund 20 Jahren Kärrnerarbeit an der »Tariffront« wurde Riester mit dem Posten des stellvertretenden IG-Metall-Chefs belohnt. Doch in der Frankfurter IGM-Zentrale wurde er nie richtig heimisch.

Schon bevor ihn im Frühjahr 1998 Gerhard Schröders Ruf ereilte, hatte sich Riester in der IG Metall mit seiner arbeitgeberfreundlichen Haltung und seinen diffusen Äußerungen zur Rente unbeliebt gemacht. Das Verhältnis zu IG-Metall-Chef Klaus Zwickel galt als zerrüttet.[78] Angeblich war man in Frankfurt heilfroh, Riester elegant loszuwerden, als Schröder ihm das Angebot machte, in sein »Schattenkabinett« einzutreten. Ein IG-Metall-Spitzenfunktionär soll damals geäußert haben: »Wir hätten Riester damals nicht mehr zurückgenommen, falls das mit der Wahl und dem Ministerjob schiefgegangen wäre.« Walter Riester war also 1998 in der Gewerkschaftsszene weitgehend isoliert, der Rückweg unsicher und sein alter Job als Fliesenleger wohl keine wirkliche Alternative. Walter Riester musste also hoffen, dass das Regierungsprojekt Schröder funktionierte. Für Riester war es die Chance, die ganz große Bühne zu betreten. Es lockte der Eintritt in die Sphäre der Reichen und Mächtigen, an der er als IG-Metall-Vertreter in Aufsichtsräten zum Beispiel von Daimler, Thyssen oder Rheinmetall bereits geschnuppert hatte. Sein Partner dabei: der Kanzler der Bosse. Für Schröder eine komfortable Situation: Riester, der weder in der Partei noch in den Gewerkschaften großen Rückhalt besaß, war ihm quasi ausgeliefert.

Für die damalige DGB-Vizechefin Engelen-Kefer war Riester damit ein trojanisches Pferd, ein sozialdemokratischer IG-Metall-Spitzenfunktionär auf dem Posten des Arbeits- und Sozialministers. Das klang zunächst durchaus glaubwürdig. Erst einmal im Amt, sorgte dann Riester aber für den »schlimmsten Anschlag auf die gesetzliche Rente, der jemals unternommen wurde«, so Albrecht Müller. Der Ex-Planungschef der SPD-Kanzler Brandt und Schmidt spricht von »Verrat« und hält Riester »für ein Werkzeug« Schröders. »Heute bin ich mir ziemlich sicher, dass Schröder Riester schon frühzeitig für diese Mission ausgesucht hat«, erklärt Müller.[79]

Ähnlich sieht es Lobbyismusforscherin Diana Wehlau: »Hat

nun der Kanzler die Reform gemacht oder der Finanzminister? Und hat der Arbeitsminister tatsächlich eine Rolle gespielt? Oder war er nur eine Marionette, die eingesetzt wurde, um diese Reform durchzuziehen? Wenn er nur diesen Auftrag hatte, dann hat er ihn erfüllt und war dann schlichtweg wieder entbehrlich. Also eher ein Spielball anderer Interessen. Das heißt aber auch, dass die Riester-Rente dem Ursprung nach eher eine Schröder-Rente ist, denn letztlich hat der Bundeskanzler seine rentenpolitischen Vorstellungen durchgesetzt.«[80] Tatsächlich blieb Riester nur für eine Legislaturperiode Minister.

Und die glich über weite Strecken einer Polit-Variante von »Pleiten, Pech und Pannen«. Fast im Wochenrhythmus fiel die Presse über ihn her, und unter den Hauptstadtkorrespondenten galt Riesters Rücktritt bereits nach Monaten als beschlossene Sache. Das Einzige, was Riester erreicht hat, die Riester-Rente, wurde zunächst medial so zerfetzt, dass sich Walter Riester anfangs gegen den Begriff »Riester-Rente« sogar juristisch zur Wehr setzen wollte. »Es ist wie verhext«, schrieb damals der *Spiegel*: »Wann immer sich Walter Riester einer Sache annimmt, wünschen sich die Betroffenen am Ende, er hätte es bleiben lassen.«[81]

Walter Riester stilisiert sich selbst im Nachhinein jedoch zum visionären Querdenker, der das Rentensystem vor dem Kollaps gerettet hat: »Ich nahm Konflikte in Kauf, weil ich mir meiner Sache sicher war. Etwas pathetisch gesagt: Mit meinem Mut zur Wahrheit wagte ich mich Schritt für Schritt auf Gebiete vor, in denen ich dringenden Handlungsbedarf sah ... Es wurde beobachtet, dass da ein Gewerkschafter war, der nicht nur Bestehendes in Frage stellt, sondern auch neue Antworten sucht und sich gegen veraltete Dogmen wendet. Der den Mut hat, Neuland zu betreten, wenn es geboten scheint.«[82]

Riester schreibt in seiner Autobiographie, dass er sich rund ein halbes Jahr vor der Wahl mit Gerhard Schröder getroffen habe und »dem Gerhard« seine Ideen von einer zusätzlichen privaten

Rente erklärt habe. »Gerhard, wenn du einen solchen Weg gehen willst, dann bin ich vielleicht der Richtige, dann mache ich es«,[83] will er damals gesagt haben. Und gleich darauf habe er Dieter Hundt hereingebeten, den er vorsorglich ebenfalls eingeladen hatte. Schon Monate vor der Wahl war der große Rentenkonsens also beschlossene Sache. So Riesters Version.[84] Rudolf Dreßler berichtet hingegen, dass Riester ihn vor der Wahl in seinem Büro im 6. Stock des »Langen Eugen«[85] in Bonn besucht habe, um sich in einem mehrstündigen Gespräch die SPD-Beschlusslage in Sachen Rente erklären zu lassen. Also die Rücknahme der Blüm'schen Rentenreform und ein Festhalten an der paritätisch finanzierten Rente. »Rudolf, das sehe ich ganz genauso«, soll Riester zum Abschied gesagt haben.

Ganz offensichtlich passte Riester perfekt in Gerhard Schröders Intrigenspiel. Auch der hatte vor der Wahl mit seinen Rentenplänen noch weitgehend hinterm Berg gehalten und stattdessen öffentlich das Schicksal seiner Mutter bemüht. Es sei schlicht unanständig, drückte Schröder auf die Tränendrüse, wenn Norbert Blüm solchen Frauen die ohnehin kleinen Renten kürzen wolle.[86]

Das schmutzige Geschäft, die treuherzigen Rentenbekenntnisse nach der Wahl wieder einzukassieren, überließ der Kanzler dann seinem – so ein Insider – »willfährigen« Arbeits- und Sozialminister. Also schickte Riester schon bald einen Staatssekretär ins Finanzministerium, um dort die Bereitschaft für eine Teilprivatisierung auszuloten. Der damalige Finanzstaatssekretär Heiner Flassbeck erinnert sich noch gut an den Besuch seines Kollegen Achenbach: »Der wollte mich überzeugen, dass wir unbedingt mehr private Altersvorsorge brauchen. Und ob ich das nicht Lafontaine nahebringen könne. Ich dachte, ich hätte mich verhört. Das könne er vergessen, sagte ich ihm ohne Umschweife.«[87] Mit dem Wechsel zu Hans Eichel änderten sich dann die Vorzeichen, und die Rentenkooperation zwischen Finanz- und Arbeitsministerium klappte wie geschmiert.

Doch noch weitere Personalwechsel waren für die Rentenprivatisierung wichtig: Walter Riester entließ im Jahr 2000 Professor Winfried Schmähl aus dem Sozialbeirat der Bundesregierung. Der war zuvor 14 Jahre lang Vorsitzender dieses Gremiums gewesen. Diese Entlassung war ein bis dahin einmaliger Vorgang. In 40 Jahren war noch nie ein Wissenschaftler des Sozialbeirates gegen seinen Willen ausgeschieden.[88] Winfried Schmähl war eine unumstrittene Rentenkoryphäe, galt aber als entschiedener Verfechter der umlagefinanzierten lebensstandardsichernden Rente. Bereits die unter Blüm beschlossenen Rentenkürzungen hatte Schmähl hart kritisiert. Nun monierte er: Niveauabsenkungen seien nicht zumutbar, eine teilweise Ersetzung durch eine private Zusatzrente sei schädlich und ungerecht. Ein Urteil, das ihn seinen Posten und den Einfluss auf die Politik der Bundesregierung kostete. Sein Nachfolger im Sozialbeirat wurde Professor Bert Rürup, der als Neuling sofort zum Vorsitzenden bestimmt wurde. Der Sozialdemokrat Rürup hatte den Minister-Wechsel von Blüm zu Riester als Berater des Arbeits- und Sozialministers schadlos überstanden. Und als Duzfreund des Kanzlers hatte er eine unangefochtene Stellung als Superberater. Rürup trug Schröders und Riesters Rentenpläne voll mit. In einem Sondergutachten zur Rentenreform wurden Riesters Pläne durch den neu formierten Sozialbeirat nachdrücklich begrüßt und unterstützt.[89]

Ein plötzliches Karriereende erlebte hingegen ein anderer Sozialdemokrat. Dr. Thomas Ebert war als Hauptabteilungsleiter Rente oberster Rentenexperte im Riester-Ministerium. Ebert wollte genau wie Schmähl nicht zu den Modernisierern umschwenken und verteidigte die bestehende Rente. Im Mai 2000 entließ Walter Riester seinen Spitzenbeamten – ohne Begründung.

»Das war eine regelrechte Säuberungswelle damals«, kritisiert Rudolf Dreßler. Auch für Ursula Engelen-Kefer, die als DGB-Vize nicht dem unmittelbaren Einfluss von Kanzler und Bundestagsfraktion unterlag, war schon eine neue Verwendung gefunden. »Riester hatte für mich schon einen Job in Brüssel in der EU-Kommission ausfindig gemacht, auf den ich abgeschoben werden sollte«, erinnert sich die streitbare Sozialpolitikerin. »Das sei doch für mich auch finanziell sehr interessant, legte mir Walter Riester nahe. Allerdings sagte er nicht, dass es eine andere erheblich aussichtsreichere Kandidatin gab. Eine Frechheit war das.«[90] Engelen-Kefer lehnte dankend ab.

Walter Riester weiß finanzielle Vorteile selbst durchaus zu schätzen. Nachdem er seine Aufgabe der Teilprivatisierung der Rente erfüllt hatte, musste er zwar seinen Ministersessel räumen. Doch Schröders Schützling war mit einem Bundestagsmandat abgesichert worden. Von 2002 bis 2009 gehörte Walter Riester dem Deutschen Bundestag an. Doch die Abgeordnetenbezüge reichten dem schwäbischen Ex-Minister offenbar nicht. Riester tingelte übers Land und hielt hochbezahlte Vorträge. Zum Beispiel für die Allianz, den AWD, den Bundesverband Deutscher Vermögensberater, die DEVK-Versicherung, die Nürnberger Versicherung, die R+V-Versicherung, die Union-Investment-Privatfonds, die Universa-Lebensversicherung, die Westfälische Provinzial oder den Hamburger Strukturvertrieb ›Zeus‹.[91] Seit die Bundestagsabgeordneten Angaben zu ihren Nebenverdiensten machen mussten, war Walter Riester klar die Nummer 1, also der Abgeordnete mit den meisten Auftraggebern. Die *Rheinische Post* meldete, dass Riesters Vortragshonorare weit über seinem Abgeordnetengehalt lagen.[92] In nur drei Jahren soll der Ex-Minister für Vorträge bei Finanzdienstleistern mindestens 400 000 Euro erhalten haben.[93] Wie viel es genau sind, wissen aber wohl nur Walter Riester und sein Finanzamt. Denn die Abgeordneten müssen nur melden, ob ein Vortrag mindestens 1000 Euro, mehr als 3500 Euro oder mehr als 7000 Euro eingebracht hat. Die meisten Honorare meldete Riester in der Kategorie über 7000 Euro. Und seit Riester 2009 den Bundestag verließ, muss er der Öffentlichkeit gar nicht mehr mitteilen, wie oft Versicherungen, Makler, Banken oder Strukturvertriebe Walter Riesters Staatspension aufbessern. Sein von ihm gefeuerter Rentenfachmann aus dem Ministerium, Thomas Ebert, zeigt sich von Riesters reger Geschäftstätigkeit überrascht: »Bei Riester bin ich doch ein wenig enttäuscht. Ich hätte erwartet, dass ein alter Gewerkschafter und Sozialdemokrat sich anders verhält.«[94] Noch drastischer urteilt seine alte Widersacherin Ursula Engelen-Kefer: »Walter Riester hat offenbar keine Skrupel. Seine Maßnahmen drücken viele Rentner unter die Armutsgrenze, aber er bessert damit seinen Lebensstandard kräftig auf.«[95]

»Eines ehemaligen Ministers unwürdig und unanständig«, befindet die Vorsitzende von Transparency International, Edda Müller.[96] Albrecht Müller und Rudolf Dreßler sprechen gar von einem klaren Fall von ‹politischer Korruption›. Solche Vorwürfe schmerzen Walter Riester. Wenn er Vorträge halte oder Mitarbeiter schule, verteidigt er sich, dann mache er dies, um dem wichtigen Projekt Riester-Rente zum Durchbruch zu verhelfen. Nur wirkt es halt leider oft so, als besorge Riester damit in Wahrheit der Finanzwirtschaft das Geschäft. So pries er die jährliche Renteninformation der staatlichen Rentenkasse auf der Hauptversammlung des Bundesverbandes Deutscher Vermögensberater so an: »Wenn der Bürger jedes Jahr einmal von seiner Sozialversicherungsrente die Bilanz bekommt, mit der Perspektive seiner Altersrente ..., das wirkt mehr wie manche Werbekampagne.«[97]

Auf seiner Internetseite hat Walter Riester ein Video eingestellt. Darin wäscht er sich von allen übelmeinenden Bezichtigungen rein. Knapp 33 Minuten lässt er sich von dem freien Altersvorsorgeberater Dirk R. Schuchardt auf der Terrasse des Seehauses Wedau in Duisburg befragen. Berater Schuchardt hat, um auf sich aufmerksam zu machen, das »Rentenfernsehen.de« erfunden. Dort gibt er als selbsternannter Chefredakteur Politikern ein Forum. Häufigster Gesprächspartner: Walter Riester. Als

Schuchardt den Ex-Minister ganz vorsichtig mit seiner angeblichen Geschäftemacherei konfrontiert, stellt der Ex-Minister klar: »Wenn eine Organisation, ob Sparkasse, ob Volksbank, ob Versicherung, ob Vertrieb, Mitarbeiter von mir schulen lassen will, dann verlange ich dort auch meine Kosten und mein Honorar, und das halte ich auch für selbstverständlich.«[98] Kein Wort zu den hochbezahlten Auftritten auf Werbeveranstaltungen also.

Doch selbst seine Schulungen haben Walter Riester ins Zwielicht gebracht. Beispielsweise hat der Ex-Minister Kundenberater des wegen seiner umstrittenen Verkaufsmethoden kritisierten AWD geschult und dann für Erinnerungsfotos vor einer AWD Tapete mit den einzelnen Mitarbeitern posiert. Überhaupt scheint die Verbindung zum AWD und seinem Gründer Carsten Maschmeyer besonders innig: 2007 trat Riester gemeinsam mit Bert Rürup und Carsten Maschmeyer in München, Hannover, Düsseldorf und Leipzig in Luxushotels bei vom AWD gesponserten Events auf. Im gleichen Jahr präsentierte die im Burda-Verlag erscheinende *Super-Illu* Maschmeyer, Rürup und Riester in einer doppelseitigen Großaufnahme,[99] die wohl ein wenig an die »Drei Musketiere« erinnern sollte. »Einer für alle – alle für einen« scheint in der Tat das Motto der Männerfreunde zu sein. Nachdem Carsten Maschmeyer seine AWD-Anteile an die Versicherung Swiss Life verkauft hatte, gründete er zusammen mit Bert Rürup die Beratungsfirma MaschmeyerRürupAG mit Sitz in Hannover und Frankfurt. Einer ihrer Mitarbeiter: Walter Riester.[100] Von der Frankfurter Niederlassung hatte er es nicht weit zu einem anderen Job, den er von 2009 bis 2012 innehatte: dem Aufsichtsrat für Union Investment, dem nach eigenen Angaben größten Anbieter von Riester-Fondssparplänen.[101] Die ARD-Dokumentation »Das Riester-Dilemma« vom 9. Januar 2012 zeigte Walter Riester als Redner bei einer Veranstaltung von Union Investment. Daneben die vielsagende Werbeaussage: »Alles mitnehmen, was geht«.[102]

Wie die Gewerkschaften zu Kollaborateuren wurden

Im Kampf gegen Kohl-Regierung und Blüm'sche Kürzungspläne standen die deutschen Gewerkschaften im Wahlkampf 1998 noch einträchtig an der Seite der Sozialdemokraten. Und auch nach Schröders Sieg sah aus Gewerkschaftssicht noch alles gut aus: Die Blüm-Reform wurde umgehend zurückgenommen, und Lafontaine war es gelungen, den von Schröder als Wirtschaftsminister vorgesehenen Jost Stollmann zu verhindern. Der Computerunternehmer Stollmann war erklärtermaßen angetreten, um »sozialdemokratische Kühe« zu schlachten: Kündigungsschutz, Rente, Arbeitslosengeld – nichts schien vor ihm sicher. Dieser Kelch war also noch einmal an den Gewerkschaften vorbeigegangen.

Die Gewerkschaften stützten damals die Besetzung des Arbeits- und Sozialressorts mit Walter Riester. Ein Grund: Zum damaligen Zeitpunkt war nicht klar, mit welcher Rigorosität er den Abbau der gesetzlichen Rente betreiben würde. Ein anderer Grund: Die Gewerkschaftsbosse hatten nicht erwartet, dass ihr Einfluss auf Riester fortan bei null liegen würde. Der fühlte sich, wie sich herausstellen sollte, allein seinem Kanzler verpflichtet. Schlimmer noch: Auch wenn Riester nichts mehr für seine alten Freunde tun würde, so hatten diese andererseits lange Zeit doch ein gewisse »Beißhemmung«, hart mit ihm ins Gericht zu gehen. Schließlich war er formal doch »ihr Mann« in der Bundesregierung.

Der Hauptgrund für die unentschlossene Haltung der Gewerkschaften gegenüber den Riester'schen Rentenplänen lag jedoch in der lähmenden Spaltung zwischen den »Tarifpolitikern« und den »Sozialpolitikern« in ihren Reihen. Wer wie Riester selbst die Aufgabe der Gewerkschaften vor allem im Aushandeln von Lohnerhöhungen und tariflichen Sozialleistungen sieht, der interpretiert das Einfrieren des Rentenbeitragssatzes und die Schonung der Arbeitgeber ganz klar als potentiellen Verteilungsspielraum. Soll heißen: Wenn Arbeitgeber weniger Rentenbeiträge zahlen, kann man ihnen eher Lohnsteigerungen abringen. Die »Tarif-Schrauber« in den Gewerkschaften unterstützten deshalb Riester zumindest unter vorgehaltener Hand bei seiner Demontage der gesetzlichen Rente. Die Sozialpolitiker in den Gewerkschaften hingegen beklagten das rapide sinkende Niveau der gesetzlichen Rente, das Ende der paritätischen Finanzierung, die Mehrbelastung für die Arbeitnehmer und die Subventionen für die Finanzindustrie. Sie opponierten heftig gegen die Riester-Pläne, konnten jedoch von den Gewerkschaftsbossen nur Detlef Hensche (IG Medien),[103] Frank Bsirske (ÖTV ab 2001: ver.di) und Klaus Wiesehügel (IG Bauen-Agrar-Umwelt)[104] auf ihre Seite ziehen. Bei den Gewerkschaften gab es sogar offene Sympathien für Riesters Bestrebungen, den boomenden Kapitalmarkt anzuzapfen. »Die IG BCE[105] und auch Teile der IG Metall waren klar dafür, auch in der Altersversorgung von den Kapitalmärkten zu profitieren«, erinnert sich Ursula Engelen-Kefer. »Es wurde jedoch nicht öffentlich gesagt, dass dies zu Lasten der gesetzlichen Altersrente erfolgen sollte.«[106] Sie verweist darauf, dass auch Spitzengewerkschafter in den Gremien und Beiräten von großen Finanzunternehmen vertreten waren. Es liegt die Vermutung nahe, dass da Absprachen getroffen wurden.

Nachdem die Gewerkschaften lange bei den Gesetzesberatungen kaum eine Rolle gespielt hatten, wurden sie am Ende für Kanzler Schröder doch noch wichtig. Die CDU/CSU zeigte sich, obwohl prinzipiell sehr einverstanden mit dem Schröder-Riester-Kurs, plötzlich aus taktischen Gründen »bockig« und verweigerte die Zustimmung im Bundestag. Also musste Schröder auf die Kritiker in den eigenen Reihen zugehen und ihnen ein Angebot machen. Die Gewerkschaften verlangten die Festschreibung eines Mindestrentenniveaus in der gesetzlichen Rente und die verlässliche Absicherung der Betriebsrenten, die in den Jahren zuvor an Bedeutung verloren hatten. Und sie bekamen das gewünschte

Koppelgeschäft. Gegen die gewerkschaftliche Zustimmung zur Riester-Rente wurde im Gegenzug ein gesetzlicher Anspruch auf Entgeltumwandlung beschlossen. Das bedeutet: Jeder Arbeitnehmer kann seit 2002 von seinem Arbeitgeber verlangen, dass Teile seines Gehaltes in eine betriebliche Altersversorgung, zum Beispiel in eine Direktversicherung, eingezahlt werden. Der Clou: Die Einzahlungen bleiben sowohl steuer- als auch sozialabgabenfrei. Das ist gut für jene Arbeitnehmer, die sich eine zusätzliche Altersvorsorge leisten können. Und für deren Arbeitgeber, die ebenfalls Sozialabgaben sparen. Großer Verlierer ist jedoch die Sozialversicherung, der jedes Jahr mehrere Milliarden Euro an Einnahmen fehlen. Verlierer sind auch die gesetzlich Rentenversicherten, denn durch die Gehaltsumwandlung sinken ihre Ansprüche aus der gesetzlichen Rente. Und das kurioserweise nicht nur für jene, die die Gehaltsumwandlung tatsächlich nutzen.

Darauf weist Winfried Schmähl hin: »Weil das Durchschnittsentgelt sinkt, sinkt über die Rentenformel auch das Rentenniveau für alle Versicherten. Unterm Strich heißt das, dass die Gutverdiener von der Entgeltumwandlung profitieren und dafür jene, die es sich nicht leisten können, am Ende mit niedrigeren Renten auskommen müssen.«[107] Ein »Sündenfall«, wie Ursula Engelen-Kefer heute bekennt, und Norbert Blüm nennt es schlicht »Ball paradox«: »Das ist eine Welturaufführung in Sachen Solidarität, die Schwächeren zahlen eine Rechnung für die Stärkeren, die die Leistung bekommen.« Für das Modernisierer-Duo Schröder-Riester war die Entgeltumwandlung hingegen kein Opfer. Im Gegenteil: Die Gewerkschaftsforderung passte ihnen hervorragend ins Konzept. Denn auch die Betriebsrenten bedeuten einen Ausbau der kapitalgedeckten privaten Altersvorsorge. Unterm Strich haben die deutschen Gewerkschaften also den staatlich subventionierten Einstieg in die private kapitalgedeckte Altersversorgung hingenommen, indem sie eine weitere kapitalgedeckte Rente durchdrückten.

Für unbefangene Beobachter klingt das eher wie ein Treppenwitz: Es ist etwa so, als ob Eltern den Alkoholgenuss ihrer minderjährigen Kinder davon abhängig machen, dass die Kinder artig versprechen, auch gleichzeitig mit dem Rauchen anzufangen. Motto: nicht kleckern, sondern klotzen, wenn es darum geht, die solidarische Rente zu demontieren. Die »Tarif-Schrauber« bei den Gewerkschaften sahen das natürlich anders. Für sie war die Entgeltumwandlung ein weiteres Spielfeld für tarifliche Vereinbarungen mit den Arbeitgebern. Den Versicherungskonzernen konnte es egal sein: Sie haben sowohl Riester-Versicherungen als auch betriebliche Direktversicherungen, Pensionskassen oder Pensionsfonds im Angebot. Und das betriebliche Geschäft ist besonders lukrativ. Wer von einem Großunternehmen den Zuschlag für die betriebliche Altersversorgung bekommt, kann sich unter Umständen über Tausende neue Kunden freuen – ganz ohne Klinkenputzen.

Am Ende gaben die Gewerkschaften ihren Widerstand gegen die Riester-Rente in breiter Front auf und verhandelten bereitwillig in Tarifverträgen spezielle Riester-Angebote. Der *Spiegel* kommentierte bissig: »In das Geschäft um Policen und Prämien wollen jetzt auch diejenigen einsteigen, denen die private Altersvorsorge bislang als Teufelswerk galt – die Gewerkschaften.«[108]

»Die Ironie der jetzigen Geschichte«, kritisiert der gelernte Werkzeugmacher Norbert Blüm, »besteht darin, dass mit Hilfe der Privatversicherung die Arbeitnehmer ihre Metzger selber bezahlen. Denn diese Pensionsfonds sind die Futtergeber der Hedgefonds, und die ruinieren die Arbeitsplätze. Dümmer geht's nicht. Darum habe ich auch meine Gewerkschaft, die IG Metall, nie verstanden, warum die da mitgemacht haben.«[109]

Wie funktioniert die gesetzliche Rente?

Zunächst ist mit einigen Vorurteilen aufzuräumen: Die Höhe der Rente knüpft – anders als etwa bei Beamten – nicht am letzten Einkommen vor dem Renteneintritt an. Sie wird auch weder bestimmt von der Höhe der zuvor eingezahlten Beiträge noch von der absoluten Höhe des Einkommens im Berufsleben. Vielmehr spiegelt die Rente die relative Einkommensposition über den Verlauf Ihres gesamten Berufslebens wider. Platt gesagt: Haben Sie immer durchschnittlich verdient, bekommen Sie auch eine durchschnittlich hohe Rente. Im Grundsatz wird dabei so gerechnet: Für jedes Berufsjahr wird das erzielte Jahresbruttoeinkommen mit dem Durchschnittseinkommen aller Rentenversicherten verglichen. Wer exakt durchschnittlich verdient, derzeit entspricht das ungefähr brutto 32 000 Euro im Jahr, bekommt dafür einen sogenannten »**Entgeltpunkt**« gutgeschrieben. Wer nur 16 000 Euro verdient, bekommt einen halben Punkt. Wer 64 000 Euro verdient, bekommt zwei Punkte.[110] Am Ende des Berufslebens werden alle Entgeltpunkte zusammengerechnet und mit dem aktuellen Rentenwert multipliziert.

Der aktuelle **Rentenwert** drückt aus, was ein Jahr Durchschnittsverdienst (= 1 Entgeltpunkt) derzeit für die Rente in Euro wert ist: Derzeit in Westdeutschland 28,14 Euro.[111] Wer 45 Entgeltpunkte gesammelt hat, also den Gegenwert von 45 Jahren Durchschnittsverdienst, bekommt derzeit im Westen 1266,30 Euro (abzüglich Kranken- und Pflegeversicherungsbeitrag).[112] Diese Rente nennt man auch **Standard- oder Eckrente.**

In den vergangenen Jahrzehnten reichten aufgrund des allgemein niedrigeren Einkommensniveaus niedrigere Jahresverdienste, um einen Entgeltpunkt zu erreichen: Umgerechnet

6822 Euro im Jahr 1970 oder 15 075 Euro im Jahr 1980.[113] Der vom Gehalt gezahlte Beitragssatz spielt keine Rolle bei der Berechnung der Rentenhöhe. Egal, ob er in den 1960er Jahren bei 14,0 Prozent oder gegen Ende der 1990er Jahre bei 20,3 Prozent lag – es zählt nur die relative Einkommensposition in Form von gesammelten Entgeltpunkten.

Für Besserverdiener gibt es jedoch eine Grenze, die Zahlungspflicht und Ansprüche gleichermaßen deckelt: die **Beitragsbemessungsgrenze**. Sie wird jährlich festgelegt und liegt in der Regel knapp über dem Doppelten des Durchschnittseinkommens. Aktuell in Westdeutschland bei 69 600 Euro.[114] Nur bis zu diesem Einkommen müssen Beiträge gezahlt werden. Gleichzeitig wird dadurch auch die maximal erzielbare Rente begrenzt. Wer sein ganzes Leben lang immer Spitzenverdienste erzielt hätte, könnte derzeit nach 45 Versicherungsjahren eine Rente in Höhe von rund 2650 Euro bekommen.[115] Eine Rente in dieser Höhe ist jedoch realistischerweise in der Praxis nicht zu erreichen. Die Gehälter liegen am Berufsanfang meist niedrig, und Spitzenverdiener haben häufig studiert, schaffen also in der Regel keine 45 Versicherungsjahre. Tatsächlich liegen die ausgezahlten Renten im Durchschnitt sogar unter der Standardrente: Im Rentenneuzugang des Jahres 2010 im Westen bei 1033 Euro und im Osten bei 893 Euro, jeweils für »langjährig versicherte« Männer mit mindestens 35 Versicherungsjahren.

Negativ machen sich zunehmend Zeiten der Arbeitslosigkeit bemerkbar. Wer aus dem Bezug von Arbeitslosengeld 1 herausfällt und Hartz IV bezieht, bekommt keine Entgeltpunkte gutgeschrieben. Andererseits gibt es in manchen Fällen auch Entgeltpunkte, wenn kein versicherungspflichtiges Einkommen erzielt wird, zum Beispiel für Kindererziehung.

Wer die Anzahl seiner Entgeltpunkte aus der jährlichen

Renteninformation kennt, kann seine Rente im Prinzip selbst ausrechnen: Summe der Entgeltpunkte multipliziert mit dem aktuellen Rentenwert. Dieser beträgt derzeit (seit dem 1. 7. 2012) im Westen 28,07 Euro und im Osten 24,92 Euro.

Festgelegt wird der Rentenwert jährlich neu mit Hilfe einer extrem komplizierten Rentenanpassungsformel. Das Grundprinzip ist, dass die Renten so steigen sollten wie die Nettolöhne. Um die Rentenfinanzen zu schonen, wurden jedoch eine Reihe von Dämpfungsfaktoren eingebaut, die im Laufe der kommenden Jahre zu deutlich geringeren Erhöhungen des Rentenwerts führen. Abgesenkt werden die Renten zudem durch die Einführung der Rente mit 67, wenn – und dies ist zu erwarten – die Versicherten in der Praxis weiterhin mit 65 Jahren oder früher in Rente gehen werden. In diesem Fall wird die Rentenauszahlung für jedes Jahr der »vorzeitigen Inanspruchnahme« um 3,6 Prozent gekürzt.

Das derzeit offiziell ausgewiesene **Rentenniveau** ist das sogenannte »Nettorentenniveau vor Steuern«. Es liegt aktuell bei rund 50 Prozent und soll bis zum Jahr 2030 auf rund 43 Prozent sinken. Ermittelt wird es, indem die Standardrente (abzüglich Kranken- und Pflegeversicherungsbeitrag) ins Verhältnis zum Durchschnittseinkommen (abzüglich des 4-Prozent-Riester-Beitrags sowie der Kranken-, Pflege-, Renten- und Arbeitslosenversicherungsbeiträge) gesetzt wird.

Deutlich wird: Das Rentenniveau ist eine hypothetische Rechengröße und hat mit dem individuellen Sicherungsniveau oder der konkreten Rentenhöhe des einzelnen Rentners wenig zu tun. Wer die Standardrente nicht erreicht, zum Beispiel wegen unterdurchschnittlicher Verdienste oder längerer Arbeitslosigkeit, liegt mit seinem individuellen Sicherungsniveau deutlich unter dem offiziell ausgewiesenen Rentenniveau.

Die Zerstörung der gesetzlichen Rente

Dezember 2011. Wir treffen uns mit Winfried Schmähl in seiner Berliner Wohnung. Mehr als zehn Jahre ist es nun her, dass die Entscheidungen für die Riester-Reform und damit für eine Teilprivatisierung der Rente fielen. Schmähl, bis dahin fast zwei Jahrzehnte die unangefochtene wissenschaftliche Autorität in Sachen Rente, kritisiert diese Entwicklung bis heute. In Dutzenden Publikationen wies er nach, wie durch »willkürliche« und geradezu »manipulative Maßnahmen« politisch gewollt das Rentenniveau nach unten gedrückt wird.[116] In den kritischen ARD-Dokumentationen »Rentenangst«[117] und »Das Riester-Dilemma«[118] kritisiert der Experte die angebliche Alternativlosigkeit der Rentenreformen. Die These, »Der Zeitgeist hat den Verantwortlichen damals keine andere Wahl gelassen«, lässt er nicht gelten. »Wer macht denn den Zeitgeist?«, fragt Schmähl, inzwischen 70 Jahre alt und doch noch immer kampfeslustig, »wir erlebten doch damals eine Art kollektive Gehirnwäsche.« Da griffen offenbar viele Rädchen gezielt ineinander: Die Finanzwirtschaft wurde erstmals ein wichtiger »Player« in der Rentenarena und hatte prominente Vertreter der Wissenschaft für sich eingespannt. Mächtige Lobbyistenorganisationen bearbeiteten gezielt Politik und Medien. Und die Kampagne zeigte Wirkung. »Plötzlich waren alle Parteien mit Ausnahme der PDS auf dem Dampfer: ›Wir müssen das Leistungsniveau reduzieren, das geht nicht mehr so weiter, denn die Zeitbombe Demographie tickt‹.« Und Schmähl weiter: »Das war eine informelle große Koalition, in der ›alle ins gleiche Horn tuteten‹«.[119]

Nun, ein Jahrzehnt und zwei Finanzkrisen später, bekommen viele Bürger und Politiker eine Ahnung, was da wirklich geschehen ist: die Zerstörung der gesetzlichen Rente unter dem ausdrücklichen Vorwand, sie mit der Riester-Reform retten zu wollen. Walter Riester hatte immer wieder versprochen: »Wir werden damit dauerhaft das Rentenniveau insgesamt anheben.«[120] Passiert ist jedoch genau das Gegenteil. Dabei hätte es jeder wissen können. Nicht nur Schmähl. Sein Bremer Wissenschaftskollege Johannes Steffen analysierte schon Anfang 2001 die Auswirkungen der Riester-Reform.[121] Seine wichtigsten Aussagen: Das Leistungsniveau sinkt für alle. Die finanzielle Gesamtbelastung der Arbeitnehmer steigt. Einzige Gewinner der Reform sind Arbeitgeber und private Finanzdienstleister.

Die Riester-Reform und die durch die Rürup-Kommission angestoßenen Maßnahmen werden für eine Absenkung des Rentenniveaus um rund 25 Prozent sorgen.[122] Sie gehen damit weit über die von Norbert Blüm geplanten Kürzungen hinaus. Durch die Einführung der Rente mit 67 und die damit verbundenen Abschläge für alle, die nicht solange durchhalten, wird die Rente künftig für viele sogar rund ein Drittel niedriger ausfallen als nach altem Recht. Dagegen steht die vollmundige Aussage Walter Riesters bei der Präsentation seiner Reform im Mai 2001: »Jeder Rentner und jede Rentnerin wird nicht nur heute, sondern auch in Zukunft mehr Rente erhalten als nach dem alten Recht.«[123] Wusste der Minister, wovon er sprach? Glaubte er selbst an diese Aussage? Wollte er uns allen damit Sand in die Augen streuen?

Kritiker sind davon überzeugt, dass die Kürzungen der Renten mit windigen Tricks und willkürlichen Eingriffen in die Rentenformel vollzogen werden.[124] Die Maßnahmen der beteiligten Wissenschaftler und Politiker sind so kompliziert, dass das Volk die Manipulation nicht versteht. Zum Beispiel der Riester-Faktor: Seit Amtsbeginn hatte Walter Riester die Idee, die tatsächlichen Aufwendungen der Arbeitnehmer für zusätzliche private Altersvorsorge in der Rentenformel vom Nettolohn abzuziehen. Das senkt optisch die Lohnhöhe und damit über den Wirkmechanismus der Formel auch die Rentenhöhe. Die Grundidee: Wenn den Arbeitnehmern weniger Geld zur Verfügung steht, sollen auch die Rentner weniger bekommen. Umgesetzt wurde diese Idee in der Riester-Reform aber als raffinierter Trick: Die freiwilligen Riester-

Beiträge in Höhe von vier Prozent des Bruttolohns werden den Rentenversicherten in der Rentenanpassungsformel rechnerisch vom Lohn abgezogen. Es wird damit so getan, als »riesterten« alle Arbeitnehmer und hätten weniger Geld zur Verfügung. Und das wiederum senkt gemäß Rentenanpassungsformel die Renten dauerhaft um vier Prozent, ganz gleich wie viel Arbeitnehmer tatsächlich in die Riester-Rente einzahlen.

In Wahrheit zahlen aber weit weniger als die Hälfte der Arbeitnehmer Riester-Beiträge, und dann meist noch deutlich weniger als die geforderten vier Prozent. Dennoch wird so getan, als täten es alle zu 100 Prozent, und den Rentnern wird die Rente in vollem Umfang gekürzt.

Selbst der damalige Regierungsberater Rürup hält das für unlauter: »Man kann die Riester-Rente nicht freiwillig machen, aber in der Rentenanpassungsformel so tun, als wären die Einzahlungen verpflichtend. Das geht eigentlich nicht. Ich hätte so etwas nicht vorgeschlagen.«[125] Hinterher will es keiner gewesen sein. Auch nicht der bis Mitte 2000 ranghöchste Rentenfachmann im Ministerium, Thomas Ebert: »Die bizarre Idee, dass man so tut, als seien die Riester-Beiträge obligatorisch, damit man fiktiv die Einkommen absenken kann, um auf diese Weise das Rentenniveau zu senken, kam nicht aus der Fachabteilung. Einen solchen Unsinn hätte es von uns nicht gegeben.«[126] Welche Rolle der Minister in diesem Zusammenhang spielte, ist unklar.

Die Hauptstadtkorrespondenten beschreiben Riester als perfektionistischen Sonderling, der noch spätabends im Ministerbüro mit einem Taschenrechner bewaffnet nach Möglichkeiten suchte, am Rentenniveau herum zu schrauben. Riester selbst bezeichnet sich gerne als »Einzelkämpfer«.[127] Mit seinen gefürchteten Fachreferaten soll er seine Kabinettskollegen wiederholt genervt haben. Dabei sei es wie immer gewesen, so wurde kolportiert, Riester rede endlos und am Ende verstehe man: nichts.[128] In seiner Detailverliebtheit treibe der ehemalige Tarifpolitiker die Rentenmaterie auf die Spitze. So war es dann auch mit den Formeln und Faktoren, die Riester präsentierte.

Der Blüm'sche ›demographische Faktor‹ wurde gestoppt und zunächst durch den ›Riester-Faktor‹ und den ›Ausgleichsfaktor‹ ersetzt. Außerdem wurde die »Nettolohnanpassung« durch die »modifizierte Bruttolohnanpassung« ersetzt und der »Zugangsfaktor« und der »Rentenartfaktor« korrigiert. Der ›Ausgleichsfaktor‹ wurde dann wieder zurückgenommen. Dafür wurde später der »Nachhaltigkeitsfaktor« in die Rentenanpassungsformel eingebaut. So viel Wirrwarr überforderte Volk und Medien restlos, so dass sie die massiven Kürzungen in ihrem Ausmaß nicht wahrnahmen. »Zum Glück«, wie Professor Bernd Raffelhüschen als einer der Initiatoren des Kahlschlags in einem Vortrag vor Versicherungsmaklern in Neuss freimütig bekannte: »Kein Mensch hat mitgekriegt, dass wir aus der Rente inzwischen 'ne Basisrente schon längst gemacht haben. Das ist alles schon passiert. ... Wir sind runtergegangen durch den Nachhaltigkeitsfaktor und durch die modifizierte Bruttolohnanpassung. Diese beiden Dinge sind schon längst gelaufen. Ja, waren im Grunde genommen nichts anderes als die größte Rentenkürzung, die es in Deutschland jemals gegeben hat.«[129]

So wurde die Berechnung des Rentenniveaus mehrfach geändert. Früher war es ein Bruttorentenniveau, dann ein Nettorentenniveau, und heute weist die Bundesregierung ein Nettorentenniveau vor Steuern[130] aus. Die Prozentwerte sind miteinander nicht vergleichbar. »Rentenpapst« Bert Rürup hatte uns – wir erinnern uns – bereits im Jahre 2000 eingestanden: »Das Rentenniveau kann ausfallen, je nachdem wie ich es berechne, was ich rausnehme, was ich reinnehme. Das heißt, man kann jedes Niveau erzeugen, das Niveau ist also eine ziemlich manipulative Größe.«[131] Was sagt es also aus, wenn die Bundesregierung derzeit den Versicherten verspricht, das Rentenniveau werde bis zum Jahr 2030 mindestens 43 Prozent betragen? Vermutlich wenig. Und für Kritiker wie Professor Winfried Schmähl haben die ständigen definitorischen »Basteleien« rund ums Rentenniveau ein klares Ziel: die »Verschleierung der Tatsachen«. Wir sollen heute noch nicht wissen, wie tief die Renten später sinken werden.[132]

Doch wie stark das Rentenniveau auch sinken mag, es untertreibt vermutlich noch das Ausmaß der Kürzungen, die der einzelne Rentner tatsächlich hinnehmen muss. Denn zahlreiche individuelle »Kürzungsfaktoren« spiegeln sich im offiziellen Rentenniveau nicht wider. Also beispielsweise die Tatsache, dass Ausbildungszeiten nicht mehr rentensteigernd wirken. Im Einzelfall kürzt allein das aber die spätere Rente um rund ein Viertel![133] Auch die Tatsache, dass ein Großteil der Versicherten die bei der Berechnung stets unterstellten 45 Versicherungsjahre nicht mehr schafft, berücksichtigt das Rentenniveau nicht – egal in welcher Version es verkündet wird. Der häufig späte Berufseinstieg, Zeiten der Arbeitslosigkeit, die niedrigen Löhne, die anwachsende Flut von Minijobs – fürs offizielle Rentenniveau ist all das kein Problem.

Unterm Strich steht eine erschütternde Erkenntnis: Die Bundesregierungen unter Gerhard Schröder und Angela Merkel haben mit zahlreichen Maßnahmen dafür gesorgt, dass die Versicherten deutlich mehr belastet werden und dennoch am Ende weniger Rente erhalten als ohne Reformen.

Was zunächst aberwitzig klingt, erklärt sich so: Ohne Reformen wäre der Beitragssatz bis 2030 auf bis zu 26 Prozent gestiegen.[134] Ein solcher Anstieg wurde für ›unzumutbar‹ erklärt. Mit den Rentenreformen soll der Beitragssatz nun bis 2030 nur auf 22 Prozent steigen. Allerdings zuzüglich 4 Prozent Riester-Beitrag. Das sind zusammen ebenfalls 26 Prozent. Und die haben für die Versicherten einen entscheidenden Nachteil: Von den angeblich »unzumutbaren« 26 Prozent hätten sie im alten System 13 Prozent bezahlen müssen, weil die Hälfte vom Arbeitgeber übernommen wurde. Im neuen System nach der Riester-Reform zahlen sie allein

15 Prozent – 11 Prozent in die gesetzliche Rente und 4 Prozent in die Riester-Rente, an der sich die Arbeitgeber nicht beteiligen. »Wer nun sagt, 15 Prozent sind weniger belastend als 13 Prozent, der hat die elementarsten Rechenregeln nicht verstanden«, ätzt Norbert Blüm in Richtung seines Amtsnachfolgers. »Unzumutbar« war der angedroht hohe Rentenbeitragssatz also damals wohl nur für die Arbeitgeber. Die hatten die angeblich viel zu hohen Beiträge zur gesetzlichen Rentenversicherung geschickt zum neuen »Jobkiller« aufgebaut, der obendrein die Wettbewerbsfähigkeit der deutschen Wirtschaft gefährde. Die Senkung der Lohnnebenkosten geriet immer mehr zum Wert an sich.

Propagandistisch unterstützt wurde das neue Dogma durch ein mediales Trommelfeuer von Lobbyistengruppen wie dem Institut der deutschen Wirtschaft, der Bertelsmann Stiftung und der Initiative Neue Soziale Marktwirtschaft. Auch Walter Riester stimmte damals in den Chor ein: »Wir dürfen die Beiträge auf keinen Fall erhöhen.«[135]

Die nach der Rentenreform 1992 angepeilten 26 Prozent im Jahre 2030 gerieten nun plötzlich zum Horrorszenario. »Das, was zehn Jahre zuvor im Konsens beschlossen und als Erfolg gefeiert wurde«, erinnert sich Rudolf Dreßler, »das galt nun plötzlich als keinesfalls mehr akzeptabel. Dabei hatte sich an der Situation der Rentenversicherung praktisch nichts geändert.«[136]

Dieser Wandel in der öffentlichen Meinung führte letztlich zu dem entscheidenden Paradigmenwechsel in der gesetzlichen Rentenversicherung: Bis zur Rentenreform 1992 war das Hauptziel die Zahlung einer armutsvermeidenden, lebensstandardsichernden Rente – der Beitragssatz ordnete sich dem als »abhängige Variable« unter.

Mit der Riester'schen Rentenreform änderte sich das fundamental: Nun ist das oberste Ziel die Beitragssatzstabilität. Der Beitrag soll möglichst lange unter 20 Prozent gehalten werden und maximal auf 22 Prozent steigen. Diese Festschreibung nutzt jedoch nur den Arbeitgebern. Die Versicherten zahlen durch die Riester-Beiträge deutlich mehr.

Was das Ergebnis für die Versicherten aber vollends deprimierend macht: Trotz des Mehraufwandes kommt am Ende weniger raus. Denn selbst wenn sie eifrig »riestern«, kann das die Rentenlücken nicht annähernd schließen. Die Riester-Rente sollte nur die Kürzungen der ersten Reform aus dem Jahr 2001 kompensieren. Doch nicht mal das wird sie schaffen. Denn die Bundesregierung plante als Verzinsung von Riester-Produkten nach Abzug der Kosten stolze vier Prozent ein.[137] Das war viel zu optimistisch. Mittlerweile erscheint sogar ungewiss, ob Riester-Produkte überhaupt eine positive Rendite abwerfen. Das Deutsche Institut für Wirtschaftsforschung (DIW) urteilte zum 10-jährigen Riester-Jubiläum: »›Riestern‹ ist oft nicht besser als das Geld in den Sparstrumpf zu stecken.«[138] Doch die von der Rürup-Kommission initiierten Rentenkürzungen sind noch deutlich größer und können durch die Riester-Rente keinesfalls ausgeglichen werden. Das hochtönende Versprechen Riesters, dass alle Rentner dauerhaft mehr Rente als nach altem Recht bekommen, erweist sich als »Fehlprognose«. Als fauler Zauber eben.

Und auch sonst haben die Bundesregierungen seit 1998 vieles getan, um die gesetzliche Rentenversicherung zu demontieren und ihre Akzeptanz in der Bevölkerung zu ruinieren: Durch die enorme Ausweitung des politisch gewollten Niedriglohnsektors und der Minijobs gehen der gesetzlichen Rentenversicherung jährlich Milliardenbeträge verloren.

Rund 2,5 Millionen sogenannte »Solo-Selbstständige« haben sich aus der Rentenkasse verabschiedet und zahlen nichts ein. Das wurde ausdrücklich von der Bundesregierung gefördert. Auch die Agentur für Arbeit zahlt immer weniger für Arbeitslose in die Rentenversicherung ein. Früher einmal bekamen Arbeitslose für die Dauer des Arbeitslosengeldbezuges so viel Rentenanwartschaften gutgeschrieben, als hätten sie regulär gearbeitet und eingezahlt. Trotz Arbeitslosigkeit drohte keine Rentenkürzung. Heute bekommt ein Arbeitsloser nur noch Anwartschaften in Höhe von 80 Prozent seines früheren Gehalts. Und das in der Regel nur noch für 12 Monate. Für alle, die anschließend in Hartz IV landen oder keine Leistungen beziehen, wird nichts einbezahlt. Ihre Rentenanwartschaften sinken auf null.[139]

Der größte Anschlag auf die staatliche Rentenkasse erfolgte jedoch durch die enorme Ausweitung der sogenannten »Entgeltumwandlung«. Seit 2002 hat jeder Arbeitnehmer ein gesetzliches Recht auf die steuer- und sozialabgabenfreie Einzahlung in eine betriebliche Altersversorgung (bAV). Diese wird damit noch stärker gefördert als die Riester-Rente. Die Kehrseite der Medaille: Der Sozialversicherung gehen dadurch jährlich viele Milliarden Euro an Einnahmen verloren. Und die gesetzlichen Renten sinken für alle. Die Erklärung: Wer die Entgeltumwandlung nutzt, senkt damit fiktiv sein Bruttoeinkommen. Das spart Sozialabgaben, bringt aber auch weniger Rentenanwartschaften, und die spätere Rente fällt geringer aus. Und selbst jene Arbeitnehmer, die bei der Entgeltumwandlung nicht mitmachen, bekommen später weniger gesetzliche Rente. Das hat gleich zwei Gründe: Niedrigere Bruttolöhne dämpfen die Rentenerhöhung. Und die wegbrechenden Einnahmen der Rentenversicherung sorgen über minimale Beitragssatzsteigerungen gemäß der Rentenanpassungsformel ebenso für geringere Renten.[140] Auch der Sachverständigenrat kritisierte noch unter Rürups Führung, dass durch Einführung der Entgeltumwandlung die Rendite der gesetzlichen Rente sinkt.[141] Hauptverlierer seien jene, »die von dieser Form des betrieblichen Altersvorsorgesparens keinen Gebrauch machen oder dies nicht können.«[142]

Zahlreiche weitere Maßnahmen ließen sich noch aufführen, die allesamt die erschreckende These belegen: Ein Sozialsystem schafft sich ab. Es ist offenkundig, dass schon in wenigen Jahren Altersarmut wieder ein verbreitetes Phänomen sein wird. Winfried Schmähl hat errechnet, dass im Jahre 2030 ein Durchschnittsverdiener 37 Jahre gearbeitet haben muss, um eine Rente in Höhe der Grundsicherung beziehungsweise Sozialhilfe zu erhalten. Wer nur 80 Prozent des Durchschnitts verdient, also derzeit weniger als 25 000 Euro im Jahr, der müsste dafür gar 43 Jahre arbeiten.[143] Und das sind immerhin 44 Prozent der versicherungspflichtigen Arbeitnehmer.[144] Ihnen droht trotz lebenslanger Arbeit im Alter im günstigsten Falle eine Rente in Höhe der Sozialhilfe. Wer hingegen keine 43 Beitragsjahre schafft, zum Beispiel wegen Arbeitslosigkeit, oder längere Zeit nur als Minijobber tätig war, wird noch weniger bekommen. Die Zahl der heute Erwerbstätigen, die später Renten unterhalb der Sozialhilfe bekommen werden, dürfte sich somit auf rund 20 Millionen belaufen.

Ein Absturz des Systems, der Norbert Blüm zornig macht: »Wenn man der Rentenversicherung das Geld vorenthält, das sie braucht, dann ist die Rente niedriger. Das hat aber mit der Qualität des Rentensystems nichts zu tun. Wenn Sie 4 Prozent umleiten an Allianz und Konsorten für die Riester-Rente, dann fehlen die 4 Prozent in der Rentenkasse. Wenn Sie kein Benzin in den Tank füllen, fängt der Motor an zu stottern.«

Um es deutlich zu sagen: Diese Entwicklung ist nicht zwangsläufig. Sie ist nicht durch die demographische Entwicklung unabänderlich und alternativlos vorbestimmt, wie es uns so oft vorgebetet wurde. Es wäre möglich, das alte Leistungsniveau in der gesetzlichen Rente zu halten, und das kurioserweise für weniger Gesamtbeitrag, als die Versicherten derzeit zahlen. »Es hat ja keiner behauptet, dass in der Summe die Alterversorgung durch die Reform billiger wird, aber 26 Prozent lohnabhängige Beiträge zum Umlagesystem waren damals einfach nicht mehr zu vermitteln.«[145] So die Erklärung des damaligen Chefberaters der Bundesregierung Bert Rürup.

Fakt ist: Es waren die Arbeitgeber, die das alte System der paritätischen Finanzierung immer mehr ablehnten. Gleichzeitig erfolgte in den 1990er-Jahren eine »Ökonomisierung« aller Lebensbereiche. Warum, so fragten viele, sollte die Privatisierung bei Wasser, Telefon und Strom haltmachen und nicht auch auf die Altersversorgung ausgeweitet werden? Diese Frage schied die »Traditionalisten« und die »Modernisierer« quer durch alle politischen Parteien. Bewahrer wie Norbert Blüm und Rudolf Dreßler sahen es gerade als Vorteil, dass mit einer »non-profit«-Organisation wie der Deutschen Rentenversicherung niemand Geld verdienen konnte. Die Modernisierer rund um Gerhard Schröder sahen jedoch in einer Teilprivatisierung große Chancen. Angeblich auch für die Bürger, aber doch wohl vor allen Dingen für die deutsche Wirtschaft. Also mussten Argumente gefunden werden, um die gesetzliche Rente zu beschneiden und damit gleichzeitig Spielraum für die »notwendige« private Altersvorsorge zu schaffen.

Neben der Demographie waren es die angeblich überhöhten Lohnnebenkosten, die jahrelang hartnäckig verteufelt wurden. Und das, obwohl die Lohnkosten in der hochtechnisierten deutschen Industrie in vielen Betrieben nur noch eine untergeordnete Rolle spielen. Walter Riester hat schon wenige Jahre nach dem Ende seiner Ministerzeit erkannt, dass auch er bei der Dramatisierung des Beitragssatzes einem Irrtum aufgesessen war: »Die Bedeutung der Lohnnebenkosten wird absolut überschätzt.«[146] So Riester im Jahre 2005.

Erstaunliche Erkenntnisse haben auch andere Sozialdemokraten mittlerweile gewonnen. So erhielt Diana Wehlau als Autorin eines kritischen Buches über die Einflussnahme der Finanzwirtschaft auf die Rentenreform am 3. Dezember 2009 den Fortschrittspreis der SPD. Der Preis wurde ihr überreicht von Andrea Nahles, die in ihrer Laudatio betonte, dass Wehlau mit ihrer Arbeit »einen herausragenden gesellschaftlichen Beitrag« geleistet hätte, der »zur Handlung drängt«. Eine bemerkenswerte Begründung. Immerhin prämierten die Sozialdemokraten damit eine wissenschaftliche Arbeit, in der aufgezeigt wird, wie sehr die SPD selbst mit der Finanzbranche verflochten ist, von deren Finanzflüssen profitiert und deren Rentenreform durch die Finanzwirtschaft beeinflusst wurde.[147] Andrea Nahles versprach, »da in den nächsten Jahren genau hinzusehen«.[148]

Die Wahrheit über Privatrenten: Untauglich und verlustreich

Das Kostendesaster: Warum so wenig fürs Sparen übrig bleibt!

Frank und Heike Goldschmidt führen in Weimar einen kleinen Bus- und Taxibetrieb. Fünf Angestellte fahren für sie, und die Organisation des Ganzen hält beide den ganzen Tag auf Trab. Als Selbstständiger ist Frank Goldschmidt nicht gesetzlich rentenversichert, seine Frau hat nur Anspruch auf eine kleine Rente. Den beiden ist klar, dass sie Geld für ihr Alter zurücklegen müssen. Deshalb hatten sie auch schon vor Jahren Kapitallebensversicherungen bei der Sparkasse und eine private Rentenversicherung bei dem Leipziger Maklerbüro ›Santos GmbH‹ abgeschlossen. So weit, so gut.

Da meldete sich im Herbst 2004 wieder ein Vermittler von ›Santos‹ bei ihnen. Sie müssten jetzt schnell handeln, um sich noch Steuervorteile zu sichern. Zu den bereits bestehenden Verträgen bei der Sparkasse meinte er nur: »Die bringen doch nichts. Am besten, Sie kündigen die.« Immerhin seien die beiden ja schon 42 Jahre alt, und da sei »ein richtiger Turbo« nötig, damit schnell möglichst viel Vermögen gebildet werde. Das gehe nur mit fondsgebundenen Produkten. Dabei wird das Geld der Sparer in Aktienfonds angelegt. Das leuchtete Goldschmidts damals ein. Die Verzinsung der klassischen Lebensversicherungen war ja nicht eben üppig. Aber sie wollten auf Nummer sicher gehen. »Wir sagten dem Vermittler, dass wir das nur machen, wenn das allermeiste von unseren Beiträgen auch tatsächlich gespart wird.«

Der Vermittler willigte ein und legte den Goldschmidts ein angeblich maßgeschneidertes Produkt vor: Die »Pro Vorsorge-Plus 4U«-Police, eine fondsgebundene Rentenversicherung der Liberty Europe. Top-Rendite von langfristig 6 bis 9 Prozent. Dazu sehr geringe Kosten. Und weil angeblich die monatlichen Einzahlungen bei diesem Top-Produkt auf 400 Euro begrenzt sind, schlug der Vermittler vor, gleich drei Verträge abzuschließen. So unterschrieben Goldschmidts drei Verträge bei der Liberty Europe, dem irischen Ableger der spanischen Liberty Seguros. Damals kam Goldschmidts das keineswegs spanisch, sondern nur logisch und notwendig vor: »Damals redeten doch alle Politiker davon, mehr privat vorzusorgen, und auch die Testzeitungen empfahlen fondsgebundene Rentenversicherungen als lukrative Altersvorsorge«, erinnert sich Frank Goldschmidt: »Wir dachten, das wird von der Aufsicht geprüft, und dann haben wir das gemacht. Außerdem will man ja auch gern ein klein wenig Vertrauen haben.«

So zahlten Goldschmidts monatlich in die drei Verträge rund 1200 Euro ein. Doch das war noch nicht alles. Um auch ihre Söhne Tim und Lukas abzusichern, schlossen sie ebenfalls am 1. 12. 2004 über Santos jeweils einen weiteren Vertrag ab. Diese jedoch bei der HDI-Gerling. Hier flossen zunächst monatlich jeweils 75 Euro hinein. Ihre alten Lebensversicherungen hatten Goldschmidts gekündigt und auszahlen lassen. Sie waren der Meinung, dass sie nun endlich alles richtig machten, und hatten damals tatsächlich »ein gutes Gefühl, in den richtigen Händen zu sein«, wie es ihnen der Werbespruch der Santos GmbH suggeriert hatte.

Zweifel kamen ihnen nach rund zwei Jahren, als sie die Mitteilungen der Versicherungen kontrollierten und mit den eingezahlten Beiträgen verglichen. Von Rendite keine Spur. »Wir waren total geschockt«, erinnert sich Frank Goldschmidt, »wir hatten schon Tausende Euros eingezahlt und sollten doch nur einen Bruchteil davon auf unserem Konto haben.« Der Vermittler versprach, dass sich schon bald alles zum Guten wenden werde. Es kam anders. Die Einzahlungen wurden durch exorbitant hohe Abschlusskosten in den ersten Jahren gewaltig reduziert, dazu kamen noch Verwaltungskosten und Kursverluste. Im Frühjahr 2009 stoppte das Ehepaar schließlich für die drei Liberty-Verträge die Beitragszahlungen und verlangte eine exakte Aufstellung über eingezahlte Beiträge und entstandene Kosten. Goldschmidts wurde regelrecht schwarz vor Augen:

Eingezahlt hatten sie 51 589,15 Euro. Ihre Fondsanteile hatten aber nur einen Wert von 18 407,83 Euro. Das lag auch an der schlechten Kursentwicklung, aber ganz überwiegend an den Kosten. Da waren bis April 2009 allein 23 488,70 Euro als Abschlusskosten ausgewiesen. Und weil Liberty noch bis Ende 2012 Abschlusskosten abziehen würde, sollten sich diese insgesamt sogar auf schätzungsweise 35 000 Euro aufsummieren. Dazu kommen noch Verwaltungskosten von zwei Prozent auf jeden Beitrag und vier Euro pro Monat und Vertrag. Wie gewünscht teilte Liberty auch gleich mit, was Goldschmidts zu erwarten haben, wenn sie ihre Verträge nicht nur beitragsfrei stellen, sondern kündigen und ihr Geld rausziehen. Und nun wird es richtig gruselig: Es würden so gewaltige Stornoabzüge in Rechnung gestellt, dass der Fondswert von 18 407,83 Euro auf einen Rückkaufswert in Höhe von 4075,90 Euro zusammenschmölze, nahezu der Totalverlust. Damit befinden sich Goldschmidts in einem klassischen Dilemma. Kündigen sie, so verlieren sie sofort nahezu alles. Warten sie aber und lassen ihren Vertrag beitragsfrei stellen, so wird ihr Vermögen weiterhin Stück für Stück von Kosten aufgefressen. Sie können das in der jährlichen Standmitteilung erkennen. Jedes Jahr werden weniger Anteile der beiden Fondsprodukte »Pioneer Chance« und »Pioneer Wachstum« ausgewiesen. Vor dieser schleichenden Auszehrung ihres Kapitals hatte sie der Versicherer bereits gewarnt, als Goldschmidts den Antrag auf Beitragsfreistellung gestellt hatten. Unmissverständlich teilte Liberty mit, »dass die Beitragsfreistellung Ihrer Police mit Nachteilen für Sie verbunden ist. So kann der Vertrag … aufgrund der weiter anfallenden Kosten … erlöschen. Sollte sich der Wert des Anlagestocks so weit reduzieren, dass dieser nicht mehr zur Kostendeckung ausreicht, werden wir Sie schriftlich darüber informieren.«

Heike und Frank Goldschmidt hatten sich die »Top-Konditionen« und die »Optimierung Ihrer Verträge« (Santos-Werbung) anders vorgestellt.[1] Wie Hohn klingt es in ihren Ohren, wenn der Santos-Geschäftsführer auf der Homepage schreibt: »Auch in Sachen Zukunft verfolgen wir den gleichen innovativen, vorausschauenden und preiswerten Ansatz wie in der Vergangenheit. Das ist gut für Ihren Geldbeutel und besonders gut für die Nerven.«[2]

Entnervt haben Goldschmidts übrigens die Verträge mit HDI-Gerling für ihre Söhne bereits gekündigt: Eingezahlt hatten sie 8143,50 Euro. Ausbezahlt wurde ein Rückkaufswert von 1390,50 Euro. Ein Verlust von rund 83 Prozent. Auch hier waren es die exorbitanten Kosten, die den Wert der fondsgebundenen Produkte einstürzen ließen. HDI-Gerling bestätigte, dass von gezahlten 8143,50 Euro überhaupt nur 1311,80 Euro in Fonds investiert wurden, also rund 16 Prozent. Der Rest wurde für Abschlusskosten, Verwaltungskosten und zu einem geringen Teil für Risikoprämien verbraucht. Wie fast immer waren die Abschlusskosten der dickste Batzen, wie HDI-Gerling in einem Schreiben vom 23. 3. 2009 einräumte: »Auf den ersten Blick scheint der Kostenanteil recht hoch zu sein«, teilte die Versicherung fast bedauernd mit, doch das betreffe vor allem die ersten Jahre. Später könne »ein wesentlich höherer Anteil der Prämien angelegt werden«, beruhigte man die Goldschmidts. Ein schwacher Trost. Denn die Prüfung der Unterlagen zeigt: Selbst nachdem die kompletten Abschlusskosten mit den Beiträgen verrechnet wurden, fielen noch beachtliche monatliche Verwaltungskosten an. Und die verschlangen in diesem Falle immerhin 24,8 Prozent der Einzahlungen.[3] Soll heißen: Auch nach vollständiger Verrechnung der Abschlusskosten landen nur rund 75 Prozent der Einzahlungen in der eigentlichen Anlage.

»Wie soll denn da jemals eine ordentliche Rendite rauskommen?«, fragte denn auch Vater Frank telefonisch einen Mitarbeiter in der HDI-Gerling-Zentrale. »Das wird schwierig«, antwortete der wahrheitsgemäß. Schriftlich kam aus der Zentrale jedoch vor allem Angst- und Panikmache. Man wollte Goldschmidts unter allen Umständen dazu bewegen, die Zahlungen wieder aufzunehmen, und wies unter anderem massiv auf den Verlust von Steuervorteilen hin. Ohne Erfolg. Goldschmidts ließen sich nicht umstimmen. Würden sie obendrein noch die drei ungünstigen Liberty-Verträge kündigen, summierten sich ihre Verluste vermutlich auf über 50 000 Euro. Für den Vermittler und Santos hat es sich aber vorzüglich gelohnt: Von den geschätzten 40 000 Euro Abschlusskosten dürfte der Löwenanteil bei Makler Santos und seinem Vermittler hängengeblieben sein. Der ist übrigens telefonisch für das Ehepaar Goldschmidt nicht mehr erreichbar. In Weimar würde er vermutlich auch nicht mehr allzu freundlich empfangen, so Frank Goldschmidt: »Der Mann hat uns nach Strich und Faden abgezockt und hat uns einen Riesen-Mist verkauft.« Was den Bus- und Taxiunternehmer jedoch mindestens genauso wurmt: »Ich kann überhaupt nicht verstehen, dass solche extrem nachteiligen Produkte überhaupt in Deutschland verkauft werden dürfen.« HDI-Gerling bestreitet die genannten Zahlen nicht, verweist aber auf die Erläuterung der Kalkulationsgrundlagen im Kleingedruckten. In der Police werde auch an mehreren Stellen darauf hingewiesen, dass die frühzeitige Prämienfreistellung oder Vertragsauflösung einer als langfristige Kapitalanlage ausgelegten Versicherung mit Nachteilen verbunden sei.

Zugegeben, ein drastischer Fall, aber keineswegs untypisch. Gerade bei fondsgebundenen Versicherungen werden enorme Kosten angesetzt. Und das Schlimme daran: Das ist alles völlig legal!

Kein Gesetz gibt Höchstgrenzen vor. Keine Aufsicht prüft, ob völlig überzogene Kosten abgerechnet werden.[4] Und das gilt auch für staatlich geförderte und zertifizierte Riester- oder Rürup-Renten.

So tappen Millionen ahnungslose Kunden immer wieder in die Kostenfalle ›Private Renten- und Lebensversicherung‹. Und das weitgehend schuldlos, denn Experten bestätigen immer wieder: Das wahre Ausmaß der Kostenbelastung kann praktisch niemand erkennen. Wie der Goldschmidt-Fall zeigt, werden die Kunden in der Anfangsphase des Versicherungsvertrages vor allem durch die enorm hohen Abschluss- und Vertriebskosten geschädigt. Die summieren sich Jahr für Jahr branchenweit auf unglaubliche 8 Milliarden Euro. Geld, das den Versicherten für ihre Altersversorgung für immer fehlt. Für den, der einen Vertrag vermittelt, kann sich das dagegen so richtig lohnen. Oft winken Tausende Euro als Belohnung für den Vertragsabschluss.

Der Branchendienst map-report ermittelte für die Jahre 2005 bis 2010 eine durchschnittliche Abschlusskostenquote von 5,13 Prozent.[5] Als überdurchschnittlich teuer erwiesen sich von den bekannten Versicherungsgesellschaften beispielsweise die Gothaer (5,86 Prozent), Zurich Deutscher Herold (5,94 Prozent), Deutscher Ring (6,07 Prozent), Axa (6,11 Prozent), Nürnberger (6,13 Prozent), Württembergische (6,66 Prozent), ERGO Leben (6,73 Prozent) und HDI-Gerling (6,83 Prozent).[6]

Die genannten Prozentwerte mögen harmlos klingen, doch sie beziehen sich auf alle Einzahlungen über die gesamte geplante Laufzeit. Das heißt: Sämtliche geplanten Beitragszahlungen werden aufsummiert, hiervon die Abschlusskosten berechnet und dem Kunden in Rechnung gestellt. Ein Beispiel: Wer monatlich 200 Euro einzahlt, dem unterstellt die Versicherung in 40 Jahren eine Gesamtbeitragssumme von 96 000 Euro. Daraus errechnen sich bei teuren Versicherungen Abschlusskosten von 6000 bis 7000 Euro. Das Tückische: Diese Abschlusskosten können dem Versicherten komplett zu Vertragsbeginn in Rechung gestellt werden.[7] Das heißt: Der Versicherte zahlt Monat für Monat seine Beiträge, hat aber zunächst nichts davon. Die Einzahlungen werden dazu verwendet, die entstandenen Abschlusskosten zu tilgen. Bei ungünstigen Verträgen kann es zwei bis drei Jahre dauern, bis der erste Euro wirklich dem Versicherten gutgeschrieben wird. Und danach dauert es sehr, sehr, sehr lange, bis das Guthaben die Summe der Einzahlungen übersteigt. Manchmal gelingt das bis zum Rentenbeginn gar nicht mehr: Es ist dann weniger im Vertrag drin, als zuvor eingezahlt wurde. Ein Verlustgeschäft.[8]

Die Rechtsanwältin Kerstin Becker-Eiselen von der Verbraucherzentrale Hamburg konstatiert: »Bei privaten Rentenversicherungen haben wir bisher nicht eine gefunden, die eine gute Rendite erwirtschaftet hat. Sie kann sie auch gar nicht erwirtschaften, weil im Vorwege so viele Kosten entstehen, die das Sparen behindern. Das kann unterm Strich gar keine vernünftige Rendite geben.«[9]

Wer seinen Vertrag kündigt oder beitragsfrei stellt,[10] wird prozentual besonders hart von den Abschlusskosten getroffen. Denn die auf Jahrzehnte berechneten Kosten schlagen in dem relativ kurzen Zeitraum bis zur Kündigung überproportional zu Buche. Wie der Fall Goldschmidt zeigt, gehen dann nicht selten mehr als die Hälfte der Einzahlungen nur für Abschlusskosten drauf. Und das ist noch längst nicht alles. So verlangen die Versicherer über die ganze Laufzeit Verwaltungskosten. Meist sind es gleich mehrere Beträge, die nach verschiedenen Schlüsseln berechnet werden: ein Fixbetrag pro Monat oder Jahr. Dazu ein prozentueller Anteil an der monatlichen Prämie. Und als Sahnehäubchen verlangen einige Versicherer noch regelmäßig einen Anteil am erreichten Sparkapital. Die Einzahlungen der Kunden werden damit gleich mehrfach und in höchst undurchsichtiger Weise mit Kosten belastet.

Dass private Altersvorsorge für große Teile der Bevölkerung nicht funktioniert, liegt deshalb auch »an den unanständig hohen

Provisionen und Kosten«, wie Professor Udo Reifner feststellt. »Wir haben die Produkte hier untersucht«, erläutert der Leiter des Hamburger Instituts für Finanzdienstleistungen (iff), »wir wissen, dass oft über 20 Prozent anfallen. Allein die Erfolgsprovisionen liegen nach unseren Berechnungen bei Finanzdienstleistungen im Durchschnitt bei 12 Prozent. Welche Rendite soll dann noch möglich sein, wenn die Wirtschaft mühselig um ein Prozent wächst im Jahr? Da wird es schon schwierig, die Verluste zu kompensieren.«[11]

Welche gewaltigen Kosten entstehen, auch wenn Verträge regulär durchlaufen, zeigte ein Test in der Zeitschrift *Öko-Test.*[12] Nach 35 Jahren Laufzeit und einem Jahresbeitrag von 1200 Euro für eine private Rentenversicherung entstehen den Kunden bei einem Tarif des Versicherers Standard Life Kosten von 13 458 Euro.[13] Kaum besser: die Lebensversicherung von 1871 mit 12 954 Euro,[14] ERGO Leben mit 11 191 Euro[15] und Axa mit 10 555 Euro.[16] Noch gewaltiger sind die den Kunden entstehenden Kosten bei fondsgebundenen Produkten: Hier errechneten die Öko-Tester für die Zurich Dt. Herold 23 980 Euro[17] und für die Hannoversche Leben 18 173 Euro.[18]

Doch davon haben die meisten Versicherten keine Ahnung, weiß Kerstin Becker-Eiselen. Seit fast 20 Jahren berät sie im Auftrag der Verbraucherzentrale Hamburg Versicherungskunden: »Den Leuten ist definitiv nicht klar, dass sie so eine große Kostenbelastung haben. Oft werden sie sogar regelrecht getäuscht, wenn etwa in den Bedingungen sinngemäß steht: ›Die Kosten für den Abschluss und den Vertrieb werden Ihnen nicht gesondert in Rechnung gestellt.‹ So ein Satz soll natürlich suggerieren, das kostet dich nichts. Dabei heißt es in Wahrheit: Die Kosten sind schon eingepreist. Große Nebelkerzen werden da geworfen, damit man ja nicht versteht, worum es eigentlich geht.«[19] Bestätigt wird diese Erfahrung sogar durch ein Vorstandsmitglied einer deutschen Lebensversicherung, das jedoch ungenannt bleiben möchte. Der

Manager erläuterte uns in einem Hintergrundgespräch die verschleiernde Informationspraxis der Branche: »Es gibt unterschiedliche Kostensysteme. Das sind Kosten in Relation des Beitrags, das sind Kosten in Relation der Versicherungssumme, es sind Kosten in Relation des Gesamtguthabens, es gibt Kosten in Relation zur 12-fachen Jahresrente, also da war man in der Vergangenheit sehr kreativ und ist es heute auch noch.«[20]

Daneben gibt es weitere »Gestaltungsmöglichkeiten«, um die »bilanziell im Fokus stehenden« Kosten nach unten zu »frisieren«. Dazu Lars Heermann von der Ratingagentur Assekurata: »Man kann die Verwaltungskosten für den Versicherungsbetrieb in gewissem Umfang reduzieren, indem man sie den Verwaltungskosten der Kapitalanlage zuweist. Das sieht dann gut aus bei der Verwaltungskostenquote, denn die Kapitalanlagekosten werden in den veröffentlichen Jahresabschlüssen an anderer Stelle ausgewiesen.«[21] So können die Versicherungsunternehmen Kosten möglicherweise in Milliardenhöhe ganz legal verstecken.[22] Gelder, die in keiner Statistik auftauchen und am Ende den Kunden fehlen, wie Michael Adams, Professor für Wirtschaftsrecht an der Universität Hamburg, kritisiert: »Es muss nicht sein, dass die Versicherungen so wahnsinnig viel Geld abschrauben bei der Vermögensverwaltung. Das ist gierig und dreist und nur möglich, weil die Kunden das nicht mitbekommen.«[23]

Ein weiterer Kosten-Trick sind die Ratenzuschläge für monatliche Zahlweise. Der Beitrag steigt dadurch in der Regel um fünf bis sechs Prozent.[24] Denn in ihren Kalkulationen gehen Versicherer in der Regel von einer »vorschüssigen« Zahlung des gesamten Jahresbeitrags aus, auch wenn sie dies dem Kunden im Vertragsangebot gar nicht anbieten.[25] Das heißt: Der Versicherer tut so, als wäre der gesamte Jahresbeitrag sofort fällig. Nur der erste Monatsbeitrag kommt somit pünktlich. Der zweite kommt schon einen Monat zu spät, der dritte bereits zwei Monate … Die Extrazinsen, die sie hierfür in Rechnung stellen, klingen harmlos, summieren sich über die Jahre aber zu einer happigen Kostenbelastung. Wer auf einen Monatsbeitrag von 100 Euro sechs Prozent, also 6 Euro, aufschlägt, kassiert bei einer Laufzeit von 30 Jahren 2160 Euro extra – nur durch die Ratenzuschläge.

Und dann gibt es noch Fälle, in denen Kunden nachweislich sogar noch stärker geschröpft werden, als es eigentlich erlaubt ist. So geschehen bei der ERGO-Versicherung. Zehntausende hatten bei der ERGO-Tochter Hamburg-Mannheimer die sogenannte »Kaiser-Rente« abgeschlossen, eine Riester-Versicherung. In vielen Fällen wurde ihnen vertraglich zugesichert, dass »nur« 12 Prozent Kosten entstehen. Tatsächlich in Rechnung gestellt wurden aber 16 Prozent. Stillschweigend.

Bekannt war dieser »Fehler« der ERGO-Zentrale schon 2005.[26] Die Öffentlichkeit erfuhr davon aber erst im Frühsommer 2011, als drei Ex-Vermittler im *Handelsblatt* auspackten. »Ein Durchschnittskunde mit einem Monatsbeitrag von 80 Euro«, so berichteten die ehemaligen Generalvertreter des Konzerns, »wurde mit seiner Police auf diese Weise im Vertragszeitraum um rund 2300 Euro schlechter gestellt als angeboten.«[27] Zunächst dementierte ERGO, musste dann aber die Falschberechnung öffentlich einräumen. ERGO-Vorstand Johannes Lörper kündigte an, man wolle rund 14 000 Kunden entschädigen: »Wir gehen selber auf die Kunden zu und werden unaufgefordert die Neuberechnung vornehmen«, erklärte Lörper.[28]

Auch wir hatten Dr. Johannes Lörper in unserem Interview im 24. Stock der ERGO-Zentrale auf die hohen Kosten der Riester-Verträge angesprochen: »Aus heutiger Sicht haben wir die Riester-Verträge anfangs noch mit zu geringen Kosten kalkuliert. Wir haben die komplizierten Zulageverfahren und die Kosten, die uns durch weitere gesetzliche Auflagen entstanden sind, unterschätzt. Wir dachten alle: Riester verkaufen ist quasi wie Brezeln backen. Der Bedarf ist klar, die Förderung ist gut, jeder muss und wird es kaufen. Das war der Grund für unsere Kalkulation, und wir mussten das ändern. Jetzt haben Riester-Verträge eine ganz normale und angemessene Kostenquote.«[29]

Im Klartext heißt das: Die Fehleinschätzung wurde korrigiert. Riester-Verträge sind jetzt genauso teuer oder in vielen Fällen noch teurer als normale Privatrenten. Und das gilt wohl nicht nur für ERGO-Versicherungen.[30]

Die »provisionsgesteuerte Falschberatung«: Wer wirklich an Versicherungen verdient

Warum locken die Versicherungen eigentlich immer wieder Millionen Kunden in höchst ungünstige Verträge? In Verträge, die so teuer sind, dass die Versicherten sie oft schon nach ein paar Jahren nicht mehr bezahlen können und fast zwangsläufig kündigen. Verträge, aus denen dann häufig nur Mini-Summen ausbezahlt werden, weil die Versicherung zuvor riesige Anteile für Kosten abgezweigt hat.

Die Antwort lautet »Provision« oder auch »Courtage«. Dahinter steht ein cleveres Belohnungssystem, das den Vermittler einer Versicherungspolice sofort an dem Verkaufserfolg beteiligt, obwohl der Kunde noch fast nichts einbezahlt hat. Ist der Vertrag üppig dimensioniert, kann das dem Vertreter, Makler oder Vermittler, wie der Fall Goldschmidt zeigt, sehr schnell 10 000 Euro oder mehr einbringen. Der Anreiz, dem Kunden etwas aufzudrängen, was der gar nicht braucht oder sich gar nicht leisten kann, ist riesengroß. Denn für den Vermittler gibt es ein einfaches Kalkül: Je höher der monatliche Beitrag, je länger die Laufzeit und je höher der Prozentsatz seiner Provision, desto mehr verdient er am Kunden. Auch wenn jede Versicherung und jeder Vermittler den Anspruch einer hohen Beratungsqualität herausstreicht: Weshalb sollte ein Vermittler dem Kunden einen preiswerten Vertrag, für den er wenig oder gar keine Prozente bekommt, empfehlen?

Wahrscheinlicher ist, dass der Vermittler eine Versicherung wählt, die ihm hohe Provisionsprozente zahlt und die durch eine lange Laufzeit verbunden mit hohen monatlichen Beitragszahlungen die Abschlusskosten in die Höhe treibt.

»Die provisionsgesteuerte Falschberatung« nennt der Hamburger Professor für Wirtschaftsrecht Michael Adams das Phänomen. »Der Schlüssel des Problems sind die überhöhten Provisionen, die Versicherungen ihren Vertriebsleuten geben, um den vertrauensseligen Kunden den übelsten Kapitalmarktmüll zu verkaufen.«[31] Ein hartes Urteil.

Es war kurz vor Jahresende 2004. Das Dortmunder Ehepaar Sabine und Peter Heller[32] bekam einen Anruf von der Betreuerin des schwerkranken Vaters. Die regelte schon seit Jahren gerichtlich bestellt dessen finanzielle Angelegenheiten. Die Betreuerin, die hauptberuflich für das BHW Baufinanzierungen und Versicherungen vermittelte, schlug eine angeblich lukrative Geldanlage zugunsten der Kinder vor: eine »BHW-Rentenversicherung mit Sparoption«. »Wir glaubten, sie würde im Sinne unserer Kinder handeln, dachten, das ist eine Fachfrau für Finanzen, und haben ihr vertraut, wir waren damals einfach naiv«, erinnert sich Sabine Heller. Doch auch der Name »BHW«, der einmal für das »Beamtenheimstättenwerk« stand, suggerierte dem Ehepaar Seriosität: »Wir sind nie auf den Gedanken gekommen, dass die Frau uns abzocken will.« Die jedoch nutzte sehr geschickt die Gefühlslage in der Familie. Soeben war Töchterchen Katharina geboren worden, und für den Nachwuchs war die Familie bereit, regelmäßig etwas Geld zur Seite zu legen. Und das, wie die Betreuerin herausstellte, sogar steuerfrei. Hellers müssten sich aber schnell entscheiden, machte sie Druck. Ab 2005 sei es vorbei mit den Steuervorteilen für neu abgeschlossene Lebens- und Rentenversicherungen.[33] Das überzeugte. Auch der ältere Bruder Christian sollte davon profitieren, und so schlossen Hellers gleich zwei Rentenverträge mit Sparoption ab. Beide begannen mit Zahlungen von 30 Euro monatlich und wurden später auf 50 Euro aufgestockt.

Hellers wollten ihre Kinder finanziell absichern – eine gute Idee. Was sie nicht wussten: eine private Rentenversicherung ist für diese Absicht nicht geeignet. Die Ersparnisse sind in einem solchen Vertrag über Jahrzehnte gebunden. Wenn aber Katharina und Christian vor ihrem Rentenbeginn Geld benötigen, was sehr wahrscheinlich ist, müssten sie den Vertrag mit hohen Verlusten kündigen. Ein klassischer Fall von Falschberatung. Wer hingegen wirklich profitiert, ist die Vermittlerin. In den Verträgen wurden extrem lange Laufzeiten festgeschrieben: 50 beziehungsweise 65 Jahre. Das treibt die Summe der Gesamtbeiträge und damit die Höhe der Abschlussprovision rasant in die Höhe. Konsequenz: Gespart wurde von den Einzahlungen in den ersten Jahren gar nichts. Das Geld floss in die Begleichung der Abschlusskosten. Erst nach neun Jahren sollte im Vertrag von Katharina ein minimaler Rückkaufswert entstehen. Da wären aber schon Tausende Euro bezahlt worden. Eine Katastrophe. Für Katharina und Christian hätte es vermutlich Jahrzehnte gedauert, bis sich ein Sparerfolg eingestellt hätte. Für die beiden wäre ein klassischer Sparplan besser gewesen, der ihnen zum Beispiel zu Beginn der Ausbildung Geld bereitgestellt hätte. Der Vertrag »mit Sparoption« sah hingegen noch nicht einmal eine garantierte Rentenzahlung vor. Garantiert war lediglich ein mickriges Verrentungskapital. Auf dieser Grundlage sollte anhand eines bei Vertragsabschluss ungewissen Rentenfaktors errechnet werden, wie hoch die spätere monatliche Rentenzahlung sein würde. »Diese Details haben wir ehrlich gesagt damals gar nicht verstanden«, räumt Sabine Heller ein, »aber wir haben uns auf das verlassen, was die Betreuerin uns gesagt hat.«Tatsächlich, die Versicherungsdetails sind bemerkenswert unverständlich formuliert. Im ›Tarif mit Sparoption‹ ist von einem Zahlbeitrag die Rede, von einem Mindestbeitrag, einem Regelbeitrag (auch Höchstbeitrag genannt) und einem Wunschbeitrag. »Heute wissen wir, was das zu bedeuten hatte«, sagt Sabine Heller: »Gebt uns euer Geld, was ihr dafür bekommt, das wissen und sagen wir euch nicht, aber solange ihr zahlt, wird es richtig teuer für euch!«

Mittlerweile ist die BHW-Lebensversicherung von der PBV, dem Versicherer der Postbank, übernommen worden. Die wiederum gehört zur Talanxgruppe.

Die PBV bestreitet keinen einzigen der Vorwürfe im Fall Heller, hält die beiden Verträge aber dennoch »langfristig betrachtet« für »gute Altersvorsorgebausteine«, weil die Kunden sich damit die steuerlichen Rahmenbedingungen des Jahres 2004 für die gesamte Laufzeit gesichert hätten. Die Versicherung meint zudem, dieser besondere Vertragstyp mit drei verschiedenen Beiträgen sei ein Vorteil für den Kunden, weil er seine Zahlungen flexibel seinen aktuellen finanziellen Möglichkeiten anpassen könne. Das Problem dabei: Ganz gleich, ob der Kunde viel, normal oder wenig einzahlt, die Kosten werden stets vom höheren Regelbeitrag berechnet. Und das wiederum ist gut für die Versicherung.

In einem anderen Fall war die BHW-Rentenversicherung mit Sparoption für einen Kunden so ungünstig ausgefallen, dass gleich zwölf Jahresbeiträge für Abschlusskosten in Rechnung gestellt wurden. Mit anderen Worten: Es sollte volle zwölf Jahre dauern, bevor dem Kunden auch nur ein Cent in seinem Spartopf gutgeschrieben wurde.[34] »Das sind ganz finstere, fiese Verträge« kritisiert Axel Kleinlein vom Bund der Versicherten, »die Kunden erkennen die Vertragsgestaltung nicht sofort und werden richtig geschädigt.«[35]

Tatsächlich ist es die provisionsbasierte Bezahlung des Außendienstes, die die Maschinerie der Lebensversicherer am Laufen hält. Hunderttausende klinkenputzende Vermittler, der nette Makler um die Ecke und der vermeintlich seriöse Betreiber der Allianz-, ERGO- oder Axa-Filiale, sie alle können nur gut leben, wenn sie beständig ordentlich Neugeschäft »schreiben«, wie es im Branchenjargon heißt. Das Neugeschäft wird belohnt, und entgegen den Versprechungen in der Werbung bleibt die Beratung dabei oft auf der Strecke. Diese Erfahrung machte auch Sportpromi Heiner Brand, Ex-Handballtrainer und Weltmeister. Brand betrieb lange Jahre zudem eine Versicherungsagentur. Er erinnert sich an die Vorgaben der Zentrale: »Dort zählte lange die reine Verkaufsleistung, nicht die Beratungsleistung. Gute Schadensquote, hoher Kundenbestand, wenig Storno, in dieser Branche haben diese Begriffe gar nicht existiert. Da zählte nur Verkauf, Verkauf, Verkauf.«[36]

Die Praxis einer provisionsorientierten Falschberatung gibt es jedoch nicht nur bei Außendienstlern der Versicherungen und freien Maklern. Auch am Bankschalter müssen Sie damit rechnen. Für Sparkassen und Banken gehören die Provisionen aus dem Verkauf von Versicherungen seit Jahren zu den Haupteinnahmequellen. Die Mitarbeiter bekommen deshalb klare Vorgaben, wie viele Verträge sie möglichst an den Mann oder die Frau zu bringen haben.

Ein Opfer dieser Praxis ist Hartmut Klein[37] aus einer Kleinstadt bei Hamburg. Er ist seit seinem siebten Lebensjahr blind. Trotzdem hat er Jahrzehnte als Protokollführer bei Gericht gearbeitet. Er kennt sich also mit Recht und Gesetz aus. Dass ihm selbst einmal so übel mitgespielt werden sollte, hätte er nie gedacht. Klein war Kunde der Deutschen Bank, und zu seiner Beraterin hatte er vollstes Vertrauen. Er äußerte den Wunsch, für seine Lebensgefährtin Geld anzulegen, mit klaren Vorgaben: Die Anlage sollte risikolos erfolgen. Außerdem wollte er möglichst jederzeit ohne Verluste auf die Gelder zugreifen können. Die Beraterin reagierte mit einem angeblich tollen Angebot. Klein, damals schon 67 Jahre alt, sollte monatlich 600 Euro einzahlen. Was genau Klein damals unterschrieb, so erklärt er heute, wusste er nicht. Schon gar nicht, dass es sich um eine Rentenversicherung mit zwölf Jahren Laufzeit gehandelt hatte. »Niemals hätte ich etwas unterschrieben, was mir erst im Alter von 79 Jahren zugutekommt, außerdem wollte ich ja, dass meine Lebensgefährtin etwas davon hat.« Für das Ziel, seine Lebensgefährtin abzusichern, war die private Rentenversicherung ein vollkommen untaugliches Mittel. Auch dies ein klassischer Fall von Falschberatung.

Abgeschlossen wurde der Vertrag übrigens bei der Versicherung Zurich Deutscher Herold. Ein Versicherer, der bei den Abschlusskosten zu den teuren Anbietern gehört.[38] Bei den laufenden Verzinsungen, die den Verträgen der Kunden gutgeschrieben werden, gehört der Exklusivpartner der Deutschen Bank hingegen zu den Schlusslichtern.[39] Fazit: Hartmut Klein bekam von seiner Bankberaterin nicht nur ein für seine Wünsche unpassendes, sondern auch ein qualitativ sehr schlechtes Produkt vermittelt.[40] Die Deutsche Bank sieht das anders. Zurich sei ein in zahlreichen Rankings ausgezeichneter Versicherer. Mit dem vermittelten Produkt erhalte man eine sichere und angemessene Rendite, wenn es bis zum Ablauftermin gehalten werde.

Auf die Spitze getrieben werden die Verkaufsanstrengungen von Strukturvertrieben. Darunter versteht man Organisationen wie AWD, OVB oder DVAG. Sie sind streng hierarchisch aufgebaut. Jeder Vermittler hat nicht nur das Bestreben, viele Verträge »zu schreiben« und damit Provisionen zu verdienen. Er soll möglichst auch neue Vermittler rekrutieren, die dann in der »Struktur« unter ihm, angesiedelt werden. Die Neulinge müssen einen Großteil ihrer Provisionen an die über ihnen stehenden Obervermittler oder Ober-Ober-Vermittler abtreten. Je höher der Mitarbeiter aufsteigt, desto mehr profitiert er von den Mitarbeitern unter ihm und er wird alles tun, um diese zu noch stärkeren Verkaufsanstrengungen anzufeuern.

Motiviert werden die Versicherungsverkäufer zudem durch öffentliche Belobigungen vor Hunderten anderer Mitarbeiter sowie Einladungen zu sogenannten »Incentive-Reisen«. Bei Strukturvertrieben haben solche Belohnungsreisen Tradition. Bereits im Januar 1990 trommelte der »AWD-Report«[41] unter der Losung »Ab sofort gilt: 6000 Einheiten Eigenumsatz« für eine Reise nach New York. Allen, die in einem bestimmten Zeitraum so viel Geschäft hereinholen, dass es 6000 AWD-Einheiten entspricht, winkt ein Luxusaufenthalt im »Big Apple«. Die Darstellung in der Mitarbeiterzeitung macht deutlich: Mit extravaganten Belohnungen soll ein Anreiz geschaffen werden, sich besonders ins Zeug zu legen. Und der »AWD-Report« lässt keinen Zweifel, was die erfolgreichen Policenverkäufer dort erwartet. Ein Highlight jagt das nächste: »Mit einer Linienmaschine geht es von Deutschland aus direkt nach New York zum John F. Kennedy Airport.« Dort warten »Hubschrauber auf Sie, die Sie direkt im Transfer nach Manhattan bringen ... Sie werden in dem weltberühmten absoluten Luxushotel ›The Plaza‹, direkt an der Fifth Avenue am Central Park untergebracht sein, in dem die Prominenz der ganzen Welt verweilt – George Bush, Michael Gorbatschow, Sean Connery, Paul Mc Cartney, Hans-Dietrich Genscher, Tina Turner und Don Johnson, um nur einige zu nennen und Ihnen eine Vorstellung von dem exklusiven Ambiente zu geben. Wenn Sie in Ihrer Suite sitzen, genüsslich ein Glas Champagner schlürfen und aus dem Fenster schauen, werden Sie feststellen, dass Sie sich direkt im Herzen von Manhattan befinden. Ein paar Schritte vor die Haustür und Sie haben ›Frühstück bei Tiffany‹ life vor der Nase ... Sie werden erleben, wie gigantisch Manhattan ist, denn Sie machen eine Schiffsrundfahrt um Manhattan, handbreit an der ›Statue of Liberty‹ vorbei. ...« Fazit des »AWD-Reports« und Rezept für die Reise: »Jeden Tag einen Termin legen. Das sind 90 Termine in drei Monaten. Wenn nur zwei Drittel dieser Termine mit einem Abschluss enden, sind das 60 Abschlüsse. Wenn Sie einen Schnitt von nur 100 Einheiten zugrunde legen, dann sind Sie schon dabei!«[42]

Zwanzig Jahre später haben große Versicherungskonzerne die Strategie mit den Belohnungsreisen kopiert. Beispiel Allianz. Das ARD-Wirtschaftsmagazin »plusminus« berichtete 2011 von einer Luxusreise nach Rhodos. 600 verdiente Allianzmitarbeiter waren zu einem dreitägigen Trip in 5-Sterne-Hotels an die Ostküste der griechischen Urlaubsinsel eingeladen. Gemeinsam mit Allianz-Vorstandsmitgliedern feierten sie in der Therme Kalithea einen Gala-Abend mit Top-Unterhaltungsprogramm. Die Allianz AG machte gegenüber »plusminus« zu den Kosten keine Angaben, bestätigte aber, dass diese Reisen »als Form der Anerkennung herausragender Leistungen üblich sind«.[43] Der Bund der Versicherten kritisiert: »Hier wird den Versicherungsvertretern Luxus auf höchstem Niveau angeboten. Und das zahlen die Versicherungskunden mit ihren Beiträgen.«[44]

Noch mehr Aufsehen erregte ein Trip für verdiente Mitarbeiter des ERGO-Konzerns in die Gellert-Therme nach Budapest. Dort sollen sie auf zahlreiche Prostituierte getroffen sein.[45] Die Teilnehmer durften sich, so berichtete das *Handelsblatt*, abhängig vom »Belohnungsgrad« oder ihrer Position in der ERGO-Hierarchie Damen auswählen. Diese waren mit farbigen Armbändchen markiert, so dass jedem klar war, welche Damen den besonders erfolgreichen Versicherungsvermittlern vorbehalten waren.[46]

Der ERGO-Vorstand reagierte und will solche Auswüchse künftig ausschließen, zeigte sich aber befriedigt, dass der Skandal um die Lustreise in den Geschäftsergebnissen und bei den Marktanteilen »insgesamt weniger Auswirkungen hatte als erwartet«.[47]

Auch die Wüstenrot & Württembergische AG (W&W) musste eine Lustreise zugeben, im Verlaufe derer verdiente Vertriebsmitarbeiter offenbar durch Prostituierte verwöhnt wurden.[48] Die Incentive-Tour führte 2010 nach Rio de Janeiro. Im März 2012 legte die W&W (Werbeslogan: »Ein Fels in der Brandung«) einen Untersuchungsbericht vor, in dem konzernweit rund 460 durchgeführte Incentive- und Tagungsreisen geprüft wurden. Ergebnis der Sonderprüfung: Die Vorkommnisse in Rio seien ein bedauerlicher Einzelfall gewesen.[49]

Zwei Führungskräfte waren nach dem Bekanntwerden des Vorfalls mit sofortiger Wirkung von der W&W suspendiert worden.

Sie seien nicht mehr in ursprünglicher Funktion für den Konzern tätig. An »Motivationsmaßnahmen« für den Vertrieb halte man jedoch fest. Ein Vertrieb mit über 6000 Außendienstpartnern lasse sich nicht ohne persönliche Zusammenkünfte führen, die teilweise mehrtägig seien und Übernachtungen erforderten.[50]

Doch ganz gleich, ob Auslandsreise, Provision oder die Ehrung im Rahmen eines Festakts: Zahlen müssen immer die Kunden. In Form von überzogenen Kosten und überhöhten Versicherungsprämien. Die Leistungen hingegen fallen mitunter nur kümmerlich aus. Manchmal sogar sehr kümmerlich. Dies erfuhr ein frustrierter Kunde der Axa-Versicherung. Dieser hatte die Verluste in seinem fondsgebundenen Vertrag bemerkt, wollte nicht mehr weiter einzahlen und stellte seinen Vertrag deshalb beitragsfrei. Er bekam ein Antwortschreiben der Kölner Versicherung, in dem sie ihm die Höhe seiner Ansprüche mitteilte. Der Versicherte traute seinen Augen nicht: »Wir bestätigen die Beitragsfreistellung zum 1. 12. 2008. Die beitragsfreie Rente beträgt monatlich 0,01 Euro … Im Zusammenhang mit der Beitragsfreistellung kann es durch die weitere Entnahme von Kostenanteilen bei ungünstiger Kursentwicklung dazu kommen, dass das gesamte Fondsguthaben aufgebraucht wird und der Vertrag vorzeitig erlischt.«[51] Bereits jetzt ist von den Einzahlungen nur noch so wenig übrig, dass die Rente nur 1 Cent beträgt. Kälter kann eine Dusche wohl kaum ausfallen.

Das provisionsgesteuerte Beratungssystem, da ist Professor Michael Adams überzeugt, muss fast zwangsläufig zu miesen Ergebnissen für die Kunden führen: »Sie müssen immer auf die ökonomischen Anreize schauen. Wenn die Provision für die schlechten Produkte am höchsten ist, dann werden die schlechten Produkte verkauft. Wenn Sie eine Struktur haben, die zu Betrug einlädt, dann werden Sie auch Betrug bekommen.«[52] Für Gerd Billen, Vorstand des Bundesverbands der Verbraucherzentralen, gibt es aus all dem nur eine Konsequenz: »Die Provisionen müssen nach oben begrenzt werden. Außerdem dürfen die Abschlusskosten nicht am Anfang abgezogen werden, sondern sollten gleichmäßig über den gesamten Vertragsverlauf verteilt werden. Das würde den Außendienst anspornen, sich langfristig um den Kunden zu kümmern, statt mit unpassenden Verträgen das schnelle Geld zu machen.« Solche Forderungen stoßen bei der Politik derzeit jedoch noch auf taube Ohren. So sind Renten- und Lebensversicherungen noch wesentlich stärker von Abschlusskosten belastet als die für ihre »Provisionsexzesse« gescholtenen Privaten Krankenversicherer. Dort wurden die Provisionen 2011 nach langer Diskussion gesetzlich auf neun Monatsbeiträge begrenzt. Bei Lebensversicherungen gibt es hingegen keine Vorschrift, die das Sparkapital der Kunden schützen würde.

Das Stornodebakel: Nur wenige Kunden halten durch

Ein gebräunter Herr in den besten Jahren liegt am Pool und erzählt im breitesten Berliner Slang, wie er vor über 40 Jahren mit Kleinstbeträgen anfing: »Ick hab 1970 mit 18 angefangen. Zuerst mit 10, dann mit 20 Mark. Ick hab von den paar Mark ja nüscht gemerkt.«

Seine Freunde hätten ihn damals (»Altersvorsorge, das sind ja noch 40 Jahre hin«) immer nur ausgelacht, erinnert er sich, während gerade eine flotte Lady auf einer Luftmatratze im Pool vorbeigleitet und er sich genüsslich mit Eiswürfeln Kühlung verschafft. An der Hand sind zwei Siegelringe und eine teure Armbanduhr zu erkennen. »Dann kamen die ganzen Krisen: Ölkrise, Asienkrise, Dot-Com-Krise, jetzt Finanzkrise. Immer nur Krise, Krise, Krise. Aber meine Lebensversicherung hatte keine Krise. Sie sehen ja, wo ich gelandet bin: Sonnenseite!«[53]

Der Werbespot »Sonnenseite« der Allianz zeigt das Wunschbild: einen Kunden, der lange Zeit kaum fühlbare Beträge einzahlt und dann nach über 40 Jahren die Ernte einfährt: Sonnenseite eben. Leider sieht die Realität ganz anders aus: Rund 75 Prozent der 30-jährigen Verträge und circa 55 Prozent der 20-jährigen Verträge enden vorzeitig. Sie werden nach durchschnittlich sieben Jahren gekündigt oder, wie es im Fachjargon heißt, »storniert«. In der Regel geschieht dies mit enormen Verlusten, wie der Bamberger Wirtschaftsprofessor Andreas Oehler 2011 nachwies.[54]

Die Prüfung von 1115 gekündigten Verträgen ergab einen durchschnittlichen Schaden von rund 4000 Euro. Hochgerechnet auf alle gekündigten Renten- und Lebensversicherungen ermittelte Oehler für den Zeitraum 2001 bis 2010 einen Gesamtschaden von 160 Milliarden Euro.[55] Eine schier unglaubliche Vernichtung von Versichertengeldern, deren gigantisches Ausmaß mehrere Ursachen hat: die exorbitanten Abschlusskosten, die gleich zum Anfang dem Kunden in Rechnung gestellt werden. Die oft hohen Monatsbeiträge, die sich viele Kunden langfristig nicht leisten können. Und die heftigen Stornoabschläge, mit denen die Versicherungen eine Kündigung zusätzlich bestrafen. Angesichts der hohen Stornowahrscheinlichkeit sei, so Oehler, »bereits mit dem Abschluss des Vertrages ein Verlust regelrecht absehbar«.[56]

So sieht das heute auch Hartmut Klein,[57] dem seine Bankberaterin eine Rentenversicherung der Zurich Deutscher Herold untergeschoben hatte. Nachdem Klein schließlich erfahren hatte, wie ungünstig sein Vertrag war, kündigte er rund drei Jahre nach dem Abschluss. Es war ein Ende mit Schrecken: Von seinen 6500 Euro Einzahlungen erhielt er von der Zurich aus seiner »db-Ansparrente« 2375,55 Euro ausgezahlt.[58] Ein Verlust von 4124,45 Euro.[59] 63 Prozent seiner Beiträge: einfach weg! »Sie können sich nicht vorstellen, wie sauer ich war, als ich diese Nachricht bekam«, erinnert sich der Rentner. Hartmut Klein versuchte anschließend alles, um einen Teil seines Geldes zu retten, beschwerte sich bei der Bank, verlangte von Zurich Deutscher Herold eine Überprüfung der Abrechnung und schaltete schließlich die Verbraucherzentrale ein. Rund drei Jahre lang ohne jeden Erfolg. Im Juli 2012 meldete sich die Deutsche Bank überraschend bei Herrn Klein und bot »aus Kulanz und als Zeichen unserer Wertschätzung« an, die Differenz zwischen den geleisteten Beiträgen und dem bei der Kündigung ausgezahlten Betrag zu erstatten. Für geprellte Kunden ein seltener Glücksfall.

Denn die Sonnenseite haben in der Regel die Versicherer gepachtet. Sie nehmen die vielen Kündigungen nicht nur in Kauf, sondern ziehen daraus sogar Vorteile, denn die Kündigungen bringen ihnen satte Stornogewinne. Kritiker vermuten gar, dass die Überschussbeteiligung in vielen Fällen für die verbliebenen Kunden nur noch funktioniert, weil so viele Versicherte früh mit Verlust kündigen. Ketzerisch fragt Herbert Fromme, der Versicherungsexperte der *Financial Times Deutschland*: »Was ist das für ein Geschäftsmodell, das darauf beruht, dass mehr als zwei Drittel der Versicherten kündigen?«[60] Und Professor Andreas Oehler kritisiert: »Wenn das Geschäftsmodell so notleidend geworden sein sollte, dass man auf die Kündigungen angewiesen ist, ist das ein Armutszeugnis für die Branche.«[61] Tatsächlich scheinen die Kündigungen geradezu eine Voraussetzung für gute Geschäfte zu sein, wie uns unabhängige Makler in einem Hintergrundgespräch bestätigen: Einer Versicherung könne praktisch nichts Besseres passieren als ein Vertrag, der nach fünf Jahren gekündigt werde, berichten die Verkaufsprofis. Zu diesem Zeitpunkt seien die Abschlusskosten voll vom Kunden bezahlt, man könne einen hübschen Stornoabschlag kassieren und müsse auf das Kapital des Kunden praktisch keine Zinsen zahlen. Und dem Kunden könne man dann ja einen neuen, »natürlich deutlich besseren« Vertrag verkaufen, der dann wieder eine neue Abschlussprovision bringe. Im Fachjargon nennt man das »Umdeckung«. In der Öffentlichkeit will sich kein Versicherungsmann offen dazu bekennen, doch in vielen Vertriebstruppen ist die Methode offenbar weit verbreitet. So berichtete der *Stern* bereits 2007, dass Berater des mit Abstand größten deutschen Finanzvertriebs, der Deutschen Vermögensberatung DVAG, immer wieder Kunden aufsuchten und ihnen alte Verträge der Aachen-Münchener Versicherung madig machten:[62] Alte Verträge wurden gekündigt oder beitragsfrei gestellt und gleichzeitig ein neuer Riester-Vertrag wiederum bei der Aachen-Münchener abgeschlossen. Verträge der »Aachen-Münchener« werden ausschließlich über den Exklusivpartner DVAG vertrieben. Und damit sich das für die DVAG und ihre Vermittler auch lohnt, hatte DVAG-Boss Reinfried Pohl mit der Aachen-Münchener vereinbart, dass seine Leute ein zweites Mal Provision kassieren dürfen.[63] Und auch für die Aachen-Münchener hat sich das offenbar gelohnt: Sie schrieb glänzende Zahlen, wurde Marktführer im Riester-Geschäft.

Spitze ist die Aachen-Münchener Lebensversicherung auch bei den Stornoquoten: Im langjährigen Mittel errechnete der Branchendienst map-report 7,08 Prozent. Damit liegt die Aachen-Münchener noch fast 50 Prozent über dem ohnehin hohen Branchendurchschnitt.[64]

Der Verdacht erhärtet sich: Millionen gekündigte Versicherungsverträge pro Jahr scheinen ein notwendiger Teil des Geschäftsmodells »Private Altersversorgung« zu sein. Mit anderen Worten: Ohne die ständigen Kündigungen gäbe es niemals den Bedarf für jährlich sechs bis sieben Millionen neue Verträge. Ein Großteil der Außendienstler wäre beschäftigungslos, und die Vorstände der Versicherungen könnten keine Erfolgsbilanzen verkünden.

Der Hamburger Professor für Wirtschaftsrecht Michael Adams fordert scharfe Konsequenzen: »Also, die Methode der Umdeckungen, alte Verträge durch neue ersetzen und dafür immer wieder neue Provisionen kassieren, das ist eine Falschberatung, und wenn es vorsätzlich erfolgt, ist das meines Erachtens Betrug. Punkt. Man müsste durch ein Eingreifen der Aufsichtsbehörde Bafin dafür sorgen, dass die Vertriebe, die das wiederholt und systematisch machen, die Lizenz verlieren und die Vorstände abberufen werden, das ist das Einzige, was die verstehen.«[65]

Auch Kerstin Becker-Eiselen von der Verbraucherzentrale Hamburg wünscht sich dringend ein Ende dieser »systematischen Provisionsschinderei«. Fast täglich bekommt sie Umdeckungs-Fälle auf den Tisch. Und sie hat festgestellt, dass die Verbraucher dadurch nicht nur doppelt Provision zahlen, sondern meist auch noch Zinsen verlieren: »Das Perfide daran ist ja, dass die alten Verträge meist noch eine etwas bessere Grundverzinsung haben. Diese Verträge werden dann aufgelöst, um wieder einen neuen Vertrag abzuschließen, der eine schlechtere Grundverzinsung und noch höhere Kosten hat. Das ist leider unser täglich Brot.«[66]

Die hohen Stornozahlen trüben den schönen Schein der privaten Altersvorsorge gewaltig. Doch seit 2010 verkündet der Gesamtverband der Deutschen Versicherungswirtschaft GDV plötzlich erstaunlich günstige Stornoquoten: Seinerzeit berichtete der GDV für 2009 über eine erfreuliche Quote von »nur« 3,86 Prozent. Im Vorjahr waren es noch »ärgerliche« 5,49 Prozent gewesen. Doch Experten hatten schnell herausgefunden, dass der Grund für die besseren Werte nicht etwa weniger Kündigungen, sondern ein Rechentrick war. Der GDV rechnet neuerdings mit der Anzahl der stornierten Verträge, also mit Stückzahlen. Vorher hatte man gerechnet, wie viel Einnahmen durch die Kündigungen verlorengehen, also das Finanzvolumen der Stornierungen berücksichtigt. Diese nach Ansicht der meisten Experten sinnvollere Maßzahl hätte, so ermittelte die Ratingagentur Assekurata, für das Jahr 2009 sogar eine Steigerung der Stornoquote auf 6,10 Prozent ergeben.[67] Der Hintergrund: Die Verbraucher kündigen vor allem größere Verträge, weil die mit hohen Monatsbeiträgen Krisen besonders belasten. Die auf Stückzahlen basierende Stornoquote untertreibt demnach das Problem. »Ein ganz fauler Trick des GDV«, urteilt Axel Kleinlein vom Bund der Versicherten.[68]

Aber ob mehr Klarheit und Wahrheit die Verbraucher tatsächlich vor ungünstigen Verträgen schützen würden, ist unsicher. Viele Kunden dürften wissen, dass Kündigungen verlustreich sind und dass der Vermittler mit jedem neuen Vertrag eine Stange Geld verdient. Dennoch gehen jährlich Millionen Menschen den beredten Vertriebsleuten auf den Leim. Sie wollen gern glauben, dass ausgerechnet sie ein lukratives Produkt erwischen und zu den Gewinnern zählen werden. Vielleicht wären sie schon etwas skeptischer, wenn sie wüssten, dass bei sehr lang laufenden Verträgen höchstens 20 Prozent der Kunden bis zur Rente durchhalten. Und würden sie tatsächlich noch unterschreiben, wenn sie erführen, dass davon wiederum die meisten effektiv weniger rausbekommen, als sie zuvor selbst eingezahlt haben? Berücksichtigt man die Inflation, so sinkt die Zahl der wirklichen Gewinner enorm. Und doch gibt es wohl tatsächlich eine kleine Zahl Kunden, die auch inflationsbereinigt eine Rendite erzielen werden. Doch wer kann wissen, ob er zu diesen Glücklichen gehören wird? Das scheint so wenig vorhersehbar wie ein Lottogewinn. Doch das Lottospiel bietet verglichen mit einer Versicherung einen klaren Vorteil: Der Spieler muss nicht jahrzehntelang warten, um Gewissheit über Gewinn oder Verlust zu erhalten. Ein kleiner Einsatz reicht, und einen Tag später herrscht bereits Klarheit. Bei einer Privatrente hingegen weiß der Kunde erst nach Jahrzehnten, ob er zu den wenigen Gewinnern gehört. Anders ist es für die Versicherung und ihre Vermittler: Sie gehören wie die Lottogesellschaft immer zu den Gewinnern, und vor allem: Sie bekommen praktisch sofort die Belohnung für den Verkauf der Police. Professor Andreas Oehler nennt das im Wissenschaftsdeutsch »eine deutliche Divergenz zwischen Leistung und Gegenleistung«.[69] Man könnte auch sagen, die meisten Kunden werden ganz offenkundig über den Tisch gezogen.

Das wollten Sabine und Peter Heller nicht mehr länger mitmachen. Als sie erkannten, dass diese Geldanlage für sie nur eine

Geldvernichtungsanlage war, kündigten sie die »Rentenversicherungen mit Sparoption«. In fünf Jahren hatten sie in beide Verträge immerhin 4850 Euro eingezahlt. Aus dem Vertrag für Sohn Christian wurden 619,36 Euro erstattet. Aus dem Vertrag für die kleine Katharina gab es zunächst – 0 Euro! Die PB Versicherung teilte lapidar mit: »Der Vertrag erlischt ohne Wert ... Bitte reichen Sie uns noch den für Sie wertlosen Versicherungsschein ein.«[70] Dem Ehepaar Heller blieb ob dieser Mitteilung fast die Spucke weg. Über zwei Jahre lang stritten sie mit dem Postbankversicherer (Werbespruch: »Unterm Strich zähl ich«) um eine Nachzahlung. Am Ende zahlte die PB Versicherung »kulanzweise« 829,07 Euro.[71] Immerhin, der Totalverlust konnte abgewendet werden. Und das Ehepaar Heller ist um eine teure Erfahrung reicher.

Der Hamburger Professor für Wirtschaftsrecht Michael Adams hält die gegenwärtige Praxis der privaten Altersversorgung für vollkommen inakzeptabel: »Sind denn Produkte, von denen man weiß, dass nur die wenigsten am Ende ankommen, eigentlich als geeignete Produkte für die Altersvorsorge anzusehen? Die Frage stellen heißt sie beantworten: Nein! Vernünftige Leute wissen, dass das so nicht geht und schon gar nicht als Substitut für die Sozialversicherung. Das ist vollkommen unmöglich und letztlich sogar skrupellos.«[72]

Ich treffe Professor Bernd Raffelhüschen im Hotel ›Hyatt Regency‹ in Düsseldorf. Dort hält er einen Vortrag im Rahmen der »GoFuture Sales Tour 2012« der Gothaer Versicherung. Es ist eine Informations- und Motivationsveranstaltung für Makler. Bernd Raffelhüschen begrüßt mich nach dem Soundcheck und gibt sich wie ein Gastgeber: »Nehmen Sie sich doch ein Getränk«, ermuntert er mich. Wir bahnen uns den Weg zwischen den über 100 geladenen Versicherungsmaklern, die sich an Stehtischen mit kleinen Häppchen stärken, und finden eine ruhige Nische in der am Mittag noch wenig besuchten Bar.

Ich starte mein Aufnahmegerät. Raffelhüschen erklärt mir gut gelaunt, weshalb Riester-Renten für die meisten Geringverdiener ungeeignet sind und weshalb es seiner Meinung nach falsch ist, dass die Versicherungen die Kundengelder überwiegend in Staatspapiere investieren. Schon deutlich widerwilliger erläutert er, weshalb er sich für die Initiative Neue Soziale Marktwirtschaft engagiert. Noch einsilbiger wird er, als ich ihn auf seine Nebenverdienste durch Vorträge wie auf der »GoFuture Sales Tour« anspreche, die ihn 2012 nach Hamburg, Berlin, Stuttgart, Frankfurt, Nörten-Hardenberg, Ingolstadt und eben Düsseldorf führen. Raffelhüschen verteidigt sich: »Wenn ich einen Auftrag bekomme, dann mache ich eine Nebentätigkeitsgenehmigung, und dann versuche ich das Geld zu kriegen, um meine Hypotheken loszuwerden.« Das sei regulär angemeldet und genehmigt bei der Uni Freiburg, also alles korrekt. Und wie viel bringt ihm so ein Vortrag ein? »Das kommt drauf an, wenn ich das für die evangelische Kirche mache, dann null«, erklärt er, und es scheint, als gewinne er langsam wieder Oberwasser.[73]

Zurück zu den Altersvorsorgeprodukten und ihren Anbietern, für die er mit seinem launigen Vortrag (»Biometrische Megatrends – eine Tour d'Horizon«) gleich die Werbetrommel rühren wird. Ich frage Raffelhüschen, ob das Geschäftsmodell der privaten Rentenversicherungen überhaupt noch seriös funktioniere. Nur weil eine Vielzahl von Kunden vorzeitig kündige, halte ich ihm vor, könnten einige wenige Kunden noch korrekt bedient werden. Was sagt er zu den hohen Stornoquoten? »Ich habe keine Ahnung. Für Finanzprodukte bin ich nicht der Ansprechpartner. Ich habe keinen Schimmer von solchen Sachen … Wie die Stornoquoten sind, das ist nicht mein Feld.«[74] *Als Finanzwissenschaftler habe er sich mit solchen Details noch nie beschäftigt, da müsse ich andere fragen.*

Doch dann muss der Professor hurtig los. Die Makler der Gothaer warten. Viele von ihnen sind extra wegen Raffelhüschen gekommen. In der Einladung ist zu lesen: »Biometrische Risiken sind in Zukunft einer der stärksten Wachstumstreiber der Versicherungswirtschaft. Doch wie nutzen Sie diesen Megatrend für Ihr eigenes Geschäft? Die

›GoFuture Sales Tour 2012‹ gibt Ihnen in kurzer Zeit eine Vielzahl relevanter Antworten.« Raffelhüschens Vortrag kam übrigens gut an: Veranstalter wie Zuhörer waren begeistert.

Diebstahl mit Sterbetafeln: Warum die Renten so schmal ausfallen

Das große Versprechen der privaten Rentenversicherung lautet: lebenslange Rentenzahlung, egal wie alt man wird. Das veranlasst die Versicherungsmanager immer wieder zu der stolzen Behauptung, nur Privatrenten könnten – und jetzt wird es nebulös – das ›biometrische Risiko‹ absichern. Der ERGO-Vorstand Dr. Johannes Lörper drückte es uns gegenüber plakativer aus: »Ich sichere das ›Risiko‹ ab, dass ich lange lebe. Ich will eben nicht, dass meine Ersparnisse verbraucht sind, bevor ich sterbe. Versicherte, die kürzer leben als der Durchschnitt, machen mit der Rentenversicherung natürlich ein schlechtes Geschäft.«[75] Das ist die Kundenperspektive. Aus Sicht der Versicherung stellt sich das Problem so dar: Die Kunden dürfen im Schnitt nicht älter werden, als es die Tarifstrategen der Versicherung vorgesehen haben. Denn auch die Versicherung will natürlich nicht, dass die zurückgelegten Gelder vorzeitig ausgehen. Das wäre der Super-GAU. Und um den zu verhindern, haben sich die Versicherungsmathematiker, auch Aktuare genannt, ein raffiniertes System ausgedacht: spezielle »Sterbetafeln« für die verschiedenen Versicherungsprodukte. Eine »Sterbetafel«, das ist nicht etwa eine Art Grabstein, sondern eine Tabelle, in der die Deutsche Aktuarvereinigung (DAV) festlegt, mit welchen Lebenserwartungen die Versicherer ihre Tarife kalkulieren sollen.

Wie kommt die DAV zu ihren Zahlen? Sie könnte natürlich näherungsweise auf das Zahlenwerk des Statistischen Bundesamtes zurückgreifen. Die staatlichen Statistiker rechnen mit stark steigenden Lebenserwartungen und prognostizieren, dass ein heute 35-jähriger Mann ein Lebensalter von 83,6 Jahren erreicht. Eine gleichaltrige Frau soll sogar im Schnitt 88,1 Jahre alt werden. Doch mit diesen Zahlen rechnen die Versicherer nicht. Sie befürchten, dass ihre Kunden am Ende sogar noch älter werden. Also packen sie gewaltige Sicherheitsmargen auf die Werte der offiziellen Statistik drauf. Statt mit 83,6 Jahren kalkulieren sie den Mann mit 93,7 Jahren. Die Frau kalkulieren sie mit 97,8 Jahren statt mit 88,1 Jahren. Also jeweils fast zehn Jahre mehr, als die Bundesbehörde annimmt. Konsequenz: Da das zuvor angesparte Geld über einen längeren Zeitraum verteilt wird, fallen die Renten deutlich niedriger aus.

Natürlich wissen auch die Aktuare, dass ihre Kunden im Schnitt nicht so alt werden. Vermutlich werden sie weit früher sterben, als es in den DAV-Tabellen steht. Die höheren Werte sind vordergründig eine reine Sicherheitsmaßnahme. Mit den DAV-Zahlen zu kalkulieren bedeutet: Selbst wenn die Versicherten im Schnitt zehn Jahre älter werden als das Statistische Bundesamt heute annimmt, hat die Versicherung noch immer »auskömmlich« kalkuliert, macht also keine Verluste. Sterben die Kunden jedoch früher, fallen erhebliche Sterblichkeitsgewinne an.

Wir treffen den Vorstand einer deutschen Lebensversicherung zu einem Hintergrundgespräch und fragen ihn: Ist eine Rentenversicherung aus Sicht der Versicherung etwa nichts anderes als eine Wette auf ein möglichst kurzes Leben der Versicherten? Die verblüffende Antwort: »Ja, selbstverständlich. Das lange Leben ist unser Risiko, das hört sich jetzt etwas fatal an, dass die Kunden zu lange leben. Und wenn die Kunden kürzer leben, ist das unser Ertrag, aber das ist im Grunde der Versicherungsgedanke.« Autorisieren will der Versicherungsvorstand diese Aussage nicht. Doch der dargelegte »Versicherungsgedanke« scheint extrem lukrativ. Von 2002 bis 2010 hat die Branche Sterblichkeitsgewinne in Höhe von rund 31 Milliarden Euro erzielt.[76] Von den Risikogewinnen dürfen die Versicherungen ganz legal ein Viertel behalten. Der Großteil jedoch, so betonen die Versicherer gerne, fließe in Form der Überschussbeteiligung zurück an die Kunden. Doch Fakt ist: Niemand kann überprüfen, wie viel der Sterblichkeitsgewinne tatsächlich den einzelnen Kundengruppen zugeteilt wird. Durch Bilanztricks ist es ganz legal möglich, Versicherten diese Gelder vorzuenthalten.[77] »Also ich habe den Verdacht«, äußert Kerstin Becker-Eiselen von der Verbraucherzentrale Hamburg, »dass diese Gewinne weniger den Kunden als den Versicherungsunternehmen nutzen. Die Sterblichkeitsgewinne müssten ja eigentlich den überlebenden älteren Versicherten zugutekommen. Das kann ich aber in der Praxis nicht erkennen. Ich höre immer nur von gekürzten Überschussbeteiligungen.«[78]

So ergeben sich für die Versicherten gravierende Nachteile: Die Kalkulation mit einem laut DAV-Tafeln besonders hohen Lebensalter drückt die Garantierente der Versicherten enorm. Beispiel: Ein 35-jähriger Mann, der monatlich 100 Euro einzahlt, bekommt ab Alter 67 nur eine Garantierente von 169,92 Euro zugesichert. Würde mit den Annahmen des Statistischen Bundesamts kalkuliert, könnte die Rente bei 225,29 Euro liegen. Immerhin ein Plus von 33 Prozent. Doch die Versicherer rechnen lieber mit ihren selbstgestrickten Annahmen.[79]

Und die gehen in Einzelfällen noch weit über die bisher genannten Sicherheitsmargen hinaus. So rechnen einige Versicherer in Tarifen für fondsgebundene Versicherungen mit noch geringeren Sterblichkeiten, als es die DAV-Standardtafel vorsieht. Ein großer Versicherer behält sich sogar vor, mit nur 50 Prozent der DAV-Tafel zu rechnen. Die abstruse Folge dieses Kniffs: Ein heute 35-jähriger Mann soll kalkulatorisch im Schnitt 102,3 Jahre alt werden. Eine gleichaltrige Frau gar 106,2 Jahre.[80] Die spätere Rente sinkt dadurch vermutlich ins Bodenlose. Doch das fällt bei Vertragsabschluss nicht auf, weil bei fondsgebundenen Rentenprodukten keine Garantierente genannt werden muss.[81]

Fazit: Versicherungen treffen die Annahmen über die voraussichtliche Lebenserwartung ihrer Kunden immer so, dass sie selbst ein minimales Risiko haben und am Ende Überschüsse erwirtschaften. Das zeigt auch der Blick auf andere Versicherungsarten. Bei Risikolebensversicherungen und Kapitallebensversicherungen sehen die Sterbetafeln plötzlich ganz anders aus: Dann kalkulieren die Versicherer mit einem deutlich früheren Ableben ihrer Kunden. Logisch, denn bei diesen Versicherungen ist nicht das lange Leben das Risiko, sondern der frühe Tod. Dann wird die Versicherungssumme fällig. Kalkulatorisch soll in einem Risikotarif der Versicherte rund 15 bis 20 Jahre eher sterben als in einem Privatrententarif. Wenn der Kunde in der Realität dann doch nicht so früh stirbt, ist auch das gut für die Versicherung: Dann kassiert sie wieder Sterblichkeitsgewinne.

Magere Zinsen: Wie Gewinne den Kunden vorenthalten werden

»Liebe Versicherung, eigentlich ist es doch ganz einfach. Ich will nur wissen, was das Richtige für mich ist und nicht das Beste für Euch.«[82] So der Text von Schauspieler Samuel Finzi in einem Werbespot aus einer millionenschweren Kampagne des ERGO-Konzerns.[83] Das Richtige für sich wollte auch Werner Weicht aus Nürnberg. Er besitzt einen Vertrag von ERGO Direkt, jener Tochter des ERGO-Konzerns, die ohne teuren Außendienst arbeitet und deshalb, so hoffte Weicht, am Ende besonders viel auszahlt. Von wegen! Nach 18 Jahren Laufzeit wird voraussichtlich weniger ausgezahlt, als er zuvor an Beiträgen reingesteckt hat. Offenbar war es doch wieder mal das Beste für die Versicherung und nicht das Richtige für ihn, klagt Weicht: »Ich fühle mich hilflos den Machenschaften der Versicherung ausgeliefert.« Und tatsächlich, wenn am 1. 7. 2016 seine Lebensversicherung fällig wird, hat

Werner Weicht insgesamt 9940 Euro eingezahlt. Herauskommen sollen, so die aktuelle Prognose von ERGO Direkt, aber nur 9550,76 Euro.[84] Fast 400 Euro weniger, von Zinsen keine Spur! Verstehen können Kunden wie Werner Weicht eine solche »Geldvernichtung« nicht, auch wenn ein weiterer Slogan aus der ERGO-Kampagne griffig verspricht: »Versichern heißt verstehen!«[85] Für die meisten Kunden bleiben Renten- und Lebensversicherungen auch weiterhin eine Art »Blackbox«. Sie zahlen Jahre oder gar Jahrzehnte ein und haben in der Regel keine Ahnung, was mit ihrem Geld passiert. Kein Wunder: Das wissen vermutlich auch die meisten Mitarbeiter einer Versicherung nicht. Es ist nur einem sehr kleinen Kreis von Aktuaren, also spezialisierten Versicherungsmathematikern, vorbehalten, die Tarife zu stricken, die Kalkulationsgrundlagen festzulegen und später die Gelder auf einzelne Versichertengruppen zu verteilen. Ob dabei alles mit rechten Dingen zugeht, können Außenstehende so gut wie nicht nachprüfen, kritisiert Professor Michael Adams von der Universität Hamburg: »Erstens verstehen sie die komplizierten Vorgänge nicht und zweitens kommen sie ja an die Daten der Versicherung gar nicht heran. So sind die meisten Kunden auf Gedeih und Verderb ihrem Versicherer ausgeliefert. Ihnen bleibt nur Vertrauen.«[86]

Das noch am leichtesten zu knackende Geheimnis ist der »Sparanteil«. Denn was ein Kunde einzahlt, wird ihm keineswegs 1:1 gutgeschrieben. Abgezogen werden zunächst die Abschluss- und Vertriebskosten, außerdem die allgemeinen Verwaltungskosten. Dazu kommen noch die Kosten für den Risikoschutz, also für jene Leistungen, die im Todesfall fällig werden. Bei einer Rentenversicherung ist das in der Regel die Summe der eingezahlten Beiträge. Bei einer Kapitallebensversicherung, wie sie Werner Weicht abgeschlossen hatte, ist es die Versicherungssumme. Für Weicht ist der Risikoschutz besonders teuer, denn er war bei Vertragsschluss schon 59 Jahre alt, und es wurde auf eine Gesundheitsprüfung verzichtet. Je älter der Kunde, desto teurer der Vertrag. Das haben die Aktuare so festgelegt.

Für Werner Weicht heißt das: Der Kostenanteil in seinem Vertrag liegt bei etwa 40 Prozent. Der Sparanteil beträgt demnach nur rund 60 Prozent.[87] Nur so viel wird von seinen Beiträgen tatsächlich verzinst. Doch das hat Werner Weicht bei Vertragsschluss nicht gewusst: »Von wegen Garantiezins, Gewinnbeteiligung und Treuebonus, was sie einem alles versprochen haben. Und jetzt kommt weniger raus, als ich einbezahlt habe. Das kann nicht sein und das darf nicht sein.« Da liegt er falsch. Es gibt keine gesetzliche Vorgabe, dass ein Versicherer mindestens so viel auszahlen muss, wie er zuvor eingenommen hat.

Und bei der Verzinsung hat Weicht sogar noch Glück. Er hat seinen Vertrag 1998 abgeschlossen, damals galt ein Garantiezins von vier Prozent – aber eben nur auf seinen Sparanteil. Doch zu der Garantieleistung kommt ja noch – so versprechen es die Versicherer – die Gewinnbeteiligung. Deren Höhe ist zwar nicht sicher, doch in der voraussichtlichen Ablaufleistung, die der Kunde bei Vertragsschluss erfährt, ist sie stets mit eingerechnet. Erst die Gewinnbeteiligung macht aus dem »Langweiler-Produkt« Lebensversicherung in den Beispielrechnungen eine lukrative Altersvorsorge. So hatte es auch Weicht verstanden, als man ihm inklusive Gewinnbeteiligung eine Auszahlung von umgerechnet 13 293,54 Euro in Aussicht stellte. Schön wär's.

Doch wo ist Weichts Gewinnbeteiligung geblieben? Sie schmilzt derzeit wie Eis in der Sonne. Ob er am Ende aus diesem Topf überhaupt etwas bekommt, ist ungewiss.

Tatsächlich steht Werner Weicht in der Frage der Überschussbeteiligung wie Millionen andere Kunden vor einem Rätsel. Dabei sollte eigentlich alles klar sein. Seit dem 12. April 2008 gilt die sogenannte »Mindestzuführungsverordnung«[88]. Die legt fest, wie viel Prozent von den Zins-, Risiko- und Kostengewinnen den Kunden zustehen und wie viel der Versicherer legal behalten darf.

Der einzelne Kunde hat davon jedoch erst mal nichts. Denn es reicht vollkommen aus, wenn die Gewinne in dem Topf für Beitragsrückerstattung (RfB) landen. Hier können sie jahrelang schmoren, bevor sie ausgeschüttet werden. Auf eine verursachungsgerechte und zeitnahe Zuteilung hat der Kunde keinen Anspruch. »Die Unternehmen haben hier einen riesigen Topf mit Spielgeld. Sie legen das Geld an und können die Zinsen zu 100 Prozent einstreichen, obwohl das eigentlich das Geld der Versicherten ist«, kritisiert Axel Kleinlein vom Bund der Versicherten. Und Kleinlein kennt sich aus, denn er ist gelernter Aktuar. Er fordert: »Die Kunden müssen endlich einen einklagbaren Anspruch bekommen. Derzeit haben die Aktuare in der Zuteilung einen relativ breiten unternehmenspolitischen Spielraum. Und der Einzelne wartet oft bis zum Sankt Nimmerleinstag.«[89]

Die Allianz AG, Deutschlands größter Versicherer, hat sich bei der Geldzuteilung an die Kunden einen anderen Trick einfallen lassen. In den klassischen Riester-Policen der Allianz haben die Versicherten einen vertraglichen Anspruch auf eine Beteiligung an den Kostengewinnen. Das ist gut, denn der Bund der Versicherten schätzt, dass sich dadurch das für die Rente bereitstehende Sparkapital um rund 3500 Euro erhöhen könnte.[90] Schlecht ist jedoch, dass die, die hierauf besonders angewiesen sind, davon vermutlich nichts bekommen werden: Geringverdiener, Kinderreiche und Ältere. Der Allianz-Trick: In den Genuss der Kostengewinne kommen nur jene, die allein durch ihre Eigenbeiträge ein Garantiekapital von 40 000 Euro erreichen. Die staatlichen Zulagen fallen bei dieser Berechnung unter den Tisch. Bund der Versicherten-Vorstand Axel Kleinlein: »Die Ärmeren und Familien mit Kindern haben dadurch praktisch keine Chance, an die Kostenüberschüsse ranzukommen. Den Reichen packt die Allianz hingegen noch Geld obendrauf. Ein sozialpolitischer Skandal erster Güte.«[91]

Die Allianz weist diese Kritik als »für uns in keiner Weise nachvollziehbar und unzutreffend« zurück. Nach den gesetzlichen Anforderungen habe die Beteiligung an Kostenüberschüssen nach einem »verursachungsorientierten Verfahren« zu erfolgen. Verträge mit unterdurchschnittlichen Beiträgen trügen nicht zu den Kostenüberschüssen bei. Erst ab einem Garantiekapital von 40 000 Euro sei keine »unterdurchschnittliche Beitragszahlung« mehr gegeben.[92] Eine schlüssige Erklärung dafür, dass überhaupt nur bei Verträgen mit hohen Beiträgen Kostengewinne anfallen, bleibt die Allianz schuldig.

Und dann gibt es noch zwei Fallbeile, die die Kunden ganz zum Schluss der Ansparphase treffen können: der sogenannte Schlussüberschuss und die Beteiligung an den Bewertungsreserven.[93] Beide werden in allen Prognosen zur voraussichtlichen Rentenhöhe bzw. der Ablaufleistung stets mit eingerechnet und können durchaus 20 Prozent der Auszahlungen ausmachen. Dumm nur, dass diese beiden Positionen vollkommen ungewiss sind. Auch die Angaben in der jährlichen Standmitteilung zur voraussichtlichen Ablaufleistung sind damit vollkommen unverbindlich. Schlussüberschuss und Bewertungsreserven können theoretisch noch im letzten Jahr auf null reduziert werden.

Resignierend stellt der Professor für Wirtschaftsrecht Michael Adams fest: »Das Verwunderlichste an der Sache ist eigentlich, dass am Ende überhaupt was dabei herauskommt.«[94] Doch es ist eben in fast allen Fällen deutlich weniger als vom Versicherer versprochen. Der Branchendienst map-report bestätigte dies 2012 in seiner verblüffenden Analyse »Beispielrechnungen im Langfristvergleich«.[95] Verglichen wurden darin über viele Jahre die versprochenen Leistungen mit den Auszahlungen, wie sie von den Versicherern gemeldet wurden. Bei insgesamt 214 Vergleichen lag die tatsächliche Leistung nur zweimal knapp höher als die Prognose. Einmal schaffte der Versicherer angeblich exakt seine Vorhersage. Und in 211 Fällen lagen die Auszahlungen meist recht deutlich unter der Prognose. Im Extremfall um bis zu 32 Prozent.

Um es noch einmal deutlich zu sagen: Alle Werte stammen von den Versicherungen selbst. Es steht zu befürchten, dass ein empirischer Vergleich mit realen Auszahlungsbeträgen noch erschütternder ausfiele.

Zurück zu Werner Weicht. Der bekommt nach jetzigem Stand 3743 Euro weniger als in Aussicht gestellt. Und es kann sogar noch weniger werden, wenn die Gewinnbeteiligung in den verbleibenden vier Jahren weiter gekürzt wird. Derweil erinnert er sich an einen weiteren Spot aus der ERGO-Werbung. Ein Mann geht dynamisch auf der Kaimauer eines Hafens entlang und erzürnt sich über die unverständlichen Garantieversprechungen der Versicherer. Am Schluss fordert er: »Ich will mal 'ne Garantie dafür, dass ich verstehen kann, wofür ich überhaupt zahle.«[96]

ERGO Direkt bestätigt auf Nachfrage die genannten Zahlen: »Wir bedauern ebenso wie Herr Weicht, dass wir ihm am Laufzeitende seines Vertrages voraussichtlich weniger auszahlen können als er eingezahlt hat.«[97] Der Versicherer bestreitet jedoch, dass diese Entwicklung für Werner Weicht vollkommen unerwartet kommt. Sowohl die garantierte Versicherungssumme als auch der vereinbarte Beitrag seien schriftlich ausgewiesen worden. Bereits im Antrag habe man ihn darauf hingewiesen, dass die Ablaufleistung auch deutlich niedriger ausfallen könne als geplant.[98] Selbst mit einem Verlustgeschäft habe Weicht rechnen müssen. Er hätte bei Vertragsschluss erkennen können, dass die Summe seiner Einzahlungen die garantierte Versicherungssumme übersteigt. Dies gehe auch aus der beigefügten »Garantiewerttabelle« hervor – so ERGO Direkt.

All das trifft zu. Doch ganz so deutlich war die Verlustwarnung nicht. Denn um die traurige Wahrheit zu erfahren, hätte sich Werner Weicht die Mühe machen müssen, die Beitragsleistungen von 18 Jahren aufzuaddieren und mit der Versicherungssumme zu vergleichen. Die exorbitante Kostenbelastung wird nirgends aufgeführt. Dafür wurde er umso deutlicher mit offenbar überzogenen Gewinnaussichten gelockt. Im Fokus steht bei Vertragsschluss die nicht garantierte voraussichtliche Ablaufleistung. Die war im Begrüßungsschreiben des Versicherers deutlich im Fettdruck hervorgehoben. Und sie lag um 52 Prozent über der garantierten Versicherungssumme. Auch hier galt wohl: Alles fauler Zauber.

Die neuen Bestseller: »Mit allen Schikanen«

Rente gegen Einmalbeitrag – bis zum bitteren Ende

Irgendwann glaubt der Rentner Ernst Grünewald,[1] sich nicht mehr anders helfen zu können als mit einem Brandbrief an den Westdeutschen Rundfunk. Es war im Mai 2008. Verzweifelt beschreibt er, wie seine vermeintlich superrentable Altersvorsorge den Bach runtergeht. Er fühlt sich »arg betrogen« und kann es nicht glauben, dass nahezu keine der Versprechungen der Versicherung eingehalten wird. Der Sender legt uns den Fall »zur Einschätzung« vor. Wir besuchen den Rentner, der bescheiden an der Grenze zwischen Bergischem Land und Sauerland lebt. Tatsächlich fragen auch wir uns anschließend: Darf man Menschen, die nichts als eine gute Absicherung für das Alter wollen, so hinters Licht führen?

Eigentlich ist Ernst Grünewald immer auf Nummer sicher gegangen. Er ist Westfale, und die neigen bekanntlich nicht zu riskanten Geldgeschäften. Grünewald ist überzeugt, dass es sich um eine lukrative und sichere Form der Altersvorsorge handelt, als er 200 000 Euro in eine Rentenversicherung gegen Einmalbeitrag einzahlt. Viele andere Kunden sehen das offenbar genauso. Denn die Rente gegen Einmalbeitrag wurde in den vergangenen Jahren zu einem Bestseller: Über eine Million Verträge werden jährlich abgeschlossen. Den Versicherern bringt das Einnahmen von über 20 Milliarden Euro.[2] Und so funktioniert das neue Lieblingsprodukt der deutschen Lebensversicherer: Der Kunde zahlt einen relativ hohen Betrag auf einen Schlag ein und erhält dafür im Gegenzug eine lebenslange Rente. Die Versicherungen werben mit attraktiven Zinsen und hohen Auszahlungen. Was sie nicht sagen: Auf solche Vorhersagen kann man sich nicht verlassen.

Bereits vorher war für Ernst Grünewald nicht immer alles glattgegangen. Wegen gesundheitlicher Probleme muss er mit 55 in Frührente gehen. Finanziell ein herber Rückschlag. Aber dann hat Ernst Grünewald Glück im Unglück: Im Frühjahr 2002 macht er eine Erbschaft über 200 000 Euro! Für den Westfalen Grünewald ist klar: Da wird kein Cent verprasst, das soll der Grundstock für die Aufbesserung seiner Mini-Rente sein.

Doch wie soll er das Geld anlegen? Spekulative Anlagen in Aktien kommen nicht in Frage. Die geplatzte New-Economy-Blase hatte ihm um die Jahrtausendwende vor Augen geführt, wie schnell Geld verbrannt werden kann. Er will eine sichere Anlage und dennoch ordentliche Zinsen. Der naheliegende Weg führt ihn dahin, wo er sein Girokonto hat, zur Sparkasse. Sein langjähriger Sparkassenberater macht ihm einen überraschenden Vorschlag: »Wie wär's, wenn Sie das Geld per Einmalbeitrag in eine private Rentenversicherung packen?« »Rente gegen Einmalbeitrag?«, reagiert Ernst Grünewald verdutzt, denn davon hat er noch nie gehört. Noch mehr wundert er sich aber, dass er auf Ratschlag der Sparkasse das Geld nicht dort anlegen, sondern eine Versicherung abschließen soll. »Das mit der Rentenversicherung ist viel besser als alles, was wir Ihnen bieten können«, bekräftigt der Banker, »supersicher, extrem renditestark und fast steuerfrei«.

Und der Sparkassenmann hat auch schon eine Empfehlung parat: die Victoria Lebensversicherung, damals immerhin die Nummer 6 am deutschen Markt.[3] Ein gewinnbringender Tipp, jedenfalls für die Sparkasse: Lebensversicherer schütten für die Vermittlung eines solchen Vertrages rund 10 000 Euro aus.

Aber auch für das Versicherungsunternehmen ist eine Rentenversicherung gegen Einmalbeitrag sehr lukrativ. Es bekommt quasi auf dem Silbertablett nicht selten mehrere Hunderttausend

Euro geliefert. Kein aufwendiges Klinkenputzen, kein jahrzehntelanges Geldeinsammeln – ein Vertrag »deluxe«. Ökonomisch sind diese Verträge für die Lebensversicherungsbranche gerade in den Zeiten der Finanzkrise ein wahrer Heilsbringer. Allein im Jahr 2011 konnten dadurch Einnahmen von 21,8 Milliarden Euro hereingeholt werden.[4]

Auch für Ernst Grünewald sieht alles blendend aus: Sein Sparkassenberater präsentiert ihm noch einige Alternativangebote, doch die Victoria liefert eindeutig die besten Zahlen.

Losgehen soll es nach einer dreijährigen Wartezeit mit 1447,81 Euro monatlich – und dann jährlich steigen. Nach zehn Jahren auf 1583,46 Euro, nach 20 Jahren auf 1749,12 Euro und nach 40 Jahren gar auf 2134,25 Euro.[5] Solche Zahlen beeindrucken potenzielle Kunden.

Trotzdem ist Ernst Grünewald zunächst unentschlossen: Kann er der Victoria trauen? Beim nächsten Besuch in der Sparkasse drückt ihm sein Berater einen Prospekt in die Hand. Zu sehen ist die Victoria-Firmenzentrale in Düsseldorf, ein 26-stöckiger, zylindrischen Glaspalast mit einer gigantischen Kompassnadel auf dem Dach vor stahlblauem Himmel. Ein Bild der Stärke.[6] Bezeugt wird diese Stärke durch Qualitätssiegel von zwei der weltweit führenden Ratingunternehmen: »Moodys« und »Standard & Poor's«. Direkt neben dem Victoria-Glasturm abgedruckt, eine Liste der wichtigsten deutschen Versicherer. Ganz oben: die Victoria Lebensversicherung AG. Bewertung: »AAA«. Besser geht's nicht. »Trippel Äii«, erklärt der Sparkassenmann und senkt dabei seine Stimme, als verrate er Grünewald ein Geheimnis, das bedeute »extrem starke Finanzkraft«. Diese Erläuterung findet Ernst Grünewald später tatsächlich auch in der Fußnote der Hitliste, genauso wie den Hinweis, dass 40 Versicherungen verglichen wurden. Nur eine weitere schaffte noch die Bestnote »AAA« – alle anderen waren schlechter.[7] Und Grünewald liest auch, was das aus Sicht der Victoria bedeutet: »Kunden der Victoria können sich also darauf verlassen, dass das Unternehmen langfristig erfolgreich am Markt arbeiten und Leistungsversprechen immer einlösen wird.« Auch in schlechten Zeiten: »Selbst in Zeiten niedriger Zinsen hat die Victoria mit Hilfe ihrer umfangreichen Reserven die Möglichkeit, auch über einen längeren Zeitraum die Überschüsse für die Kunden stabil zu halten.«[8] Und für das Krisenjahr 2002 – gerade waren die Aktienmärkte das zweite Mal kollabiert – scheint das sogar zu stimmen: Die Victoria verzinst das Geld ihrer Versicherten mit einem Spitzenwert von 7,05 Prozent.[9] Das überzeugt Ernst Grünewald. Er unterschreibt in seiner Sparkassenfiliale den Versicherungsvertrag. 200 000 Euro fließen von seinem Konto auf das Konto der Victoria Lebensversicherung.

Was Ernst Grünewald nicht wissen konnte: Um die Finanzkraft der Victoria stand es schon damals nicht zum Besten. Die Versicherung, die ihm 2002 7,05 Prozent Zinsen gutschreiben wollte, erwirtschaftete tatsächlich nur 5,2 Prozent und stürzte ein Jahr später gar auf 2,7 Prozent ab.[10] Das konnte nicht gutgehen. Die normalen Versicherungskunden erfuhren davon nichts – sie wurden mit offenkundig fragwürdigen Ratingurteilen über die tatsächliche Finanzschwäche der Victoria hinweggetäuscht. Ernst Grünewald tappte in die Falle. Und mit ihm Zehntausende weitere ahnungslose Kunden, die der Victoria große Geldbeträge anvertrauten. »Man hat diese Leute quasi ins offene Messer laufen lassen«, stellte der damalige Finanzexperte der Verbraucherzentralen Arno Gottschalk fest, »denn es war meines Erachtens schon 2002 klar, dass die Voraussagen nicht mehr haltbar waren.«[11] Wenn das zutrifft, dann wurden Grünewald und tausende andere Kunden quasi bis zur letzten Sekunde mit unrealistischen Prognosen geködert.

Gut für die Victoria. Dank des florierenden Einmalbeitragsgeschäftes, in das die Victoria als einer der ersten Versicherer kräftig einstieg, holte sie in den Jahren 2001 bis 2003 Milliardenbeträge herein und steigerte ihren Marktanteil kräftig.[12] Wie vorhergesagt, verzinsen konnte sie die Gelder aber nicht. Das merkte Ernst Grünewald, als es nach drei Jahren Wartezeit mit seiner Rente endlich losgehen sollte. Da flatterte ihm ein freundliches Schreiben der Victoria ins Haus: »Über Jahre haben Sie bei der Victoria Ihre Private Rente aufgebaut. Am 1. 7. 2005 ist das Ziel erreicht.« Und die Victoria teilt auch mit, was sie ab diesem Datum zahlen will: 1086,66 Euro monatlich. Vorgerechnet hatte man ihm deutlich über 1400 Euro. »Das muss ein Irrtum sein«, war der Rentner überzeugt. Und ein Irrtum war es tatsächlich. Aber nicht so, wie Grünewald gedacht hatte. Denn die Versicherung hatte sich – wie sie später einräumen sollte – zunächst angeblich sogar zu seinen Gunsten verrechnet. In Wahrheit sollten ihm zu Rentenbeginn sogar nur 996,42 Euro zustehen. Die Absenkung auf diesen kümmerlichen Wert holte die Victoria dann ein Jahr später nach. Begründet wurde die niedrige Rentenzahlung von der Victoria mit den anhaltend niedrigen Kapitalmarktzinsen, aber vor allem mit der spürbar gestiegenen Lebenserwartung.[13] Und die Berücksichtigung von längerer Lebenserwartung bedeute eben geringere Renten. Für Ernst Grünewald klingt das einfach nur bitter. Schließlich ist der herzkranke Frührentner alles andere als sicher, dass ausgerechnet er besonders alt wird: »Ich finde das unmöglich, was die Victoria mit mir macht.«

Verbraucherschützer Arno Gottschalk hielt das für eine »besonders dreiste Art«, mit fragwürdigen Prognosen bis zur letzten Sekunde Geschäft hereinzuholen: »Ich denke mal, dass die Versicherer auch damals schon wussten, dass sie dabei sind, die Sterbetafeln zu bearbeiten, was ja dann auch dazu geführt hat, dass die Rente gesenkt wird. Das wusste man alles, und damit hätte man auch wissen können, dass man die Zahlen, die man dort in den Raum gestellt hat, auf gar keinen Fall erreichen würde. Ich sehe es so, dass man drauf gegangen ist, Kunden zu suchen nach dem Motto: Was wir noch kriegen können, nehmen wir mit. Was hinterher kommt, da zucken wir mit der Schulter.«[14] Mit diesem Vorwurf konfrontiert, zeigte sich die Victoria schuld- und ahnungslos: »Zum Zeitpunkt der Angebotserstellung im Juni 2002 war noch nicht absehbar, dass in den Folgejahren die Gewinnbeteiligung abgesenkt werden musste.«[15] Das ist vornehm ausgedrückt, denn Grünewald bekommt keine abgesenkte, sondern gar keine Gewinnbeteiligung.

Die 996,42 Euro sind exakt der Betrag, den die Victoria vertragsgemäß mindestens zahlen muss. Weniger Rente geht nicht.[16] »Ich fühle mich schlicht betrogen«, klagt heute ein restlos enttäuschter Ernst Grünewald. Sauer ist er vor allem, weil er sich vor Vertragsschluss wirklich alle Mühe gegeben hatte und nicht leichtfertig in den Vertrag hineinschlitterte. Er hat Vergleiche eingeholt, Tests und Ranglisten studiert, und da stand die Victoria bestens da. Auch seine Unterlagen hat er alle penibel gelesen. Und da war er tatsächlich über den Hinweis gestolpert, dass die in Aussicht gestellten Gewinnanteile nicht garantiert seien und sowohl höher als auch niedriger ausfallen könnten. Beunruhigt rief er in der Victoria-Zentrale an, wollte wissen, was das denn für ihn bedeuten würde.

»Da hat man mir gesagt, das könne um ein paar Euro schwanken, aber ich soll mir keine Sorgen machen«, erinnert sich der Rentner, »im schlimmsten Falle könne die Rente vielleicht mal um 50 Euro monatlich sinken.« Nun, in Wahrheit ist es das Zehnfache geworden. Und er steht damit nicht allein. Immer mehr Privatrentner landen – zunächst mit attraktiven Zinsen geködert – nach ein paar Jahren bei der vertraglichen Garantierente. Ist das überhaupt zulässig?

»Leider ja«, stellt der Versicherungsmathematiker Axel Kleinlein klar, »tatsächlich kann ein Unternehmen ganz legal seine Gewinnbeteiligung auf null fahren. Dann gibt es nur den Garantiezins, also das absolute Minimum.«[17] Verrückt, aber wahr: Eine Versicherung darf Kunden mit utopischen Prognosen locken. Und daran ist sie nur im Jahr des Vertragsabschlusses gebunden.

»Dann beginnt das Spiel neu«, so Axel Kleinlein, »was dann passiert, kann der Kunde weder durchblicken noch nachprüfen, das ist eine Art Blackbox.«

Kleinlein hat für uns den Fall Grünewald geprüft. Sein Ergebnis: Die Victoria hat aufgrund einer misslungenen Anlagestrategie jahrelang so wenig erwirtschaftet, dass tatsächlich nicht viel zu verteilen war. Ein paar Jahre lang konnte sie das durch Auflösung ihrer Rücklagen noch kaschieren, sogar besonders hohe Zinsen prognostizieren und damit Kunden locken. »Nicht die feine Art, aber eben nicht verboten«, urteilt Experte Kleinlein.

Und auch nicht ungewöhnlich: Immer wieder werden ehemalige Testsieger zu Wackelkandidaten, und die Rating-Prädikate sind oft nicht das Papier wert, auf dem sie veröffentlicht werden. Denn teuer bezahlt werden die Ratings von den Versicherungen, die hinterher damit werben wollen. Und veröffentlicht wird eben nur, was dem Auftraggeber nutzt.

Pech für Ernst Grünewald. Er hängt am Tropf der Victoria und ist ihr auf Gedeih und Verderb ausgeliefert. Er kann sich den Restwert seiner privaten Rentenversicherung bei der Victoria nicht auszahlen lassen.[18]

Und die Victoria? Die ist seit Jahren auf dem absteigenden Ast. Die Konzernmutter ERGO hat beschlossen, unter dem Namen Victoria keine Lebens- und Rentenversicherungen mehr zu verkaufen.

Sieben Jahre nach Rentenbeginn bekommt Ernst Grünewald noch immer 996,42 Euro monatlich. Auch unsere TV-Berichterstattung in »markt« und »plusminus« hat den ERGO-Konzern nicht bewegen können, ihm eine Gewinnbeteiligung zu zahlen. Weder der Versicherungsombudsmann noch ein von Grünewald eingeschalteter Anwalt sahen eine Chance, die Versicherung zu zwingen, ihre großspurigen Ankündigungen tatsächlich einzuhalten. Das sei nur in Fällen möglich, in denen ein Versicherer zu Vertragsschluss bewusst falsche Zah-

len genannt habe, doch dieser Nachweis sei für den Kunden praktisch unmöglich.

Doch vielleicht muss man die Versprechungen des ERGO-Konzerns auch nur ein wenig anders interpretieren. Wenn der Versicherer beispielsweise versprach, man könne »selbst in Zeiten niedriger Zinsen« über eine längeren Zeitraum »die Überschüsse für die Kunden stabil« halten, so hat ERGO zumindest dieses Versprechen eingelöst: nur halt stabil bei null!

Damit hat sich Ernst Grünewald inzwischen fast schon ein wenig arrangiert, zumal er daran nichts ändern kann. Er ärgert sich nur, wenn er einen Werbespot der ERGO-Kampagne »Versichern heißt Verstehen« sieht: »Dann kommt mir die Galle hoch!«

Die fondsgebundene Rentenversicherung – volles Risiko

»Mehr Chancen, mehr Vermögen im Alter, mehr Flexibilität und mehr Komfort: All das bietet Ihnen die fondsgebundene Rentenversicherung. … Verbindet die sichere Kapitalanlage einer Privatrente mit den Rendite-Chancen von Investmentfonds.«[19] So beschreibt ein großer deutscher Versicherer den Verkaufsschlager der Branche. Rund eine Million fondsgebundene Rentenpolicen werden Jahr für Jahr erfolgreich an die Kundschaft gebracht.[20] Glaubt man den Versicherungen, handelt es sich dabei um die berühmten »Eier legenden Wollmilchsäue«. Schön wär's! Denn eins ist klar: Umfassende Sicherheit und große Renditechancen gleichzeitig – das geht nicht. Den Kunden droht in der Praxis sogar das Gegenteil: geringe Renditen oder gar Verluste. Der für seinen Klartext bekannte Branchendienst map-report nennt dieses Produkt folgerichtig die »kapitalvernichtende Lebensversicherung«, wobei Lebens- wie Rentenversicherungen gleichermaßen gemeint sind.

Genau genommen ist es schon recht gewagt, ein fondsgebundenes Produkt noch Versicherung zu nennen. Die Beiträge fließen hier nach Abzug der Kosten in ein abgegrenztes Sondervermögen in Form von Fonds. Meist sind es Aktienfonds, es können aber auch Rentenfonds, Immobilienfonds oder Geldmarktfonds sein. Oder eine Mischung aus alledem. Das Angenehme für die Versicherung: Sie muss für den Rentenstart keine Garantierente zusagen. Das Risiko für den Erfolg oder Misserfolg der fondsgebundenen Rente trägt allein der Kunde. Gehen die Fondsanlagen in den Keller, trägt er die Verluste und bekommt am Ende eine kümmerliche Rente. Und das kann sogar passieren, wenn die Börse gut läuft. Der Grund liegt in der außergewöhnlichen Kostenbelastung bei fondsgebundenen Rentenversicherungen, die in der Regel noch höher ist als bei klassischen Versicherungen. An diesen Produkten verdienen nämlich nicht nur die Versicherungen prächtig, sondern auch die Fondsanbieter und die Banken. Folge: Oft bleiben nur 70 bis 80 Prozent der Beiträge für die Anlage übrig, in Extremfällen sogar weniger als 50 Prozent. Und das ist auch bei boomenden Börsen kaum noch wettzumachen – Verluste sind absehbar.

Den meisten Kunden ist das jedoch nicht bewusst. So auch Michael Silbermann, einem Handelsvertreter aus Norddeutschland. Auf Anraten eines Mitarbeiters des Finanzdienstleisters AWD – laut Eigenwerbung »Ihr persönlicher Finanzoptimierer« – entschied er sich für eine fondsgebundene Rente der Skandia-Lebensversicherung. In Aussicht gestellt wurde ihm eine überdurchschnittliche Verzinsung. In vier Jahren zahlte er 17 000 Euro ein und fragte dann bei der Skandia nach, wie der Plan von der renditestarken Altersvorsorge vorankommt. Die Antwort war erschütternd: »Von den 17 000 Euro, die ich eingezahlt hatte, waren nach deren Rechnung 2500 Euro übrig geblieben. Ich konnte es einfach nicht glauben.«[21] Silbermann stellte daraufhin die Zahlungen ein. Wir legten die Unterlagen zur Prüfung einem Sachverständigen vor.

Peter Schramm ist Versicherungsmathematiker und darauf spezialisiert, Lebensversicherungen zu durchleuchten. »Der kleinste Teil des Verlustes stammt aus dem Einbruch der Börse, da hat er vielleicht 2500 Euro verloren«, ermittelte der Gutachter aus Diethardt im Taunus, »der größte Teil stammt aus den eingerechneten Kosten. Ungefähr 12 000 Euro von den 17 000 Euro sind für Kosten verbraucht worden.«[22] Und das ist, wie der Fachmann uns aufklärt, sogar ganz legal.

Denn bei fondsgebundenen Rentenversicherungen ist der »Kostenproduktion« praktisch keine Grenze gesetzt. Während bei klassischen Rententarifen die Versicherer »offiziell« nur mit Abschlusskosten in Höhe von 4 Prozent der zu erwartenden Beitragssumme kalkulieren dürfen, können sie bei fondsgebundenen Tarifen machen, was sie wollen. Also zum Beispiel sechs, acht oder zehn Prozent der über die gesamte Laufzeit zu erwartenden Beiträge als Abschlusskosten deklarieren und dem Kunden vorab in den ersten Vertragsjahren wegnehmen. Das dürfte ein Grund dafür sein, dass fondsgebundene Produkte so gern von Strukturvertrieben wie DVAG, AWD oder OVB vermittelt werden. Die üppigen Abschlusskosten reichen, um neben dem Vermittler auch die »Struktur« darüber, also die Gruppenleiter, Gebietsleiter, Bezirksleiter und so weiter, zu bedienen. Für Michael Wortberg sind solche Fälle leider Alltag, der Mann ist Versicherungsspezialist der Verbraucherzentrale Rheinland-Pfalz. Beschwerden über fondsgebundene Rentenverträge bekommt er regelmäßig auf den Tisch: »Die Kunden verstehen meist nicht, was sie da abgeschlossen haben. Sie glauben, sie haben eine Versicherung abgeschlossen, und von dieser Versicherung erwarten sie, dass zumindest das, was man eingezahlt hat, erhalten bleibt. Und dass obendrein über die Aktien ein Zusatzertrag kommt. Dass sie tatsächlich ihre Beiträge verlieren können, das ist oftmals gar nicht in den Köpfen drin – und das hat ihnen im Zweifel auch kein Vertreter gesagt.«[23]

Für Michael Silbermanns Vertrag errechnete Experte Peter

Schramm Abschlusskosten inklusive Stornoabzug von fast 10 900 Euro.[24] Dazu kommen noch über 1000 Euro Verwaltungskosten.

Am Ende bekam Silbermann die kümmerliche Summe von 2511,64 Euro ausbezahlt. Die Skandia-Pressestelle bestätigte die Zahlen, wunderte sich aber über die Aufregung. Die Qualität einer Altersvorsorge beweise sich eben erst langfristig. Kurzfristig entstünden tatsächlich hohe Kosten, und es »können dann tatsächlich erhebliche wirtschaftliche Nachteile entstehen, wie sie auch in dem vorliegenden Fall beschrieben sind.« Das sage man dem Kunden aber auch ganz offen bei Vertragsschluss – und die Skandia präsentierte eine Gesprächsnotiz des AWD-Vermittlers, die Silbermann tatsächlich abgezeichnet hatte. Dort ist im Kleingedruckten unter Punkt 6.2 zu lesen: »Die Prämie dient nur teilweise dem Erwerb von Fondsanteilen ... der übrige Teil dient zur Deckung der Kosten, u. a. der Abschlusskosten.« Und weiter: »Eine vorzeitige Beendigung des Versicherungsvertrages ... kann dazu führen, dass der auszahlbare Rückkaufswert geringer ausfällt, als die Summe der bis zur Kündigung eingezahlten Prämien.«[25]

In der Regel rücken Vertreter solche »Warnhinweise« bei ihren Kundengesprächen nicht gerade in den Vordergrund. Doch selbst wenn Kunden alles aufmerksam lesen und verstehen, bleibt doch die Frage: Konnte Herr Silbermann wirklich daraus schließen, dass jahrelang von seinen Einzahlungen nur 18 Prozent angelegt würden und der Rest Kosten sind? »Niemals bin ich von so einer Kostenbelastung ausgegangen«, beteuert Silbermann und schüttelt den Kopf, »zu dem Finanzoptimierer AWD kann ich nur sagen, dass die offenbar ihre Finanzen optimiert haben und nicht meine.«

Die meisten Versicherungen sehen für die Zukunft auch weiterhin ihr Heil im Verkauf von fondsgebundenen Rentenversicherungen. Der Analyst Lars Heermann von der Ratingagentur Assekurata sieht viele Versicherer mittlerweile in einer Art Zwangslage. Klassische Rentenversicherungen könnten sie für den Kunden häufig nicht mehr profitabel anbieten, weil die garantierte Ablaufleistung bei relativ kurz laufenden Verträgen oft niedriger sei, als die zuvor eingezahlten Beiträge. »So was dürfte sich dann praktisch nicht mehr verkaufen lassen«, vermutet Heermann, »nur wer es sich aufgrund seiner günstigen Kostenstruktur leisten kann, bietet für kurz laufende Verträge künftig noch konservative Renten aktiv im Neugeschäft an.«[26] Der Rest der Versicherer setzt lieber auf fondsgebundene Renten. Die sind zwar vermutlich für die Kunden noch teurer, doch das fällt den meisten nicht auf. Weil Fondsprodukte keine garantierte Ablaufleistung bieten müssen, lässt sich bei Vertragsschluss nicht absehen, was am Ende rauskommen wird und wie viel Kosten abgezogen werden. So kann der Kunde nicht wissen, ob er eine »Geldvernichtungsmaschine« einkauft.

Die versteckten Kosten zu finden, das gelingt nur Experten wie Mark Ortmann vom Berliner Institut für Transparenz in der Altersvorsorge (ITA). »Die eigentlichen Schweinereien stecken im Verborgenen«, weiß Ortmann, »das kann der Kunde nicht erkennen.« Es seien vor allem die Managementgebühren für die Fonds, die eine fondsgebundene Versicherung mitunter so teuer machten. Und genau diese Kosten tauchten im gesetzlich vorgeschriebenen Produktinformationsblatt nicht auf. Damit sei diese Verbraucherinformation in der bisherigen Form absolut nutzlos: »Da kann keiner was mit anfangen.«

Das Problem an den Managementgebühren für Fonds ist, dass sie sich, sobald sie im »Fondsmantel« der Versicherung auftauchen, deutlich verteuern, mitunter verdoppeln. Ein Beispiel: Bei normalen Aktienfonds betragen die häufig als TER (»Total Expense Ratio«) ausgewiesenen jährlichen Kosten je nach gewähltem Fonds normalerweise 1 bis 2 Prozent des Fondswerts. Stecken dieselben Fonds in einer fondsgebundenen Versicherung, betragen diese

Kosten nicht selten plötzlich 3 bis 4 Prozent. »Das klingt wenig«, erläutert Ortmann, »doch über die Jahre reden wir über Tausende und bei großen Verträgen über zehntausende Euro.«[27] Geld, das nicht für die Altersvorsorge zur Verfügung steht, sondern bei Fondsgesellschaften, Banken oder Vermittlern landet.

Mittlerweile hat sich herumgesprochen, dass bei fondsgebundenen Rentenversicherungen der Kunde das Risiko fallender Börsenkurse trägt. Deshalb werden immer mehr fondsgebundene Versicherungen mit einer Garantie verkauft, die dafür sorgen soll, dass zumindest die eingezahlten Beiträge erhalten bleiben. Das klingt vordergründig gut: Alle Chancen der Börse nutzen, aber gleichzeitig null Risiko. Experten wissen, dass diese Rechnung nicht aufgeht. Lars Heermann von der Ratingagentur Assekurata beklagt denn auch, dass die Botschaften an die Kunden nicht ehrlich seien, wenn man gleichzeitig maximale Renditechancen und maximale Sicherheit suggeriere. »Das muss zu Enttäuschungen führen«, fürchtet Heermann, »denn man macht den Leuten hier was vor, was so schlicht nicht klappen kann.«[28]

Bei Licht betrachtet sind die Garantieprodukte für die Kunden sogar noch schlechter als normale Fondsprodukte. Die Garantien sind in der Regel sehr teuer, treiben damit die Kosten für fondsgebundene Rentenversicherungen noch weiter in die Höhe. Für eine positive Rendite bleibt da wenig Spielraum. Die Wahrscheinlichkeit ist groß, dass viele Versicherungen deshalb am Ende gerade mal ausschütten, was sie garantieren: die zuvor eingezahlten Beiträge. Und nach 30 Jahren Laufzeit bedeutet das bei einer durchschnittlichen Inflationsrate von 2 Prozent rund eine Halbierung des Sparvermögens. Aus Kundensicht eher ein schlechtes Geschäft, und von einem echten »Kapitalerhalt« kann nicht die Rede sein. Für die Versicherer sind die Garantien jedoch ein zugkräftiges Marketinginstrument. Dank der »Kapitalerhaltsgarantie« finden die Fondsprodukte trotz Börsen- und Finanzkrisen weiter guten Absatz.

Michael Silbermann hätte eine solche Garantie übrigens wenig genutzt. Denn die Garantien greifen in der Regel nur, wenn die Kunden den Vertrag bis zum vereinbarten Ende durchhalten. Steigen sie eher aus, verpufft die Garantie, und die Kunden bleiben auf ihren Verlusten sitzen.

Interessant ist, dass Versicherungen zwar ihren Kunden die Fondsanlage als angeblichen »Renditerenner« verkaufen, aber selbst mittlerweile Aktien scheuen wie der Teufel das Weihwasser. Die Münchner Rück, zu der auch die ERGO-Versicherung gehört, hatte Ende 2010 von 207 Milliarden Euro Kapitalanlagen nur 4 Prozent in Aktien investiert. Wegen der hohen Wertschwankungen könne man sich, so der Chef der konzerneigenen Kapitalanlagegesellschaft Dr. Robert Helm, ein stärkeres Aktieninvestment nicht leisten. Aktien seien »keine strategische Anlagekomponente mehr«.[29] Nur die Kunden sollen weiter in Aktien machen – auf eigenes Risiko.

Rürup-Rente – Prädikat nutzlos

Als unschlagbares Steuersparmodell für Selbstständige, Beamte und gut verdienende Angestellte wird die Rürup-Rente verkauft: »Jahr für Jahr steigende Steuer-Ersparnis«[30] meldet beispielsweise die HUK-Coburg. Sie rechnet auch gleich vor, was ein gut verdienender 30-jähriger Angestellter bis zu seiner Rente an Steuern spart, wenn er jährlich 2000 Euro einzahlt: Schier unglaubliche 32 988 Euro[31] – »Steuern sparen plus mehr Rente«, ein Angebot, das man eigentlich nicht ablehnen kann.

Die Versicherungswirtschaft nennt die Rürup-Rente folglich auch gern Basisrente. Das klingt, als sei sie so wichtig, dass sie jeder haben sollte. Und tatsächlich: Über 1,5 Millionen Kunden haben sich schon in das erst seit 2005 existierende Produkt locken lassen.[32] Um es kurz zu machen: Für die meisten war das vermutlich ein Fehler. Sinn macht die nach dem ehemaligen Chef des Sachverständigenrats Bert Rürup benannte Rente nur für wenige Menschen. Denn es muss schon viel zusammenkommen, damit sich ›Rürup‹ lohnt. Die Konstellation könnte so aussehen: Ein Sparer mit hohem Einkommen zahlt eine hohe Summe ein, geht dann schnell in den Ruhestand und ist so fit, dass er sehr alt wird. In diesem Fall greifen die Steuervorteile tatsächlich und der Versicherte macht ein gutes Geschäft. Für die meisten anderen wird die Wunderwaffe Rürup-Rente aber vermutlich zum Rohrkrepierer.

Zum Beispiel für die Selbstständigen, die Hauptadressaten der Rürup-Rente. Sie haben in der Regel keine gesetzliche Rente, können nicht riestern und sind besonders empfänglich für Steuersparmodelle. Das Problem ist nur: Längst nicht alle Selbstständigen gehören zu den Topverdienern. Und wer nicht viel verdient, dem nutzen Steuervorteile wenig oder gar nichts. *Finanztest* empfiehlt: »Geringverdiener und selbstständige Einzelkämpfer, die nicht viel Geld übrig haben, sollten die Finger von der Rürup-Rente lassen.«[33] Dennoch verkauft die Versicherungswirtschaft gnadenlos auch kleinen Freiberuflern und Gewerbetreibenden die Rürup-Rente. Motto: Auch wenn du heute kaum Gewinn machst – Steuernsparen macht dich reich! Offenbar verkauft sich nichts besser als die vage Aussicht auf Steuervorteile.

Doch die Steuervorteile lösen sich für viele Rürup-Sparer unterm Strich in Luft auf. Und das gilt sogar für die, die richtig gut verdienen. Die können durch ihre Einzahlungen heute unbestritten Steuern sparen. Doch der Staat holt sich diesen Vorteil später wieder zurück. Schlimmer noch: Er kassiert dann oft sogar noch deutlich mehr ab. Der Grund sind die über Jahrzehnte geltenden Übergangsbestimmungen zur Einführung der ›nachgelagerten Rentenbesteuerung‹. Vereinfacht ausdrückt heißt das: Die Einzahlungen sind heute nicht voll steuerfrei – die späteren Rentenzahlungen hingegen in der Regel voll steuerpflichtig. Ein Beispiel: Wer 2012 einzahlt, kann von seinen Beiträgen maximal 74 Prozent steuerlich absetzen. Geht dieser Rürup-Sparer 2040 in Rente, so muss er aber seine Rente zu 100 Prozent versteuern. Ein gutes Geschäft?

Selbst wer heute den Spitzensteuersatz zahlt und somit aktuell besonders profitiert, zahlt später von seiner Rürup-Rente jährlich vermutlich deutlich mehr Steuern, als er heute spart. Unterm Strich also eher ein mieses Geschäft!

Davon erfährt der Kunde in der Werbung der Versicherungen im Regelfall jedoch nichts. Zum Beispiel beim Marktführer, der Allianz. Die rechnet auf ihrer Homepage unter der Überschrift »Wie funktioniert die Förderung der BasisRente?« einem 40-Jährigen vor, dass er 25 Jahre lang monatlich 400 Euro einzahlen soll. Damit könne er 52 398 Euro Steuern sparen.[34] Da ist die Allianz-Prognose trotz der langen Zeitspanne erstaunlich exakt. In einem Extra-Kasten wird noch herausgestellt: »ca. 44 Prozent Förderung vom Staat über die gesamte Laufzeit«. Das Schaubild zeigt auch die zu erwartende Rente: 907 Euro. Auch dabei zeigt sich die Allianz mit prophetischen Fähigkeiten gesegnet, denn das ist nicht etwa die garantierte und damit sichere Rente, sondern eine Rente, die von den ungewissen Überschüssen der kommenden 25 Jahre abhängt, die aber stark sinken oder ganz entfallen können. Das wird aber so nicht deutlich gesagt. Und die Garantierente sucht man vergebens. Stattdessen wird die beeindruckende Gesamtsumme von 217 680 Euro in 20 Rentenjahren genannt – mit dem Hinweis, der Wert könnte noch deutlich höher ausfallen. Dass es auch deutlich weniger werden kann, steht nirgends. Und noch etwas fehlt im Schaubild: der Hinweis auf die fälligen Steuern auf die Rürup-Rente.[35] Das passte wohl nicht ins Bild. Für den unabhängigen Versicherungsmathematiker Peter Schramm geht eine solche Darstellung über eine rein werbliche Beschönigung hinaus. Das hält er schon für eine »systematische Irreführung«.

Was die Rürup-Rente aber gänzlich unattraktiv macht, ist ihre totale Unflexibilität. Schlimmer geht es wirklich kaum noch. So ist im Alter die Verrentung Pflicht. Selbst die Auszahlung eines kleinen Teiles des Sparkapitals, wie es etwa die Riester-Rente ermöglicht, ist verboten. So hängt man mit einer Rürup-Rente bis zum bitteren Ende am Tropf der Versicherung.

Schon kurz nach Vertragsschluss beginnen die Zumutungen: Wer unzufrieden mit seinem Versicherer ist, darf zwar laut Gesetz sein Sparkapital zu einem anderen Versicherer übertragen. Doch dieses Recht ist praktisch so gut wie nichts wert. Zum einen ist wegen der Belastung mit Abschlusskosten am Anfang kaum etwas auf dem Konto, was übertragen werden könnte. Was jedoch noch schwerer wiegt: es klappt nur dann, wenn das Wechselrecht ausdrücklich in den Versicherungsbedingungen vorgesehen ist. Das macht aber kaum ein Anbieter.[36] So bleiben die meisten Kunden an ihren Versicherer gekettet. Auch eine vorzeitige Kündigung mit Auszahlung des Rückkaufswertes ist ausgeschlossen. Wer nicht mehr zahlen kann oder will, muss den Vertrag ›beitragsfrei stellen‹. Das bis dahin gesammelte Kapital wird dann später verrentet. Es kann jedoch noch schlimmer kommen: Ist zum Zeitpunkt der Beitragsfreistellung nicht genug Geld im Vertrag, gibt es später gar keine Rente. Damit sind alle Einzahlungen futsch – jedenfalls für den Versicherten.

Der Totalverlust droht auch den Erben im Todesfall: Ist kein (kostenpflichtiger) Hinterbliebenenschutz vereinbart, fällt im Todesfall das Geld an die Versicherung. Das gilt sowohl in der Anspar- als auch in der Rentenphase.

Und es gibt noch mehr Nachteile: Eine Rürup-Rente ist nicht vererbbar und darf nicht beliehen werden, beispielsweise um ein Darlehen abzusichern. Dazu kommt noch die für alle Privatrenten typische schlechte Rendite. Die Gründe sind bekannt: die hohen Kosten und die fatalen Wirkungen ungünstiger Sterbetafeln. Und für Männer werden Rürup-Neuverträge ab Ende 2012 sogar noch ungünstiger werden. Die dann vorgeschriebenen ›Unisex-Tarife‹ werden ihre späteren Renten deutlich absenken. Aber, so hofft man wohl in so manchen Versicherungszentralen, ›vielleicht merkt das ja keiner‹. Die Rürup-Rente wird vor allem mit dem Argument der vermeintlich so tollen Steuerersparnisse verkauft. Was dabei am Ende garantiert an Rente rauskommt, ist offenbar zweitrangig.

Der Hamburger Versicherungsberater Rüdiger Falken rät seinen Mandanten von einer Rürup-Rente ausdrücklich ab: »Ich kann mir kaum eine Konstellation vorstellen, in der ein solch unflexibles und unrentables Produkt wirklich Sinn machen sollte. Wer sein Geld in einen Rürup-Vertrag investiert, kann über dieses Geld nie wieder frei verfügen. Was Schlechteres gibt es nicht.«

Riester-Rente – das Milliardengrab

Die Szenerie ist immer gleich. Ein Ministerium vor dem Abendhimmel. Nur ganz oben brennt noch Licht. Die Kamera fährt hinein und entdeckt: Walter Riester. Der sitzt in einer zischenden und dampfenden Hexenküche, murmelt seltsame Formeln, schüttelt Kolben und Reagenzgläser und füttert seine neue Supermaschine, den ›Rentofixator‹. (»Diesmal klappt's bestimmt.«) Damit will er endlich alle Rentenprobleme lösen. Und dann ist es soweit: »Das isses!« – Die Geburtsstunde der Riester-Rente!

Mit diesem Cartoon startete im Frühjahr 2002 jede Folge unserer TV-Riester-Serie. Der Westdeutsche Rundfunk hatte uns für die »ServiceZeit« beauftragt, die brandneue Riester-Rente zu erklären: Wozu ist sie gut? Wie funktioniert sie? Und vor allem: Wem nutzt sie?

Für Walter Riester war und ist die Einführung der Riester-Rente schlicht »die größte Sozialreform, die in der Nachkriegszeit gemacht worden ist«. Und bei der Einführung versprach er, dass jeder Rentner dadurch unterm Strich »nicht nur heute, sondern auch in Zukunft mehr Rente erhalten (sollte) als nach dem alten Recht.«[37]

Der damalige Finanzexperte der Verbraucherzentrale NRW Thomas Bieler äußerte schon im Februar 2002 massive Zweifel. »Dieses ganze Konzept Riester-Rente ist schon ein Monstrum an Verwaltungsaufgaben und Besonderheiten geworden, und wir stellen vielfach in der Beratung fest, dass viele Leute schon Probleme haben, das Grundkonzept überhaupt zu erfassen. Ich fürchte, das Ganze wird dazu führen, dass später mancher eine böse Überraschung erlebt, weil er das Ganze nicht überschaut und falsch handelt, einen Vertrag zu schnell kündigt oder sonstige Fehler macht.«[38] Bieler bewies damit prophetische Fähigkeiten. Und es kam sogar noch schlimmer. Von Walter Riesters Versprechen einer besseren Altersversorgung für alle sind wir heute weiter denn je entfernt. Die gesetzlichen Renten werden schrittweise bis zum Jahr 2030 um bis zu ein Drittel gekürzt. Doch die Riester-Rente ist nicht ansatzweise in der Lage, diese Lücke zu schließen. Beklagt werden die viel zu komplizierten Regelungen, die enorm hohen Kosten und die miesen Renditen. Quer durch alle Medien hagelte es deshalb Kritik. »Schlecht versorgt mit der Riester-Rente«, titelte das *Handelsblatt*[39]. »So wird abkassiert«, überschrieb *Öko-Test* seinen Generalveriss.[40] Und das *Manager-Magazin* verkündete: »Höchste Zeit für einen Systemwechsel«.[41]

Immer mehr verfestigt sich der Eindruck, dass die ›größte Sozialreform der Nachkriegszeit‹ für die Versicherten ein gewaltiger Fehlschlag, aber eine Goldgrube für die Finanzindustrie, also Banken, Versicherungen und Fondsanbieter, ist. Der Staat fordert seine Bürger ganz offiziell auf, Produkte der privaten Finanzwirtschaft zu kaufen, stattet diese per Zertifizierung scheinbar mit einem Qualitätssiegel aus und schüttet obendrein viele Milliarden Euro in Form von Zulagen und Steuervorteilen aus. Von denen profitieren letztlich vor allem die Anbieter von Riester-Verträgen. Und die Bürger selbst zahlen jährlich noch etliche Milliarden Euro als Eigenanteil. Riesters Amtsvorgänger Norbert Blüm rechnet vor, um welche Größenordnungen es seiner Meinung nach bei dem ganzen Projekt geht: »Wenn es die Beteiligten schaffen, nur zehn Prozent des Geldes, das eigentlich in die Rentenversicherung gehört, auf die Konten der Privatversicherung umzuleiten, haben die rund 20 Milliarden Euro mehr in der Kasse.«[42]

Die Riester-Anbieter zeigen sich hocherfreut über ihren Erfolg: Union Investment, der Fondsanbieter der Volks- und Raiffeisenbanken, ist mit rund 2 Millionen von insgesamt 16 Millionen Riester-Sparern seit Jahren Marktführer. Bei diesem Anbieter (Werbespruch: »Bringen Sie Ihre Schäfchen ins Trockene«) saß Ex-Minister Walter Riester von 2009 bis 2012 im Aufsichtsrat. Rund 3,5 Millionen Verträge teilen sich die anderen Fondsanbieter, Bausparkassen und Banken. Die große Mehrheit der Riester-Sparer – rund 11 Millionen – hat sich für die mit großem Aufwand beworbenen Riester-Policen der Lebensversicherer entschieden. Der Gesamtverband der Deutschen Versicherungswirtschaft frohlockte zum zehnjährigen Riester-Jubiläum Ende 2011: »Für die allermeisten rechnet sich die Riester-Rente so gut wie keine andere Altersvorsorge.«[43] Seltsam, erst wenige Tage zuvor hatte das Deutsche Institut für Wirtschaftsforschung (DIW) der Riester-Rente attestiert, dass sie bestenfalls die Rentabilität eines Sparstrumpfes habe.[44] Fakt ist: Allianz und Co. zwacken ihren Kunden von den Beiträgen häufig so hohe Kosten ab, dass in den ersten Jahren die staatlichen Zulagen davon komplett aufgefressen werden.[45] »Dann profitieren von der staatlichen Förderung Aktionärinnen und Aktionäre und – über Provisionen – Mitarbeiterinnen und Mitarbeiter von Banken und Versicherungen«, bringt es der Sozialforscher Carsten Schröder in einer Studie für die Friedrich Ebert Stiftung auf den Punkt.[46]

Regelmäßig bestätigen Produkttests, dass Riester-Renten oft noch kostenträchtiger sind als ungeförderte Rentenversicherungen. Das ganze Ausmaß bleibt den Kunden jedoch verborgen.

Denn offen genannt wird die Summe der Gesamtkosten von den Versicherern nicht. »Die auf zig Seiten verteilten Angaben sind oft unvollständig, widersprüchlich und damit irreführend, bisweilen sogar fehlerhaft«, kritisiert die Zeitschrift *Öko-Test*.[47]

Auch die Prüfer von *Finanztest*, über lange Jahre der Riester-Rente durchaus wohlgesonnen, kritisieren die teuren und undurchsichtigen Verträge und sehen sich vor einem »Kostenrätsel«: »Selbst wir haben manchmal Mühe, die Kosten nachzuvollziehen. Für den Kunden ist dies oft unmöglich.«[48]

Das Ergebnis ist eine Bankrotterklärung für die staatliche Rentenpolitik: Trotz erheblicher Fördermittel werden die Riester-Renten im Alter so schmal ausfallen, dass sie Altersarmut nicht verhindern können. Und wie die DIW-Forscher herausfanden: Diese Entwicklung gewinnt sogar zunehmend an Fahrt, weil die Riester-Produkte immer schlechter werden. Die Zahlen sind eindeutig: Wer 2001 im Alter von 35 Jahren einen Riester-Vertrag abschloss und jährlich 1200 Euro einzahlte, konnte ab 67 auf eine Garantierente von 329 Euro im Monat hoffen. Wer 2011 schloss, kann nur noch mit 187 Euro rechnen. Das sind 43 Prozent weniger.[49]

»Die Qualität der Riester-Produkte ist dramatisch schlechter geworden«, kritisiert Axel Kleinlein vom Bund der Versicherten, »der Staat hat es schlicht versäumt, klare Vorgaben zu setzen, die das Niveau sichern. In Wahrheit hat er sogar das genaue Gegenteil gemacht.«[50] Die Gründe für die Verschlechterungen sind zahlreich:

Grund Nr. 1: Der maximale Rechnungszins, den die Versicherungen ihren Kunden auf den Sparanteil garantieren dürfen, wurde mehrfach abgesenkt: von 3,25 Prozent auf 1,75 Prozent. Durch Verfahrenstricks schaffen es einige Versicherer, selbst diesen Minizins noch zu unterbieten.

Grund Nr. 2: Seit 2006 muss die Lebenserwartung von Männern und Frauen bei Riester-Verträgen gleich kalkuliert werden

(»Unisex«). Das klingt zunächst fair, weil bis dahin Frauen aufgrund ihrer statistisch längeren Lebenserwartung mit niedrigeren Rentenzahlungen »bestraft« wurden. Doch was passierte? Die Versicherungen kalkulieren den neuen Unisex-Einheitstarif nun fast wie den alten Frauentarif. Die Rentenleistungen für Männer sinken dadurch erheblich. Die für Frauen verbesserten sich in der Regel so gut wie nicht.

Grund Nr. 3: Seit Einführung der Riester-Rente haben die Versicherer ihre ohnehin großzügigen Annahmen zur Lebenserwartung noch einmal massiv ausgebaut: Nun werden die Riester-Rentner angeblich noch wesentlich älter. Diese verschärften Annahmen sind, so stellten die DIW-Forscher fest, der Hauptgrund für die sinkenden Riester-Renten. Gleichzeitig steigen massiv die Überschüsse der Versicherer, wie die DIW-Forscher lapidar anmerken: »Je höher die kalkulierte Lebenserwartung, desto höher fallen auch die Sterblichkeitsgewinne aus.«[51]

So paradox es auch klingt: Es sind überwiegend staatliche Maßnahmen, die den Sparern das Riester-Ergebnis verhageln und bei den Versicherern die Gewinne sprudeln lassen.[52] Die abgesenkten Garantiezinsen wurden vom Bundesfinanzminister angeordnet. Die Unisex-Tarife wurden vom Gesetzgeber beschlossen. Die Verwendung der für die Versicherungswirtschaft so profitablen Sterbetafeln wurde ausdrücklich von der staatlichen Versicherungsaufsicht Bafin empfohlen. Und mit der Mindestzuführungsverordnung hat die Politik dafür gesorgt, dass sich die Versicherer von diesen Gewinnen ganz legal mehr in die Taschen stecken dürfen. »Man hat leider den Eindruck, dass der Staat wirklich alles dafür tut, dass den Kunden von der Riester-Rente möglichst wenig bleibt«, klagt Axel Kleinlein vom Bund der Versicherten.

Ein weiteres Beispiel: die Verteilung der Abschlusskosten. Die machen oft ein paar Tausend Euro aus und mussten – so wurde es 2001 zum Riester-Start festgelegt – auf mindestens zehn Jahre verteilt werden. Das war schlecht für die Versicherungsvermittler. Sie mussten relativ lange auf ihre Provision warten und hoffen, dass der Kunde nicht schnell kündigt. Es war aber gut für die Kunden: Denn durch die Verteilung der Kosten auf zehn Jahre landete auch schon ganz zu Beginn ein Großteil der Einzahlungen tatsächlich auf ihrem Riester-Konto, und der Zinseszinseffekt sorgte für einen schnelleren Aufbau des Riester-Kapitals. Damit war aber schon 2005 Schluss. Nach einer Gesetzesänderung dürfen die Versicherer seitdem die Abschlusskosten auf fünf Jahre verteilen.[53] Das freut die Vermittler, doch die Kunden, die in den ersten Jahren auf einen anderen Riester-Anbieter umsteigen, erleiden dadurch deutlich höhere Verluste.

Generell sind die Kosten für Riester-Renten in den vergangenen Jahren deutlich gestiegen. Hielten sich die Versicherungen in den ersten Jahren oft noch zurück, bedienen sich viele nun ungeniert am Altersvorsorgevermögen ihrer Versicherten. Motto: Der Kunde merkt es ja nicht. Tatsächlich lassen sich viele von der Werbung mit den üppigen staatlichen Riester-Zulagen blenden und schließen einen Riester-Vertrag ab, um – wie sie vermuten – »ja kein Geld zu verschenken«.

Doch genau das scheint in der Praxis gar nicht zu funktionieren. Zwar existieren mittlerweile fast 16 Millionen Riester-Verträge. Doch nur 9,2 Millionen erhalten auch tatsächlich eine Riester-Zulage. Und von denen wiederum bekommen weniger als 60 Prozent die volle Zulage. Fazit des traurigen Zulagen-Schauspiels: Nur 5,4 Millionen Sparer erhalten die vorgesehen Riester-Zulagen vollständig.[54]

Der Rest ist an dem komplizierten Verfahren gescheitert: Es wurde entweder zu wenig oder gar nicht eingezahlt, der Zulagenantrag nicht gestellt oder es wurden fehlerhafte Angaben gemacht. Viele Milliarden Euro Riester-Gelder bleiben so gleich im Säckel des Bundesfinanzministers. Und sogar bereits gezahlte Zulagen werden rückwirkend wieder einkassiert. Rund 500 Millionen Euro wurden für die Jahre 2005 bis 2007 wieder zurückgeholt. Betroffen: 1,5 Millionen Riester-Sparer.[55] Sie hatten Angaben über Erwerbstätigkeit, Einkommenshöhe, Familienstand oder Kinderzahl nicht rechtzeitig korrigiert. Deutlich wird: Die weitaus größte Zahl der Betroffenen ist schon formal mit dem Riester-Verfahren überfordert. Man könnte auch sagen: Es funktioniert schlicht nicht.

Zudem ist »Riestern« sozial ungerecht: Besserverdiener können über die steuerliche Förderung des Sonderausgabenabzugs locker einen Vorteil von über 900 Euro jährlich einstreichen. Kleinverdiener hingegen profitieren nur von der Höhe der Zulage. Bei Alleinstehenden ohne Kinder sind das 154 Euro jährlich. Und wer dauerhaft sehr wenig verdient, dem nutzt selbst das unter Umstanden nichts. Seine Riester-Rente bringt ihm im Alter nicht einen einzigen Euro zusätzliches Einkommen. Wer im Alter auf Grundsicherung angewiesen ist, dem werden alle Einkünfte auf diese Sozialleistung angerechnet. Riestern nutzt in diesem Falle nicht dem Rentner, sondern dem Sozialamt. *Finanztest* stellt fest: »Wer also sein Leben lang wenig verdient und dennoch privat vorsorgt, hat nichts davon.«[56]

Seitdem die TV-Magazine »plusminus« und »monitor« diese Tatsache einem Millionenpublikum bekannt machten, gehören sie zu den erklärten ›Lieblingsfeinden‹ von Ex-Minister Walter Riester. Immer wieder wettert er gegen diese »perverse Argumentation« und setzt sein Credo dagegen: »Es gibt meiner Meinung nach keinen Förderberechtigten, für den sich Riester-Sparen nicht lohnt.« Die ARD-Magazine hätten hingegen, so beklagt der Ex-Minister, durch ihre »ideologische« Berichterstattung Millionen Menschen verunsichert, und er fügt hinzu: »Es ist sträflich.«[57]

Gern betont hingegen Walter Riester den seiner Meinung nach überzeugendsten Vorteil seiner Rente: die Garantie des Beitragserhalts. »Wir haben als Gesetzgeber die stärkste Sicherung eingebaut, die mir weltweit bekannt ist. Nämlich jeder Anbieter muss Garantie dafür leisten, dass zum Zeitpunkt des Rentenbeginns alle gezahlten Beiträge und die staatlichen Zulagen garantiert sind.«[58]

Doch auch dieses Versprechen hat bei näherer Prüfung nur einen begrenzten Wert. Denn es gibt keinen Schutz gegen die Inflation. Was ist das für ein Produkt, das nach 30 oder 40 Jahren Laufzeit in Euro und Cent nur so viel bereitstellt, wie der Versicherte und der Staat hineingesteckt haben? Bis dahin ist jeder Euro unter Umständen nur noch die Hälfte oder gar nur noch ein Drittel wert. Und kurioserweise sorgt gerade die Riester-Sicherheitsvorgabe dafür, dass es tatsächlich zu realen Verlusten kommen wird. Beispiel: die angeblich so renditestarken Riester-Investmentfonds. Um den Beitragserhalt zu schaffen, sind sie oft so konstruiert, dass sie im Börsenabschwung die Aktien in vergleichsweise risikolose, aber niedrig verzinste Anleihen umschichten. Die Folge: Nach jedem Crash hängen die Riester-Gelder in niedrig verzinsten Papieren, bis sie langsam, aber sicher bis zum Rentenbeginn wieder den Wert der Einzahlungen erreichen. Ähnlich ist es hunderttausenden Kunden ergangen, die sich für die ›Profirente‹ von Union Investment entschieden hatten. In der Finanzkrise 2008 wurden ihre Depots komplett umgebaut. Auch wenn die Börse wieder kräftig boomen sollte, nutzt das den Sparern der Profirente und ihren umgeschichteten Depots kaum noch.[59]

Und es kann – anders als es der Ex-Minister darstellt – zum Rentenbeginn tatsächlich weniger im Riester-Vertrag sein, als zuvor hineingeflossen ist. Und zwar, wenn der Riester-Sparer zwischenzeitlich den Anbieter gewechselt hat. Denn das Versprechen des Beitragserhalts gilt nur für jene Sparer, die von Anfang bis zum Ende beim selben Finanzunternehmen geblieben sind. Wer wechselt, bleibt unter Umständen auf seinen Verlusten sitzen. Und das betrifft nicht wenige: In den vergangenen Jahren wurde jeweils rund ein halbe Million Riester-Verträge gekündigt.

Damit haben sich Abermillionen Euro an Zulagen und Beiträgen für die Sparer weitgehend in Luft aufgelöst. Es ist das Ende einer trügerischen Hoffnung: Inklusive der bereits gekündigten Policen wurden bereits rund 20 Millionen Riester-Verträge geschlossen – in der Erwartung, dass staatlich geförderte und zertifizierte Produkte auch besonders gut seien.

»Ein fataler Irrtum«, urteilt Axel Kleinlein, »keiner prüft umfassend nach, ob sie tatsächlich etwas taugen, etwa ob die Kosten nicht eine gewisse Schwelle überschreiten oder wie effektiv die Anbieter das Geld anlegen.«

Auch der nominale Beitragserhalt biete keine wirkliche Sicherheit. Weder die Zertifizierungsstelle noch die Finanzaufsicht kontrollieren, ob zum Beispiel die Sicherheiten und Garantien der Riester-Fondsanbieter wirklich funktionieren. »Ich befürchte«, kritisiert Kleinlein, »die Lücken werden erst offenbar, wenn es schon zu spät ist.«[60]

Ex-Minister Walter Riester hält gern Vorträge. In Banken, bei Versicherungen, überhaupt vor Finanzdienstleistern aller Art. So auch am 5. 6. 2012 auf der Kölner Versicherungs- und Kapitalanlagemesse. Der Veranstalter, Fondsfinanz Maklerservice, hatte schon seit Wochen Starredner Riester als Top-Act angekündigt, und der Saal war mit rund 400 Maklern gut gefüllt, als Walter Riester kurz nach 18 Uhr loslegte.

Riester in seiner Lieblingsrolle: als Visionär. Wie er Gerhard Schröder von seiner Idee überzeugte. Wem die Riester-Rente nutzt. Warum all seine Kritiker gründlich falsch liegen. Wie er neulich den DIW-Leuten in Berlin die Leviten gelesen hat. Walter Riester Supermann. Nur hat das leider die breite deutsche Öffentlichkeit noch nicht begriffen.

»Ich würde relativ viel Geld dafür geben, wenn ich mal die Chance hätte, für eine halbe Stunde in den Medien die Vorteile der Riester-Rente zu erläutern. Aber die habe ich noch nie bekommen.« Leider bekomme er stattdessen immer »die perversen Angebote, bei irgendwelchen dubiosen Talkshows mitzumachen«. Noch schlimmer die TV-Magazine. »monitor« und »plusminus« bekommen auch an diesem Abend wieder ihr Fett ab: Riester erinnert sich noch genau, als

das Kamerateam von »plusminus« ihm auflauerte »und der Knabe hinter der Kamera hat mich schon so wild angeschaut« – da war nichts Gutes mehr zu erwarten. Und tatsächlich: Mit der These vom Sparen fürs Sozialamt hätten die Fernsehleute der Altersvorsorge schweren Schaden zugefügt. Doch trotz aller Querschüsse ist die Riester-Rente ein Erfolgsmodell, freut sich Riester: fast 16 Millionen Verträge. »Und dass wir dieses gute Ergebnis haben, ist fast nur Ihnen zu verdanken«, ruft Riester den Maklern zu, und man merkt, wie wohl er sich hier fühlt. Leise und eindringlich fährt er fort: »Denn Sie haben die Menschen bewegt. Nicht ›monitor‹ oder ›plusminus‹. Und dafür möchte ich mich bei Ihnen bedanken.« Frenetischer Applaus.

Anschließend stand Riester noch freundlich für Erinnerungsfotos mit einzelnen Versicherungsvermittlern zur Verfügung. Danke, Herr Riester.[61]

Notwendige Korrekturen und denkbare Alternativen

Schlechtes Gewissen überflüssig: Verzichten Sie auf eine private Rentenversicherung!

Nach über zehn Jahren Riester-Reform muss man leider feststellen: Politik und Öffentlichkeit sind offenbar einem gewaltigen Irrtum aufgesessen. Der Hoffnungsträger ›private Rentenversicherung‹ inklusive der Riester-Rente erweist sich als Fehlschlag. Sich privat fürs Alter abzusichern ist teuer und endet für die meisten mit erheblichen Verlusten. Die neuen Produkte werden die Situation im Alter nicht verbessern, sondern vermutlich sogar dramatisch verschlechtern. Eine Expertise für die Friedrich-Ebert-Stiftung stellt fest, »dass das deutsche Alterssicherungssystem in Zukunft beide Ziele, sowohl die Lebensstandardsicherung als auch die strukturelle Armutsfestigkeit, deutlich verfehlen wird.«[1] Und auch die Beitragszahler werden nicht entlastet. Sie zahlen durch die Preisgabe der paritätischen Finanzierung[2] sogar mehr als ohne Rentenreform. Sie wurden damit Opfer einer perfiden Kampagne, die mit dem Einsatz von Schlagworten wie ›Demographiefalle‹ oder ›Explosion der Lohnnebenkosten‹ nur eines im Sinn hatte: den Beitragssatz in der Rentenversicherung bei maximal 22 Prozent einzufrieren.

»Rentenformeln werden ja immer von hinten konstruiert«, erläutert »Rentenpapst« Bert Rürup, »man legt zunächst immer fest, welchen Beitrag man langfristig glaubt tragen zu können. Und dann werden die Rentenformeln so ›gebastelt‹, dass es hinkommt. Und das war bei jeder Reform so und wird auch in der Zukunft so sein.«[3]

Teil des großangelegten Täuschungsmanövers ist die Verschleierung der Gesamtbelastung: Im Jahr 2030 werden eben nicht nur die vereinbarten 22 Prozent Rentenbeitrag fällig, sondern obendrein – und das übrigens schon heute – 4 Prozent für alle Riester-Sparer, also insgesamt 26 Prozent. »Vernebelt« wird diese Mehrbelastung durch die staatlichen Zulagen. Denn die Werbekampagnen der Versicherer erwecken leicht den Eindruck, die zusätzliche Altersvorsorge werde dem Bürger quasi geschenkt.

Ein Irrtum, wie die Bundesregierung offiziell zugeben musste: Die Zulagenquote beträgt für Durchschnittsverdiener gerade mal 20 Prozent – rund 80 Prozent zahlen die Riester-Sparer also aus der eigenen Tasche.[4] Und was man nicht vergessen darf: Auch die Zulagen finanzieren die Versicherten zum Teil über ihre Steuerzahlungen selbst.

Mangelhaft zeigen sich die Riester-Renten auch, wenn es um die Auszahlung im Alter geht. Viele Sparer werden wohl zum Rentenbeginn nur mit dem vorgeschriebenen »Beitragserhalt« abgespeist. Das heißt, im Vertrag ist gerade so viel drin, wie an Beiträgen und Zulagen reingeflossen ist. Inflationsbereinigt ein Riesenverlust. Doch es kommt noch schlimmer. Denn dann folgt der »Lebenserwartungs-Klau« durch die ganz speziellen Sterbetafeln der Versicherungen. Wer nur durchschnittlich alt wird, bekommt bis zu seinem Tod noch nicht mal das ausgezahlt, was zum Rentenbeginn an Vermögen im Vertrag war. Berücksichtigt man noch die große Zahl an vorzeitigen Aussteigern, so machen voraussichtlich über 80 Prozent der Versicherten Verlust. Und das gilt nicht nur für Riester-Verträge, sondern für alle Formen der privaten Rentenversicherung.

Mittlerweile ist offenkundig, dass die Riester-Rente die vom Staat mutwillig gerissene Rentenlücke nicht schließen kann. Die Friedrich-Ebert-Stiftung resümiert: »Dieser Anspruch kann nicht eingelöst werden.«[5] Und selbst der Befürworter der ergänzenden privaten und betrieblichen Altersvorsorge Bert Rürup weiß nicht erst seit heute: »Wenn wir nichts tun, werden die Risiken von Altersarmut steigen.« Und er nennt als Gründe: Die Unstetigkeit der Erwerbsbiographien, den gewachsenen Niedriglohnsektor, die fehlende Berücksichtung von Zeiten der Langzeitarbeitslosigkeit bei der Rentenfestsetzung und die langfristige Niveauabsenkung«[6] Doch was hindert uns eigentlich daran, die Reformen aus der »Schröder-Ära« wieder zurückzudrehen?

Die Renaissance der gesetzlichen Rente

Genauso wie das »Altersvermögensgesetz« 2001 und das »Rentenversicherungs-Nachhaltigkeitsgesetz« 2004 mit einfacher Mehrheit im Parlament beschlossen wurden, könnten sie mit einfacher Mehrheit im Bundestag auch wieder korrigiert werden. Einziger Hinderungsgrund ist der fehlende Wille: Union und FDP gelten als natürliche »Verbündete« der Finanzwirtschaft und sehen keinen Anlass für eine Korrektur. Auch SPD und Grüne sind nicht willens, ihren kapitalen Fehler einzusehen und die Konsequenzen zu ziehen. Bleibt einzig die Partei »Die Linke«, die eine Korrektur der Rentengesetze fordert. Und genau das macht eine »Wende« in der Altersvorsorge derzeit unwahrscheinlich. Denn nichts fürchtet die SPD mehr als ein gemeinsames Handeln mit der Linkspartei. So liegen der Rücktritt und der spätere Parteiwechsel Oskar Lafontaines noch immer wie ein Fluch über der deutschen Altersvorsorge. 55 Jahre nach Einführung der lohnbezogenen dynamischen Rente stehen wir, so der frühere Vorsitzende des Sozialbeirats Winfried Schmähl, »vor der politisch gewollten Demontage dieses Erfolgmodells«.[7]

Dabei sind grundlegende Kehrtwenden machbar, wie Kanzlerin Merkel mit dem Atomausstieg bewiesen hat. Und auch in der Altersversorgung gab es längst ein Fukushima: die Finanzkrise 2008. Hunderte Milliarden Euro wurden bereitgestellt, um wackelnde Banken zu retten – und damit auch die Lebensversicherungen. Wären die Banken gecrasht, hätte es auch die Lebensversicherer zerlegt. Der Staat bürgt und haftet also indirekt auch für die privaten Altersversorger in gigantischem Ausmaß. Solange deren Geschäfte aber gut laufen, dürfen die privaten Versicherer weiterhin Milliardengewinne behalten. Was ist an einem solchen System gerecht, und vor allem: was ist daran sicher?

Sicher ist dagegen das Umlageverfahren der staatlichen Rente. Das Gros der Leistungen basiert auf den Löhnen und Gehältern der Arbeitnehmer. Solange also Gehälter gezahlt werden, können auch Renten gezahlt werden. So einfach ist das. Auch in der jüngsten Finanzkrise 2008/2009 war noch nicht mal eine Delle bei den Beitragseinnahmen feststellbar.[8] Warum also sollte ein solch stabiles und sicheres System nicht weiter ausgebaut werden?

Stoppt die Riester-Rente!

Rein technisch wäre ein Ende der Riester-Förderung kein Problem. Der Staat nähme natürlich niemandem die bereits ausgezahlte Förderung weg. Nur gäbe es ab einem Stichtag keine neuen Fördermittel mehr. Dann würde allerdings mit einem Mal deutlich, wie unattraktiv Riester-Verträge ohne das »Doping« staatlicher Zulagen sind. Die Riester-Expertin des Deutschen Instituts für Wirtschaftsforschung (DIW), Kornelia Hagen, stellt deshalb die Riester-Förderung generell zur Disposition: »Das heißt für mich, dass es die Produkte so nicht weiter geben sollte und dass die öffentliche Hand die Gelder aus der Riester-Förderung gezielter in der gesetzlichen Rentenversicherung insbesondere für Geringverdiener und untere Einkommensgruppen einsetzen sollte.«[9] Es gibt jedoch Experten wie Bert Rürup, die daran zweifeln, ob man Riester-Sparern mit einem bestehenden Vertrag die künftigen Zulagen wirklich streichen könnte. Nur bei neuen Verträgen sei die Streichung der Förderung seiner Meinung nach unbedenklich. Andererseits: Auch in der Vergangenheit hat der Staat massiv in die Ansprüche an die Sozialversicherung und die steuerliche Behandlung von privaten Versicherungsverträgen eingegriffen. »Das wäre die erste Subvention, und nichts anderes sind die Zulagen, die unter dem Eigentumsschutz des Grundgesetzes stünde.« So Dr. Thomas Ebert, von 1998 bis 2000 unter Riester Abteilungsleiter Sozialversicherung im Bundesministerium für Arbeit und Sozialordnung.[10] Dies gilt umso mehr, wenn die Kürzungen der staatlichen Rente, die ja die Begründung für die Riester-Rente waren, wieder zurückgenommen würden. Und auch das ließe sich problemlos bewerkstelligen. Ex-Minister Norbert Blüm stimmt zu: »Das Geld, das der Staat an die Riester-Rente zahlt, oder genau genommen an die Versicherungen, das könnten wir in der staatlichen Rentenkasse besser gebrauchen.«[11]

Rentenrolle rückwärts

Erforderlich wäre der politische Wille, die Standardrente[12] nach 45 Versicherungsjahren wieder auf einen Wert von rund 70 Prozent des durchschnittlichen Nettoeinkommens der Arbeitnehmer anzuheben.[13] Millionen Versicherten würde eine solche Korrektur den Sturz in die Altersarmut ersparen. Das hat jedoch seinen Preis: Im Umlageverfahren bedeutet es steigende Beiträge für Versicherte und Arbeitgeber. Bis 2030 könnten sie auf 26 Prozent klettern. Die Steigerung würde aber über einen sehr langen Zeitraum erfolgen, was die Belastung erträglich machen würde. Prof. Winfried Schmähl hatte bereits 2005 ausgerechnet, dass sich die von den Arbeitgebern beklagte sogenannte »Beitragsexplosion« über viele Jahre gerechnet fast in Luft auflöst: Die Steigerung des Beitragssatzes auf 26 Prozent belastet die Arbeitgeber genauso wie eine zusätzliche jährliche Lohnerhöhung um 0,1 Prozent. Das scheint verkraftbar.[14]

Und für die Arbeitnehmer wäre die Hälfte von 26 Prozent (= 13 Prozent Arbeitnehmeranteil) sogar deutlich weniger belastend als das aktuelle Vorsorgekonzept der Bundesregierung, das im Jahr 2030 einen Eigenanteil von 15 Prozent vom Bruttolohn vorsieht (11 Prozent Rentenbeitrag + 4 Prozent Riester-Beitrag).

Eine moderate Beitragssatzsteigerung hätte für Versicherte wie Rentner deutliche Vorteile: Die Senkung des Rentenniveaus würde vermieden. Davon werden die heute Jungen später ebenfalls profitieren. »Wollen wir ein akzeptables Rentenniveau, kommen wir um Beitragssatzsteigerungen nicht herum«, lautet Dr. Thomas Eberts Fazit.[15]

Und die sind auch tragbar. Denn die Produktivität der deutschen Volkswirtschaft wächst jährlich im Schnitt um rund 1,5 Prozent. Und das sogar real, das heißt nach Abzug der Inflationsrate. Dieser Produktivitätszuwachs ermöglicht kräftige Reallohnsteigerungen. Und höhere Löhne machen die Beitragssatzsteigerungen verkraftbar, wie der Kölner Statistikprofessor Gerd Bosbach in einem Rechenexempel aufzeigt: Die Arbeitnehmer könnten sich demnach sogar 30 Prozent Rentenbeitrag im Jahr 2060 leisten. Dennoch hätten sie bei einer angenommenen jährlichen Reallohnsteigerung von einem Prozent ein um 40 Prozent höheres verfügbares Einkommen.[16]

»Ja aber«, wenden nun die Kritiker ein, »wir bekommen doch tatsächlich immer mehr Rentner, die immer länger leben, und die Zahl der Jungen wird weniger, das ist doch unbestreitbar. Das alte System kann doch einfach nicht mehr funktionieren«. Die Antwort: Ja und nein. Richtig ist, dass bis 2030 die Zahl der über 65-Jährigen nach Schätzungen der Bundesregierung um über 6 Millionen zunimmt und andererseits die Zahl der 20- bis 65-Jährigen um rund 6 Millionen abnimmt.[17] Entscheidend ist jedoch weniger das Verhältnis von Jungen zu Alten. Wirklich wichtig ist das Verhältnis von Beitragszahlern zu Rentnern. Die Aufgabe lautet also: mehr Beitragszahler ins gesetzliche System zu bringen, die mit gut bezahlten Vollzeitstellen das Rentensystem stützen. Die Analyse des heutigen Erwerbstätigenpotentials zeigt, dass hier noch gewaltige Reserven schlummern. Derzeit beklagen wir offiziell rund 3 Millionen Arbeitslose. Doch in Wahrheit sind es sehr viel mehr: Inklusive der ›Ein-Euro-Jobber‹, aller Personen in Fortbildungsmaßnahmen, den älteren Arbeitslosen, die in der offiziellen Statistik nicht mitgezählt werden, und all jenen, die sich gar nicht mehr arbeitslos melden, weil sie ohnehin keine Leistungen zu erwarten haben, dürften es weit mehr als 5 Millionen sein. Dazu kommen über 5 Millionen Minijobber, die ausschließlich einer geringfügigen Beschäftigung für maximal 400 Euro nachgehen. Außerdem 2,5 Millionen Solo-Selbstständige, die sich oft auf Initiative der Arbeitsagentur aus der staatlichen Rentenkasse verabschiedet haben. Dies macht deutlich: Es gibt ein Potenzial von über 12 Millionen Erwerbstätigen, die nur wenige oder gar keine Beiträge in die Rentenkasse zahlen. Fazit: Wenn es gelingt, nur die Hälfte dieses Potentials als angestellte Vollzeitarbeitskräfte zu gewinnen, verliert das Demographieproblem seinen Schrecken. Wenn uns Politik und Medien also einreden, die demographische Entwicklung entscheide über die Zukunft des Rentensystems, ist das entweder gedankenlos nachgeplappert oder dreist gelogen. Es kommt vielmehr darauf an, ob die Wirtschaft bereit und in der Lage ist, genug Arbeitskräfte gegen auskömmliches Gehalt einzustellen. Gelingt dies, hat die Rentenkasse kein Problem. Gelingt dies jedoch nicht, brächte auch ein Babyboom keine Rettung. Denn Kinder und Jugendliche werden nicht automatisch zu Beitragszahlern. Auch bei einem Verhältnis von Jungen zu Alten wie vor 50 Jahren bliebe es bei den entscheidenden Fragen: Wird es genug Vollzeitarbeitskräfte geben, um das System am Laufen zu halten? Werden sie ausreichend hohe Löhne bekommen, die den Anspruch auf eine auskömmliche Rente im Alter begründen? Und: Werden die Arbeitnehmer fair an dem Produktivitätsfortschritt beteiligt, um sich die steigenden Beiträge leisten zu können?

Es sind also Macht- und Verteilungsfragen, die über die Zukunft der Rente entscheiden. »Das Gerede um die demographische Entwicklung dient der Verschleierung dieses Sachverhalts«, urteilt Statistik-Professor Gerd Bosbach, »man versteckt sich hinter vermeintlich objektiven und unabweisbaren Zahlen, um Wirtschaft und Gesellschaft aus der Verantwortung zu entlassen.«[18]

Die Weiterentwicklung des Systems

Um die Qualität des staatlichen Rentensystems langfristig zu erhalten, muss es weiterentwickelt werden. Neben der Rückkehr zu einem »armutsfesten« Rentenniveau gehört hierzu die Einbindung möglichst aller Erwerbstätigen – also von Arbeitnehmern, Selbstständigen und Beamten – in die gesetzliche Rente. Dies aus zwei Gründen: Die Verhinderung von Altersarmut ist zu wichtig, als dass dies den Unsicherheiten des Kapitalmarkts überlassen werden dürfte. Und je mehr Erwerbstätige in die gesetzliche Rentenversicherung einbezogen werden, desto stabiler wird deren Finanzlage. Und es wäre ein deutlich gerechteres System. Wenn alle Erwerbstätigen einzahlen und nach den gleichen Kriterien Ansprüche erwerben, bekäme jeder für gleich viel Einkommen später auch eine gleich hohe Rente. Derzeit werden Angestellte, Selbstständige, Beamte, Landwirte, Bergleute und Freiberufler völlig unterschiedlich behandelt – sowohl was ihre Beitragspflicht als auch was ihre späteren Rentenansprüche angeht. Selbstverständlich müssten bei einer Angleichung der Systeme die bisher erworbenen Ansprüche erhalten bleiben. Ab einem Stichtag jedoch sollte jeder eingezahlte Euro nach denselben Spielregeln behandelt werden, ganz gleich ob er von einer Verkäuferin, einem Schuhmachermeister oder einem Kriminalkommissar kommt.

»Neben der erforderlichen Korrektur des Rentenniveaus auf etwa 70 Prozent des durchschnittlichen Nettoeinkommens«, so fordert es der Bremer Wirtschaftsprofessor Rudolf Hickel, »brauchen wir eine stärkere Umverteilungskomponente.«[19] Alleine die Wiederherstellung des alten Rentenniveaus wird nämlich nicht das Anwachsen der Altersarmut verhindern können. Denn das Rentenniveau sagt nur etwas über die Versorgung eines Durchschnittsverdieners nach 45 Versicherungsjahren aus. Immer weniger Personen gelingt es jedoch, eine solche »Standardrente« zu erzielen. Entweder verdienen sie unterdurchschnittlich oder sind längere Zeit arbeitslos. Die Folge: Trotz jahrzehntelanger Arbeit werden immer mehr Personen im Alter in der Grundsicherung[20] landen.

Der Hauptgrund ist die Ausweitung des Niedriglohnsektors in Deutschland.[21] Außerdem ist in keinem anderen Land der OECD die Schere zwischen Spitzeneinkommen und Niedriglöhnen in den vergangenen Jahren so auseinandergegangen wie in Deutschland. Und wer schon im Berufsleben wenig verdient, der wird auch im Alter nur eine Minirente bekommen. Das ist eine zwingende Folge des Grundprinzips der Beitragsäquivalenz.[22]

Auch im Vergleich zu seinen europäischen Nachbarn schneidet Deutschland in der Altersversorgung seiner Niedriglöhner schlecht ab: Geringverdiener[23] bekommen in der Schweiz und Frankreich eine um rund 50 Prozent höhere Rente. In den Niederlanden erhalten sie sogar mehr als doppelt so viel.[24] »Auffällig ist, dass Niedrigverdiener in Deutschland besonders schlecht behandelt werden«, stellt die Friedrich-Ebert-Stiftung fest, »sogar noch deutlich schlechter als in Großbritannien mit seinem traditionell eher niedrigen Sozialstandard.«[25] Der Grund: In nahezu allen anderen Industrieländern werden geringe Verdienste bei der Rentenberechnung hochgestuft.[26] Nicht so in Deutschland. Hierzulande gibt es in der Rentenversicherung so gut wie keine Umverteilung von Reich zu Arm. Die wäre aber notwendig, um zu verhindern, dass demnächst Millionen Rentner in der Altersarmut landen.[27] »Auch wir müssen den Grundsatz der Beitragsäquivalenz aufweichen«, ist der frühere Abteilungsleiter Sozialversicherung im Bundesministerium für Arbeit und Soziales Dr. Thomas Ebert überzeugt.[28]

Umverteilung braucht allerdings Finanzmittel. Die könnten aus einer deutlichen Anhebung oder gar der kompletten Abschaffung der sogenannten »Beitragsbemessungsgrenze« kommen. Derzeit werden Rentenbeiträge lediglich bis zu einem Jahresverdienst von 67 200 Euro im Westen und bis 57 600 Euro im Osten erhoben.[29] Wer mehr verdient, und seien es Hunderttausende Euro pro Jahr, zahlt keinen Cent extra in die Rentenkasse. Eine Aufhebung der Beitragsbemessungsgrenze könnte also erhebliche Mehreinnahmen liefern.

»Wir kämen dann zu einer Art Drei-Schichten-Modell«, erläutert Rudolf Hickel.[30] Die Topverdiener würden deutlich mehr zahlen, ihre Altersrente wäre aber nach oben begrenzt. Ab einer festgelegten Höhe von beispielsweise 5000 Euro wäre die Rente »gedeckelt«. Für Normalverdiener würde sich am Prinzip der Beitragsäquivalenz nichts ändern. Sie könnten aber aufgrund des erhöhten Rentenniveaus wieder von ihren Renten leben. Die größten Vorteile hätten die Geringverdiener. Ihre Ansprüche würden aufgestockt, und sie bekämen eine Mindestrente, deutlich oberhalb der Grundsicherung. Voraussetzung wäre, dass sie ein volles Arbeitsleben im Einsatz waren.

Um die Finanzierung auf eine noch breitere Grundlage zu stellen, sollte zudem die Bemessungsgrundlage erweitert werden. Neben den Erwerbseinkünften könnten auch alle Kapitaleinkünfte (also Zinsen und Dividenden) und die Einnahmen aus Vermietung und Verpachtung beitragspflichtig werden. Weil die Gesamteinnahmen steigen, kann der Beitragssatz sinken, und die reinen Gehaltsempfänger würden entlastet. Die Umverteilung zu Gunsten der wirtschaftlich Schwächeren würde noch verstärkt.

Kritiker wenden ein, in einem solchen Modell könne man die Rente auch gleich über Steuern finanzieren. Damit ginge jedoch jeder Zusammenhang von Leistung und Gegenleistung verloren. Solange jeder Versicherte eigene Beiträge zahlt und damit einen Rentenanspruch erwirbt, entstehen eigentumsähnliche Ansprüche. Die sind deutlich stärker als Ansprüche aus einem rein steuerfinanzierten System. Außerdem steigert die Tatsache, dass ausnahmslos jeder mit seinem Beitrag ein Opfer bringen muss, die Akzeptanz der Rente.

Auch für privates kapitalgedecktes Sparen bliebe in dem neuen System Raum. Nur sollte es zu wesentlich geringeren Kosten erfolgen, als es gegenwärtig von den Lebensversicherungen betrieben wird. So plädiert die baden-württembergische Landesregierung für ein ›Vorsorgekonto‹, das bei der Deutschen Rentenversicherung angesiedelt wäre. Die Experten der Rentenversicherung, die ohnehin die Finanzreserven der Rentenkasse am Kapitalmarkt anlegen, könnten das Kapitalmanagement übernehmen. Vorteil: Es fielen keine Abschluss- und Provisionskosten an. Außerdem solle, so schlagen die Stuttgarter vor, die Deutsche Rentenversicherung in der Rentenkalkulation eine »realistische Lebenserwartung« unterstellen, was später eine höhere Rentenauszahlung zur Folge hätte. Für eine »Non-Profit«-Institution wie die Rentenkasse gibt es schließlich keinen Anreiz, durch »vorsichtige« Annahmen über die Lebenserwartung »Sterblichkeitsgewinne« zu erzielen.

Die Stuttgarter Landesregierung hofft, mit dem ›Vorsorgekonto‹ eine günstige staatliche Alternative zur kostenträchtigen privaten Riester-Rente etablieren zu können. »Die bestehenden Riester-Renten gehen meist am Bedarf der Verbraucher vorbei«, kritisiert Baden-Württembergs Verbraucherminister Alexander Bonde. Sie seien in der Mehrzahl teuer und undurchsichtig. »In einigen Fällen geht die staatliche Förderung fast komplett für Abschluss- und Verwaltungskosten drauf«, so Bonde, »da profitieren doch in erster Linie die Finanzinstitute und nicht die Verbraucher.«[31] Noch beißt Bonde jedoch bei den meisten Ministerkollegen der anderen Bundesländer auf Granit. Auch die Bundesverbraucherministerin Ilse Aigner winkt ab: »Gegen das sogenannte Vorsorgekonto bestehen innerhalb der Bundesregierung erhebliche Bedenken. Insbesondere würde der Staat mit einem solchen Angebot in direkte Konkurrenz zu privaten Anbietern von Altersvorsorgeprodukten treten.« Man wolle stattdessen das Produktinformationsblatt[32] verbessern, um die Transparenz zu erhöhen, so Aigner: »Dies ist das bessere Instrument gegenüber der Einführung eines staatlichen Basisproduktes.«[33] Im Klartext: Die Bundesregierung räumt offen ein, dass sie den Lebensversicherern das Geschäft nicht kaputtmachen will. Den Kunden nutzt das vermutlich wenig: Bereits die Einführung des Produktinformationsblattes im Jahr 2008 hatte mehr zur Verwirrung als zur Beantwortung von Fragen beigetragen. Und an den hohen Kosten ändert auch ein verbessertes Informationsblatt nichts.

Fazit: Es ist also möglich, das umlagefinanzierte gesetzliche Rentensystem auch für die kommenden Jahrzehnte »wetterfest« zu machen. Ausnahmslos alle Versicherte würden dann aufgrund der Niveauanhebung höhere Renten erhalten. Niemand würde mehr trotz eines langen Arbeitslebens auf die Grundsicherung angewiesen sein. Auch ein Stopp oder ein Umbau der Riester-Förderung in wesentlich kostengünstigere und kundenfreundlichere Strukturen wäre machbar.

Doch von all dem will die aktuelle Bundesregierung nichts wissen.

Die konzentriert sich stattdessen auf die Einführung einer Zuschussrente. Es ist das stille Eingeständnis, dass immer mehr Versicherte aufgrund der beschlossenen Rentenreformen trotz lebenslanger Arbeit in die Armut abgleiten. Und so sieht Arbeitsministerin von der Leyens Konzept aus: Langjährig Versicherten mit geringen Rentenansprüchen soll die Rente aufgestockt werden – auf maximal 850 Euro monatlich. Diese Zuschussrente, die von der Bundesregierung mittlerweile schönfärberisch »Lebensleistungsrente« genannt wird, soll aber nach einer Übergangsphase nur bekommen, wer folgende Bedingungen erfüllt:

45 Versicherungsjahre, davon 35 Jahre mit Beschäftigung, außerdem werden 35 Jahre zusätzliche Altersvorsorge entweder in Form von eigenen Einzahlungen in eine betriebliche Altersversorgung (Entgeltumwandlung) oder der Riester-Rente gefordert.[34] Zudem soll eine Aufstockung der Rente möglicherweise an eine vorherige Kindererziehung oder die Pflege von Angehörigen geknüpft werden.

Diese Anforderungen sorgen dafür, dass sowohl die Sozialverbände als auch die Deutsche Rentenversicherung die Lebensleistungsrente als untauglich ablehnen. Motto: Wer im Alter arm ist, hat wahrscheinlich die Voraussetzungen nicht erfüllt. Und wer die Voraussetzungen erfüllt, der ist vermutlich im Alter nicht arm. Nur wenigen Versicherten dürfte die Lebensleistungsrente also wirklich helfen. Allerdings darf sich die Finanzwirtschaft freuen. Denn weil die Lebensleistungsrente an langjährige Privatvorsorge gekoppelt ist, entpuppt sie sich für den Ökonomieprofessor Rudolf Hickel als »Konjunkturprogramm für die Riester-Rente«. Die Bundesregierung wolle Millionen Menschen in diese überteuerte und unrentable Sparform hineinzwingen, so Hickel: »Frau von der Leyen wird damit zur obersten Versicherungsvermittlerin dieses Landes.«[35]

Mit Vorschlägen für eine gerechtere Finanzierung der Rente hatten wir uns für »plusminus« bereits 1997 befasst. Es war jener TV-Beitrag, mit dem wir Professor Raffelhüschen erstmals den Weg ins »Erste« ebneten. Seitdem ist er gefühlte hundert Mal auf der Mattscheibe zu sehen gewesen. Auch hat er sich zu einem der erfolgreichsten Gastredner auf Veranstaltungen der Finanzwirtschaft entwickelt. Zuschauer und Veranstalter schätzen seinen »Hau-Drauf-Stil«. Das zeigte sich wieder am 9. März 2012 im Düsseldorfer Hotel Hyatt Regency. Dorthin eingeladen hatte die Gothaer Versicherung über

100 ihrer Makler zu einem Motivationsevent. Einer der prominenten Gastredner: Bernd Raffelhüschen. Genüsslich reitet er in seinem Vortrag auf seinem Lieblingsthema herum, dem Geburtenrückgang. In bester Laune reicht der dreifache Vater den Schwarzen Peter an die im Saal zahlreich vertretene Generation der ›Babyboomer‹ weiter: »Wir glauben immer, wir haben da ein Problem mit der Altersvorsorge. Da sind wir komplett schief gewickelt, wenn Sie glauben, Sie haben da ein Problem. Völliger Blödsinn – Sie haben gar kein Problem, Sie sind das Problem. Vielleicht fangen Sie Ihr nächstes Kundengespräch mal mit dieser Aussage an.« Der Tipp überzeugt die gewieften Verkäufer im Saal noch nicht, doch Raffelhüschen legt nach: Von den heute um die 50-Jährigen gibt es, so Raffelhüschen, schlicht zu viele. Und was seiner Meinung nach ihre ›Schuld‹ noch verschlimmert: Sie haben zu wenige Kinder gemacht. Und dafür müssen sie nun büßen, stimmt er seine Zuhörer ein: »Wenn Sie dem Kunden sagen, dass er das Problem ist, geben Sie ihm am besten auch gleich noch eine Peitsche an die Hand. Sie wissen, was man mit der Peitsche macht, oder? Mit der Peitsche macht man die Kasteiung, also Ihr Kunde soll sich kasteien, ›mea culpa‹. Sie auch! In Ihrem Fall würde ich sagen: ›mea maxima culpa‹. Kräftig zuschlagen, im Durchschnitt trifft's keinen Falschen.«

Feixen und Heiterkeit im Saal, aber auch ein wenig Verunsicherung. Denn Raffelhüschens Peitschen-Vergleich wirft unangenehme Fragen auf. Sollen die Versicherungsvermittler zu Opfer- und Bußpredigern werden? Wird der Verkauf von Versicherungspolicen etwa zum Ablasshandel des 21. Jahrhunderts? Kann der Kauf einer Privatrente die Schuld der Kinderlosigkeit sühnen? Das alles klingt reichlich krude, doch es wirkt: Mit Hilfe von Einschüchterungen und Angstmache sind die Menschen schon zu allen Zeiten erfolgreich überredet und manipuliert worden. Wer seinen Kunden ordentlich einheizt und dann natürlich das passende Produkt anbietet, macht die besten Geschäfte. Nun ist es an den Versicherungsmaklern, diese Steilvorlage zu nutzen: Ran an den Kunden und verkaufen, verkaufen, verkaufen …

Anmerkungen

Prolog

1 Henning Schulte-Noelle war von 1991 bis 2003 Vorstandsvorsitzender der Allianz AG.
2 Zitiert nach Oskar Lafontaine: Das Herz schlägt links, Berlin 1999, S. 222

Die neue Rentenlüge

1 Unter dem Titel »Fragen und Antworten zur Riester-Rente« abrufbar auf www.walterriester.de
2 Pressemitteilung Union Investment vom 16. 2. 2012, Union Investment im Geschäftsjahr 2011, http://unternehmen.union-investment.de/-sum-0116930877-1341308705-0249600000-0000000000-1341308902-enm-Unternehmen/UMH/Nachrichten/9fc549201a01114c071d6294017741ef.0.0/PM_JPK_2012.btml#, So riestern die Deutschen, Versicherungsjournal vom 24. 5. 2012
3 Pressemitteilung Union Investment vom 25. 5. 2009, »Walter Riester wird unabhängiges Aufsichtsratsmitglied der Union Asset Management Holding AG«
4 http://privatkunden.union-investment.de/pifs/uprorent/uprorent.pdf
5 Airtag-Ärger, *Finanztest* 03/2009, S. 36 ff.
6 Interview mit Albrecht Müller in Köln, 15. 4. 2011
7 *FAZ*, 14. 8. 2011
8 Unerlässlich, Lebenslange Zusatzrente – ausgezeichnet, PB Privat Rente, Werbeprospekt Stand Januar 2012, S. 8
9 Schutz und Vorsorge, Werbeprospekt der Targo Bank, Stand 03/2011, S. 20

10 *Finanztest Spezial*, November 2002, Riester-Rente, S. 22 und 23
11 www.youtube.com/watch?v=HeYgGwp5nXQ
12 Infobroschüre »FAQs 1871 RieStar« der Lebensversicherung von 1871
13 www.axa.de/servlet/PB/menu/1204432/index.html
14 Die Deutsche Versicherungswirtschaft, Jahrbuch 2010, S. 1
15 So verkündet die Postbank in ihrem Altersvorsorgeprospekt ›zuversichtlich‹ auf S. 7: »Von der gesetzlichen Rente allein kann kaum jemand existieren, geschweige denn seinen gewohnten Lebensstil aufrechterhalten. Deshalb muss privat für einen Ausgleich vorgesorgt werden.« Stand: September 2011
16 Interview mit Norbert Blüm, 22. 11. 2011
17 50plus-Studie des Instituts für neue soziale Antworten Insa, 2011
18 Interview mit Prof. Winfried Schmähl in Berlin, 12. 12. 2011
19 Orwell schildert in »1984« einen Staat, der von dem Diktator »Big Brother« kontrolliert wird. Es herrscht die totale Überwachung und auch die totale Kontrolle der Gedanken. Mit »Neusprech« lernt das Volk eine radikal vereinfachte Sprache. Es wird die Kunst des »Double-Think« gelehrt, das wichtige Begriffe in ihrem Sinn umgedreht, etwa »Krieg ist Frieden« oder »Freiheit ist Sklaverei«.
George Orwell: 1984, Berlin 1994
20 Schutz und Vorsorge, Targo-Bank, BRSV 2039, Stand 03/11, S. 18
21 Vgl. Klaus-Heinrich Dedring u. a.: Rückkehr zur lebensstandardsichernden und armutsfesten Rente, Expertise im Auftrag der Friedrich-Ebert-Stiftung, S. 9
22 Interview mit Prof. Winfried Schmähl in Berlin, 12. 12. 2011
23 Laut Ratingagentur Assekurata meldeten die teilnehmenden Versicherungen 2008 für einen 25-jährigen Mustervertrag ›Private Rentenversicherung‹ im Durchschnitt eine Gesamtverzinsung von 5,12 %, in der Spitze sogar 5,72 %. Assekurata: Marktstudie 2008 – Die Überschussbeteiligung in der Lebensversicherung, S. 37
24 Vgl. im Kapitel »Lobbyisten 1« die Abschnitte »Ein funktionierendes System wird kaputtgeredet« sowie »Die sogenannte ›demographische Katastrophe‹«; ferner das Kapitel »Die Wahrheit über Privatrenten: Untauglich und verlustreich«.

25 Nachzulesen u. a. im Branchendienst map-report 789–790: LV-Deklarationen 2012. Krise fällt aus, Januar 2012, S. 36/37
26 Vgl. im Kapitel »Die Wahrheit über Privatrenten« den Abschnitt: »Das Stornodebakel: Nur wenige Kunden halten durch«, S. 168 ff.
27 Interview mit Axel Kleinlein in Berlin, 21. 3. 2011
28 Vgl. Klaus-Heinrich Dedring u. a.: Rückkehr zur lebensstandardsichernden und armutsfesten Rente, Expertise im Auftrag der Friedrich-Ebert-Stiftung, S. 9
29 BTDS 17/7964, S. 10, S. 51 ff. sowie Fortschreibung bis zum Jahr 2011
30 Interview mit Prof. Winfried Schmähl in Berlin, 12. 12. 2011
31 Walter Riester in Rentenfernsehen.de, abrufbar über www.walterriester.de
32 MDR-Interview, 23. 11. 2011, zitiert nach *FAZ Online*, 24. 11. 2011
33 Der Vampir-Spot der Sparkassen lief 2011 bundesweit im Fernsehen und in Kinos.
34 Die deutsche Lebensversicherung in Zahlen 2012, Gesamtverband der Deutschen Versicherungswirtschaft e. V. (GDV), S. 7
35 Die deutsche Lebensversicherung in Zahlen 2012, Gesamtverband der Deutschen Versicherungswirtschaft e. V. (GDV), S. 27
36 *Handelsblatt*, 8. 6. 2005, AWD setzt auf Betriebsrente www.handelsblatt.com/unternehmen/banken/hauptversammlung-des-finanzdienstleisters-awd-setzt-auf-die-betriebsrente/v_detail_tab_print,2511306.html sowie *netzeitung*, 8. 6. 2005, Private Altersvorsorge ist für AWD eine »sprudelnde Quelle«, www.netzeitung.de/spezial/zukunftdesalters/342794.html
37 Carsten Maschmeyer war lange Zeit Chef des Allgemeinen Wirtschaftsdienstes AWD, einem führenden Strukturvertrieb. Er war ein aktiver Förderer von Bundeskanzler Gerhard Schröder (SPD) auch schon vor dessen Wahl 1998. Der AWD steht im Ruf, seinen Kunden qualitativ schlechte Produkte verkauft und hierfür weit überzogene Provisionen kassiert zu haben.
38 Die deutsche Lebensversicherung in Zahlen 2012, Gesamtverband der Deutschen Versicherungswirtschaft e. V. (GDV), S. 18
39 map-report 789–790, Januar 2012, S. 6; Laut Mindestzuführungsverordnung müssen von den Risikogewinnen mindestens

75 Prozent an die Versicherten fließen. Jedoch nicht zeitnah und verursachungsgerecht. Das heißt, es ist unklar, wer und wann davon profitiert.

40 Interview mit Kerstin Becker-Eiselen (Verbraucherzentrale Hamburg), 28. 3. 2011

41 Die deutsche Lebensversicherung in Zahlen 2012, Gesamtverband der Deutschen Versicherungswirtschaft e. V. (GDV), S. 18

42 Die Gesamtzahl der Riester-Verträge liegt derzeit bei rund 16 Millionen. Zu den 11 Millionen Versicherungen kommen noch rund 5 Millionen Verträge bei Banken, Fondsgesellschaften und Bausparkassen. Quelle: *Versicherungsjournal*, 23. 3. 2012, So riestern die Deutschen

43 Interview mit Thomas Lueg (GDV) in Berlin, 22. 3. 2011

44 Interview mit Kerstin Becker-Eiselen (Verbraucherzentrale Hamburg), 28. 3. 2011

45 Interview mit Mark Ortmann, 25. 1. 2012

46 Interview mit Peter Schramm, 14. 6. 2012

47 HDI-Gerling verbessert erfolgreiche TwoTrust Produkte, Pressemeldung vom 1. 2. 2012

48 Online-Werbung der Allianz: www.allianz.de/produkte/altersvorsorge/privatrente/allianz_invest4life/index.html

49 Interview mit Axel Kleinlein in Berlin, 21. 3. 2011

50 Interview mit Johannes Lörper (ERGO) in Düsseldorf, 2. 5. 2011

51 Interview mit Kerstin Becker-Eiselen (Verbraucherzentrale Hamburg), 28. 3. 2011

52 Die deutsche Lebensversicherung in Zahlen 2010/2011, S. 7 und S. 19

53 Deutsche Erstaufführung am 8. 1. 1998

54 »Titania«, gesendet am 14. 4. 1998 im ARD-Wirtschaftsmagazin »plusminus«

55 »Die Kapitallebensversicherung als Anlegerschädigung« von Prof. Michael Adams in *Zeitschrift für Wirtschaftsrecht*, Heft 43, 24. 10. 1997

56 Der Gesamtverband der Versicherungswirtschaft schrieb, »die Reduzierung der Kapitallebensversicherung auf den Renditeaspekt ist eine unzulässige Vereinfachung, die der Komplexität und der wirtschaftlichen Zielsetzung des Produktes nicht gerecht wird«.

57 Andreas Oehler: Bei Abschluss: Verlust? Das Ende vom Anfang einer Vorsorge: Milliardenschäden durch fehlgeleitete Ab-

schlüsse von Kapitallebens- und Rentenversicherungen, Universität Bamberg, 2011

58 »Reise ins Labyrinth«, Test Riester-Renten, *Öko-Test* 06/2011, S. 76 ff.
59 DGB Pressemitteilung 204 vom 21. 11. 2011
60 DIW-Wochenbericht 47/2011, Riester-Rente: Grundlegende Reform dringend geboten, S. 15, Deutsches Institut für Wirtschaftsforschung, Berlin, 23. 11. 2011
61 Interview mit Prof. Udo Reifner in Hamburg, 28. 3. 2011
62 map-report Nr. 789–790, Januar 2012
63 Seit Inkrafttreten des neuen Versicherungsvertragsgesetzes (VVG) 2008 besteht ein Recht auf Beteiligung der Kunden in Höhe von 50 % an den stillen Reserven (oder auch: ›Bewertungsreserven‹). Ob dies jedoch korrekt umgesetzt wird, lässt sich aus Kundensicht allerdings so gut wie nicht überprüfen.
64 GDV-Jahrbuch 2010, S. 84
65 GDV-Jahrbuch 2010, S. 66
66 GDV-Jahrbuch 2010, S. 50
67 GDV-Jahrbuch 2010, S. 24
68 Interview mit Prof. Udo Reifner in Hamburg, 28. 3. 2011
69 »Die Geretteten« von Harald Schumann, 13. 9. 2009, *Der Tagesspiegel*: www.tagesspiegel.de/wirtschaft/finanz/hypo-real-estate-die-geretteten/1598962.html
70 Interview mit Lars Heermann (Ratingagentur Assekurata), 6. 12. 2011
71 *Versicherungsjournal*, 30. 3. 2012, http://vjournal.de/-111446
72 *Versicherungsjournal*, 29. 11. 2011, http://vjournal.de/-110210
73 Zum Stichtag 31. 3. 2012 besitzt die Allianz beispielsweise italienische Staatsanleihen im Buchwert von 31 Milliarden Euro. *FAZ*, 16. 5. 2012, Allianz steht fest zu Italien
74 Interview mit Prof. Rudolf Hickel in Bremen, 12. 4. 2011
75 Interview mit Prof. Rudolf Hickel in Bremen, 12. 4. 2011
76 DGB Pressemitteilung Nr. 204 vom 21. 11. 2011
77 http://de.wikipedia.org/wiki/Rentenversicherungssystem_%28Chile%29, abgerufen: 13. 4. 2012
78 OECD Directorate for Financial and Enterprise Affairs, »Pension markets in focus«, 11. 12. 2008
79 Interview mit Kerstin Becker-Eiselen (Verbraucherzentrale Hamburg), 28. 3. 2011
80 Der Rechnungszins oder Garantiezins ist der Zins, mit dem die

Versicherer ihren Kunden den Sparanteil der Einzahlungen mindestens verzinsen. Die garantierte Rente hängt damit unmittelbar vom Rechnungszins ab.

81 Interview mit Lars Heermann (Bereichsleiter Analyse bei der Assekurata Rating-Agentur) in Köln, 6. 12. 2011

82 BTDS 17/7964: »Zur lückenhaften Datenlage und anhaltenden Kritik nach 10 Jahren Riester-Rente«, S. 19. Die Angabe bezieht sich auf einen Kostensatz von 20 %, welcher sowohl von ›Finanztest‹ als auch ›Öko-Test‹ bei teuren Anbietern bereits mehrfach ermittelt und sogar überschritten wurde.

83 Interview mit Lars Heermann (Bereichsleiter Analyse bei der Assekurata Rating-Agentur) in Köln, 6. 12. 2011

84 Interview mit Prof. Rudolf Hickel in Bremen, 12. 4. 2011

Lobbyisten 1

1 »Rentenklage«, gesendet in »plusminus« am 16. 9. 1997

2 Damals lag das Rentenniveau bei 70 %. Ein Standardrentner, der 45 Jahre lang im Berufsleben einen Durchschnittsverdienst hatte, bekam eine Rente, die 70 % des Nettolohns eines Durchschnittsverdieners entsprach.

3 Diana Wehlau: Lobbyismus und Rentenreform, Wiesbaden 2009, S. 139

4 Damit sollten die Renten nur noch im gleichen Maße steigen wie die Nettolöhne der Arbeitnehmer. Zuvor waren die Renten analog den Bruttolöhnen gestiegen, was den Rentnern in Zeiten steigender Abgabenlasten real höhere Steigerungen beschert hatte als den Arbeitnehmern.

5 Interview mit Prof. Winfried Schmähl in Berlin, 12. 12. 2011

6 *Der Spiegel*, 3. 2. 1997, Wie die Alten die Jungen ausplündern. Auf Kosten der Jungen, S. 25 ff.

7 Anzeige in *Der Spiegel*, 3. 2. 1997, S. 21

8 Institut für Wirtschaft und Gesellschaft (1977 bis 2008)

9 Meinhard Miegel, Stefanie Wahl: Gesetzliche Grundsicherung, private Vorsorge – der Weg aus der Rentenkrise, Stuttgart 1985

10 Axel Börsch-Supan: Sparen für die eigene Rente, in *Handelsblatt*, 16. 7. 1998

11 2008 wurde das IWG offiziell aufgelöst. Unter derselben Bonner Adresse betreibt Meinhard Miegel nun das »Denkwerk Zukunft«.
12 Interview mit Prof. Meinhard Miegel für ARD »plusminus«, 24. 6. 1997
13 Im Dezember 1996 stieg die Arbeitslosenzahl auf 4,15 Millionen.
14 Peter Bofinger: Wir sind besser, als wir glauben, zitiert nach Ursula Engelen-Kefer: Kämpfen mit Herz und Verstand, Köln 2009, S. 223
15 Bundesministerium für Arbeit und Sozialordnung: Eckpunkte für die Rentenreform 1999, Vorschläge der Kommission »Fortentwicklung der Rentenversicherung«, S. 31
16 Bundesministerium für Arbeit und Sozialordnung, Pressemitteilung vom 18. 6. 1997, S. 2
17 WDR-Fernsehen »markt«, 18. 12. 2000
18 Interview mit Norbert Blüm, 22. 11. 2011
19 *Der Spiegel*, 3.2.1997, Wie die Alten die Jungen ausplündern, S. 26
20 Michael Sauga: Wer arbeitet, ist der Dumme, München 2007, S. 73
21 DIW-Wochenbericht Herbst 1997, zitiert nach Engelen-Kefer, S. 215
22 Interview mit Ursula Engelen-Kefer, 7. 1. 2012
23 Rentenversicherung in Zeitreihen, Deutsche Rentenversicherung Bund, Oktober 2011
24 Interview mit Norbert Blüm in Bonn, 23. 11. 2011
25 Ursula Engelen-Kefer: Kämpferin mit Herz und Verstand, Köln 2009, S. 209
26 Diana Wehlau: Lobbyismus und Rentenreform, Wiesbaden 2009
27 Diana Wehlau: Lobbyismus und Rentenreform, Wiesbaden 2009. S. 273
28 Siehe das Kapitel »Lobbyisten 2 – Die Manipulation der öffentlichen Meinung«
29 Diana Wehlau: Lobbyismus und Rentenreform, Wiesbaden 2009, S. 272
30 Interview mit Diana Wehlau in Bremen, 12. 4. 2011
31 Interview mit Prof. Bernd Raffelhüschen für »plusminus«, 16. 9. 1997
32 Interview mit Prof. Miegel für »plusminus«, 24. 6. 1997

33 Interview mit Prof. Miegel für »plusminus«, 24. 6. 1997
34 *Positionen*, Nr. 83, Februar 2012, Zeitschrift des GDV, S. 15
35 *Capital*, 3/1997, Alt müsste man sein, S. 132
36 *Der Spiegel*, 30. 8. 1999, Die Baby-Lücke – Zwang zur Wende, S. 30 und 36
37 *Der Spiegel*, 3. 2. 1997, Titelseite: Die Rentenreform oder Wie die Alten die Jungen ausplündern
38 *Der Spiegel*, 3. 2. 1997, Auf Kosten der Jungen, S. 34
39 *Capital*, 6/1997, Klares Rechenexempel, S. 155
40 *Capital*, 3/1997, Alt müsste man sein, S. 134
41 www.dp-dhl.com/de/presse/pressemitteilungen/2011/deutsche_post_stellt_erste_deutsche_gluecksstudie_vor.html
42 *Capital* 6/1997, Klares Rechenexempel, S. 156
43 Interview mit Prof. Gerd Bosbach in Köln, 2. 12. 2011
44 So Herwig Birg, der Doyen der Bevölkerungswissenschaftler, in: *Welt*, 14. 3. 2006, S. 3
45 Gerd Bosbach: Demographische Entwicklung – kein Anlass zur Dramatik, S. 5, Aufsatz abrufbar unter:/www.nachdenkseiten.de/upload/pdf/gbosbach_demogr.pdf
46 Gerd Bosbach: Bevölkerungsentwicklung, in: Gabriele Gillee, Walter von Rossum: Schwarzbuch Deutschland, Reinbek 2009, S. 121
47 Interview mit Prof. Gerd Bosbach in Köln, 2. 12. 2011
48 Rentenversicherung in Zeitreihen, DRV-Schriften Band 22, S. 240: Durchschnittliche Bruttojahresentgelte 1960: 6101 DM; 2011: 30 268 Euro
49 Interview mit Prof. Gerd Bosbach, 2. 12. 2011; vgl. auch Gerd Bosbach: »Warum wir positiv in die Zukunft blicken können«, *Süddeutsche Zeitung*, 2. 1. 2012
50 In der Riester-Rente zahlen die Arbeitnehmer 4 % ihres Bruttoeinkommens alleine, bekommen aber staatliche Zuschüsse. Die Arbeitgeber werden komplett entlastet.
51 Gerd Bosbach: Bevölkerungsentwicklung, in: Gabriele Gillen, Walter von Rossum: Schwarzbuch Deutschland, Reinbek 2009, S. 125
52 Thomas Ebert: Generationengerechte Alterssicherung, FES Online-Akademie, S. 2, www.fes-online-akademie.de/modul.php?md=6&c=texte&id=101
53 Prof. Ralf E. Ulrich in: *Die Welt*, 11. 5. 2006, Wir sterben immer wieder aus

54 Interview mit Norbert Blüm in Bonn, 22. 11. 2011
55 www.allianz.com/de/presse/news/engagement_news/gesellschaftliches_engagement/news_2011-12-05.html und https://www.allianz.com/de/presse/news/unternehmensnews/standpunkte/news_2012-01-12a.html
56 *Süddeutsche Zeitung*, 2. 1. 2012, »Warum wir positiv in die Zukunft blicken können«, ein Gastbeitrag von Gerd Bosbach
57 www.berlinerdemografieforum.org/de/bdf_2012/teilnehmende/index.html
58 www.berlinerdemografieforum.org/static-resources/medien/v_1327326456000/diekmann-rede.pdf Michael Diekmann: »Der demografische Wandel – Jetzt gemeinsam handeln und die Zukunft gestalten«, 12. 1. 2012 in Berlin
59 ARD »Morgenmagazin«, 20. 4. 2006, HC Schultze und Gregor Witt: »Unabhängige Experten«
60 Prof. Dr. Meinhard Miegel, Prof. Dr. Bernd Raffelhüschen, Dr. Reinhold Schnabel: Renditen der gesetzlichen Rentenversicherung im Vergleich zu alternativen Anlageformen, Köln 1998
61 Gesellschafter im Jahr 1998: Deutsche Bank AG, Versicherungsholding der Deutschen Bank AG, Deutsche Bank Bauspar AG, Deutsche Fonds Holding GmbH
62 Raffelhüschen noch mindestens drei Mal und Börsch-Supan und Miegel noch mindestens sechs Mal
63 www.dia-vorsorge.de/shop/
64 Diana Wehlau: Lobbyismus und Rentenreform, Wiesbaden 2009, S. 262, MLP Pressemitteilung vom 10. 2. 2006
65 http://de.wikipedia.org/wiki/Meinhard_Miegel, abgerufen: 26. 6. 2012
66 www.lobbypedia.de/index.php/Bernd_Raffelh%C3%BCschen, abgerufen: 26. 6. 2012
67 Die Sponsoren des FZG sind abrufbar unter: www.fiwi1.uni-freiburg.de/fzg/verein/sponsoren.html
68 Gegründet und finanziert durch die Deutsche Bank
69 Siehe Liste der Publikationen des FZG: www.fiwi1.uni-freiburg.de/fzg/publikationen.php
70 *Spiegel Online*, 17. 11. 2011, www.spiegel.de/wirtschaft/service/0,1518,798089,00.html

71 www.wirtschaftsrat.de/wirtschaftsrat.nsf/id/6F7589C3D632399BC12578BE003E0BAD

72 Laut Internetseite Raffelhüschen seit 1/2006: www.fiwi1.uni-freiburg.de/raffelhueschen/lebenslauf.html

73 www.insm.de/insm/ueber-die-insm/Kuratoren-und-Botschafter.html

74 Laut Internetseite Raffelhueschen seit 08/2005 www.fiwi1.uni-freiburg.de/raffelhueschen/lebenslauf.html

75 Pressemitteilung der Gothaer vom 16. 1. 2012, »Gothaer startet GoFuture Sales Tour«

76 Auch bei sinkenden Arbeitnehmerlöhnen sollten die Renten nominal keinesfalls sinken. Die ausgesetzten Kürzungen der Renten werden jedoch in den kommenden Jahren mit den Erhöhungen verrechnet.

77 Pressemitteilung »Rentenbeiträge steigen auf 21,1 %«, 16. 6. 2009, www.insm.de/insm/Presse/Pressemeldungen/Tricksen-an-der-Rentenformel.html

78 www.deutsche-rentenversicherung.de/sid_4FA2425DD954CCF95D6EB5B6FCA0C176.cae04/Allgemein/de/Inhalt/5_Services/wissenswertes_videotext/2012_aktuelles_zum_beitragssatz.html

79 Interview mit Prof. Udo Reifner in Hamburg, 28. 3. 2011

80 Interview mit Albrecht Müller, 15. 4. 2011

81 Ein seinerzeit von Sozialdemokraten und Gewerkschaftern favorisiertes Konzept, um kapitalintensiv wirtschaftende Unternehmen stärker zur Finanzierung der Renten heranzuziehen

82 Bundesministerium für Arbeit und Sozialordnung: Eckpunkte für die Rentenreform 1999, Vorschläge der Kommission »Fortentwicklung der Rentenversicherung«

83 Interview mit Ursula Engelen-Kefer, 16. 12. 2011

84 *Die Zeit*, 27. 1. 2000, S. 28

85 *Frankfurter Allgemeine Sonntagszeitung*, 13. 2. 2011, S. 38

86 Der Allgemeine Wirtschaftsdienst (AWD) wurde von Carsten Maschmeyer aufgebaut. Tausende Anleger werfen dem AWD Falschberatung bei der Vermittlung von Altersvorsorgeprodukten und die Berechnung von überhöhten Provisionen vor.

87 www.ftd.de/karriere-management/management/:wechsel-in-die-wirtschaft-awd-bewahrt-ruerup-vor-der-rente/441150.html

88 www.n-tv.de/wirtschaft/meldungen/Ruerup-sattelt-um-article36263.html
89 www.n-tv.de/wirtschaft/meldungen/Ruerup-sattelt-um-article36263.html
90 www.mr-ag.com/de/startseite.htmlPressemeldungvom 16.12.2009 (mittlerweile wurde die Webseite verändert)
91 Siehe auch *Schaumburger Nachrichten*, 15. 12. 2009
92 www.mr-ag.com/de/startseite.htmlPressemeldungvom 16.12.2009 (mittlerweile wurde die Webseite verändert)
93 s. o.
94 www.mlp-ag.de/#/presse/pressemitteilungen/2005/050124-pm
95 www.mlp-ag.de/#/presse/pressemitteilungen/2006/060210-pm
96 www.nachdenkseiten.de/?p=320, auch Unabhängige Experten, ARD-Morgenmagazin, 20. 4. 2006
97 Diana Wehlau: Lobbyismus und Rentenreform, Wiesbaden 2009, S. 262
98 *Super Illu*, Nr. 33/2007, S. 56/57
99 www.mr-ag.com/de/startseite.htmlPressemeldungvom 23.2.2010 (mittlerweile wurde die Webseite verändert)
100 Interview mit Max Höfer in Berlin, 12. 12. 2011
101 Diana Wehlau: Lobbyismus und Rentenreform, Wiesbaden 2009, S. 262; bestätigt von Rürup auf telefonische Nachfrage am 18. 5. 2012, www.nachdenkseiten.de/?p=320
102 Jens Wernicke und Thorsten Bultmann (Hrsg.): Netzwerk der Macht – Bertelsmann, Marburg 2007, S. 423
103 Interview mit Dr. Helmut Hofmeier (Vorstandsvorsitzender der Gothaer Lebensversicherung AG), 8. 6. 2011
104 Interview mit Prof. Rudolf Hickel in Bremen, 12. 4. 2011
105 Interview mit Prof. Bert Rürup, 10. 2. 2012
106 Interview mit Prof. Winfried Schmähl, 12. 12. 2011
107 www.dia-vorsorge.de/shop/
108 www.mea.uni-mannheim.de/index.php?id=29
109 Diana Wehlau: Lobbyismus und Rentenreform, Wiesbaden 2009, S. 166; *Handelsblatt*, 11. 11. 1999, S. 4
110 Interview mit Prof. Michael Adams in Bonn, 30. 3. 2011
111 *Frankfurter Allgemeine Sonntagszeitung*, 25. 1. 2009, S. 40

112 Axel Börsch-Supan, Christina Wilke: Rentenlücken und Lebenserwartung. Wie sich die Deutschen auf den Anstieg vorbereiten., Köln 2005
113 *Die Zeit*, 11. 8. 2005, Die wahre Rentenlüge, S. 19
114 *BILD*, 13. 10. 2009,Finanzkrise schrumpft Renten, S. 1
115 Diana Wehlau: Lobbyismus und Rentenreform, Wiesbaden 2009, S. 263

Lobbyisten 2

1 Auf der Lobbyliste des Deutschen Bundestages standen zum 20. 4. 2012 genau 2090 Verbände und Organisationen: www.bundestag.de/dokumente/parlamentsarchiv/sachgeb/lobbyliste/lobbylisteaktuell.pdf
2 Zuvor war er von 1973 bis 1998 Rentenexperte für die SPD-Bundestagsfraktion und damit unmittelbarer Zuarbeiter für Anke Fuchs, Rudolf Dreßler und Eugen Glombig.
3 Interview mit Dr. Thomas Ebert in Bonn, 26. 4. 2011
4 Plakataktion der INSM 2004
5 Interviews mit Dieter Rath, 5. 1. 2012 und 22. 3. 2012
6 Associated Press (AP) ist eine 1848 gegründete amerikanische Nachrichtenagentur. 2009 wurde der deutsche AP-Dienst von ddp übernommen und in DAPD umbenannt.
7 *Zeit Online*, 4. 5. 2005, Lautsprecher des Kapitals, www.zeit.de/2005/19/insm
8 Cerstin Gammelin, Götz Hamann: Die Strippenzieher, Berlin 2005, S. 133
9 Interviews mit Dieter Rath, 5. 1. 2012 und 22. 3. 2012
10 24. 5. 2003; INSM-Imagebroschüre »Ein Reformbündnis schmieden«, Berlin 2003, S. 19
11 Interview mit Max Höfer in Berlin, 12. 12. 2011
12 Zum 1. 1. 2012 sank der Beitragssatz von 19,9 auf 19,6 Prozent. Für 2013 ist eine weitere Reduzierung auf dann 19,0 Prozent geplant; Pressemitteilung Deutsche Rentenversicherung Bund vom 27. 6. 2012
13 INSM-Imagebroschüre »Ein Reformbündnis schmieden«, Berlin 2003, S. 6 f.

14 Am 4.7.2012 verkündete die INSM in einer Pressemitteilung: »Wolfgang Clement übernimmt Vorsitz des INSM-Kuratoriums«. Der frühere Bundeswirtschaftsminister wird damit Nachfolger von Prof. Tietmeyer, der im Herbst offiziell verabschiedet wird.

15 Dieses Papier wird für den Bruch der sozial-liberalen Koalition im Jahr 1982 verantwortlich gemacht.

16 Interviews mit Dieter Rath, 5. 1. 2012 und 22. 3. 2012

17 Scheel ist seit 2005 nicht mehr INSM-Botschafterin. Clement übernahm 2012 den Vorsitz des INSM-Kuratoriums.

18 www.insm.de/insm/ueber-die-insm/Kuratoren-und-Botschafter.html, abgerufen: 15. 5. 2012

19 Interviews mit Dieter Rath, 5. 1. 2012 und 22. 3. 2012; Diana Wehlau: Lobbyismus und Rentenreform, Wiesbaden 2009, S. 259; Cerstin Gammelin, Götz Hamann: Die Strippenzieher, Berlin 2005, S. 148; *Frankfurter Rundschau*, 9. 1. 2007, Angriff der Schleichwerber

20 Vgl. »Warum ist weniger soziale Sicherung sozial?«, INSM-Imagebroschüre ›Ein Reformbündnis schmieden‹, Initiative Neue Soziale Marktwirtschaft, Berlin 2003, S. 10

21 INSM-Anzeige »Erfolg braucht einen Masterplan« mit Heiner Brandt, 2007

22 INSM-Anzeige »Deutschland kann den Aufstieg schaffen« mit Uli Hoeneß, 2003

23 Vortrag an der Wirtschaftswissenschaftlichen Fakultät der Humboldt-Universität Berlin, 14. 4. 2004, dokumentiert in »Initiative intern«, S. 4 f.

24 INSM-Anzeige mit Roman Herzog in der *Frankfurter Allgemeinen Sonntagszeitung*, 25. 11. 2001

25 Interview mit Max Höfer, 12. 12. 2011

26 Interview mit Bernd Katzenstein, 26. 3. 2012

27 Meinhard Miegel, Bernd Raffelhüschen, Reinhold Schnabel: Renditen der gesetzlichen Rentenversicherung im Vergleich zu alternativen Anlageformen, Köln 1998

28 Pressetext zur Präsentation »Renditen der gesetzlichen Rentenversicherung im Vergleich zu alternativen Anlageformen« am 3. 7. 1998 im Presseclub Bonn

29 Axel Börsch-Supan, Alexander Ludwig, Mathias Sommer: Demografie und Kapitalmärkte, Köln 2003

30 Tobias Benz, Bernd Raffelhüschen, Johannes Vatter: Finanzmarktkrise und Altersvorsorge – Wie groß sind die Verluste wirklich?, Köln 2009
31 Adrian Ottnad, Stefanie Wahl: Die Renditen der gesetzlichen Rente – für Junge ein schlechtes Geschäft, Köln 2005
32 Bert Rürup und Herbert Rische: Rentenrenditen auch in Zukunft positiv, Presseerklärung der DRV Bund vom 25. 8. 2008
33 *Die Zeit*, Nr. 29/1998 , Vorsorglich gekauft
34 Interview mit Bernd Katzenstein, 26. 3. 2012
35 Interview mit Bernd Katzenstein, 26. 3. 2012
36 313 Mitarbeiter in Berlin (Stand 26. 4. 2012), bundesweit 374 Mitarbeiter
37 Interview mit Diana Wehlau in Bremen, 12. 3. 2011
38 Diana Wehlau: Lobbyismus und Rentenreform, Wiesbaden 2009, S. 165, *Positionen* Nr. 8, 15. 7. 1998, GDV
39 *Positionen* Nr. 15, 15. 12. 1999, Gutachten zur Zukunft der Altersversorgung in Deutschland – Verarmen die Rentner?, GDV
40 *Positionen* Nr. 15, 15. 12. 1999, Gutachten zur Zukunft der Altersversorgung in Deutschland – Verarmen die Rentner?, GDV
41 Diana Wehlau: Lobbyismus und Rentenreform, Wiesbaden 2009, S. 168, *Positionen* Nr. 17, 15. 6. 2000, Private Vorsorge muss verlässliches Alterseinkommen garantieren, GDV; *Der Spiegel* Nr. 31/2000, Aufmarsch der Lobbyisten
42 Interview mit Bert Rürup in Frankfurt, 10. 2. 2012
43 *BILD*-Zeitung, 17. 6. 1999; Matthias Geyer u. a.: Operation Rot-Grün – Geschichte eines politischen Abenteuers, München 2005, S. 107; *Der Spiegel* Nr. 25/1999, Die Chance als Krise, S. 22
44 *Positionen* Nr. 17, 15. 6. 2000, GDV; Diana Wehlau, Lobbyismus und Rentenreform, Wiesbaden 2009, S. 167
45 Rund 25 Prozent des in Bank- und Fondssparplänen bis zum Rentenbeginn gebildeten Kapitals muss in die zusätzliche Rentenversicherung eingezahlt werden.
46 Das Riester-Dilemma – Portrait einer Jahrhundertreform, ARD, 9. 1. 2012
47 Diana Wehlau: Lobbyismus und Rentenreform, Wiesbaden 2009, S. 226
48 Diana Wehlau: Lobbyismus und Rentenreform, Wiesbaden 2009, S. 227

49 GDV Compliance Leitfaden, Präambel, Januar 2012, S. 2
50 GDV Jahrbuch 2010, S. 42
51 www.ftd.de/unternehmen/versicherungen/:beschraenkte-wirkung-versicherungsverband-gdv-stoppt-imagekampagne/60136044.html?mode=print
52 »Sieben Rügen wegen Schleichwerbung«, epd medien, 16. 12. 2006, S. 28
53 Landeszentrale für Medien und Kommunikation Rheinland-Pfalz (LMK)
54 »Sieben Rügen wegen Schleichwerbung«, epd medien, 16. 12. 2006, S. 28
55 *Manager-Magazin*, 21. 5. 2010, »Das bringt Sie nicht um«, S. 52
56 Interview mit Thomas Lueg (GDV) in Berlin, 22. 3. 2011
57 www.bertelsmann-stiftung.de/cps/rde/xchg/SID-C8BFC257-0DC39B26/bst/hs.xsl/2094.htm
58 Wolfgang Lieb: Der stärkste Motor beim Zerstörungswerk – die Bertelsmann Stiftung, in: Albrecht Müller: Meinungsmache, München 2009, S. 263
59 www.bertelsmann-stiftung.de/cps/rde/xchg/SID-C2B679A7-49B66B3A/bst/hs.xsl/2083.htm
60 www.bertelsmann-stiftung.de/cps/rde/xchg/SID-C2B679A7-49B66B3A/bst/hs.xsl/2086.htm
61 www.bertelsmann-stiftung.de/cps/rde/xchg/SID-C8BFC257-0DC39B26/bst/hs.xsl/2094.htm
62 Interview mit Ursula Engelen-Kefer, 7. 1. 2012
63 Weidenfeld war von 1993 bis 2007 Mitglied des Vorstands der Bertelsmann Stiftung, Quelle: http://de.wikipedia.org/wiki/Werner_Weidenfeld, abgerufen: 5. 4. 2012
64 Thomas Schuler: Bertelsmannrepublik Deutschland – eine Stiftung macht Politik, Frankfurt 2010, S. 53 ff.
65 Thomas Schuler: Bertelsmannrepublik Deutschland – eine Stiftung macht Politik, Frankfurt 2010, S. 55
66 Thomas Schuler: Bertelsmannrepublik Deutschland – eine Stiftung macht Politik, Frankfurt 2010, S. 58
67 Thomas Schuler: Bertelsmannrepublik Deutschland – eine Stiftung macht Politik, Frankfurt 2010, S. 58
68 www.bertelsmann-stiftung.de/cps/rde/xchg/SID-C2B679A7-49B66B3A/bst/hs.xsl/2083.htm

69 Thomas Schuler, Bertelsmannrepublik Deutschland, Frankfurt 2010, S. 65
70 *Der Spiegel*, vom 11. 5. 1998, »Mit aller Härte reagieren«, S. 26
71 Thomas Schuler: Bertelsmannrepublik Deutschland, Frankfurt 2010, S. 70
72 Thomas Schuler: Bertelsmannrepublik Deutschland, Frankfurt 2010, S. 72
73 Ebd.
74 Thomas Schuler: Bertelsmannrepublik Deutschland, Frankfurt 2010, S. 108
75 *Brigitte*, 19. 7. 2001, Job in Berlin: Die neue Mitte; www.brigitte.de/job-geld/karriere/job-in-berlin-52713/2.html
76 *Brigitte*, 19. 7. 2001, Job in Berlin: Die neue Mitte; www.brigitte.de/job-geld/karriere/job-in-berlin-52713/2.html
77 Interview mit Prof. Udo Reifner in Hamburg, 28. 3. 2011
78 Interview mit Prof. Gerd Bosbach, 2. 12. 2011
79 Interview mit Prof. Gerd Bosbach, 2. 12. 2011
80 Interview mit Prof. Gerd Bosbach, 2. 12. 2011
81 Interview mit Dr. Jochen Pimpertz, 2. 4. 2012
82 Homepage des IW, Das Institut, Ziele; www.iwkoeln.de/de/institut
83 Interview mit Dr. Jochen Pimpertz, 2. 4. 2012
84 Thomas Ebert: Generationengerechte Alterssicherung, FES-Online Akademie, S. 4
85 Homepage des IW, Das Institut, Ziele; www.iwkoeln.de/de/institut
86 Homepage des IW, Das Institut, Kommunikation; www.iwkoeln.de/de/institut
87 Homepage des IW, Das Institut, Kommunikation; www.iwkoeln.de/de/institut
88 Finanziell unterstützt wurde die Studie vom Gesamtverband der deutschen Versicherungswirtschaft (GDV).
89 Interview mit Dr. Jochen Pimpertz, 2. 4. 2012
90 Interview mit Dr. Jochen Pimpertz, 2. 4. 2012
91 www.deutsche-rentenversicherung-bund.de/DRVB/de/Inhalt/Deutsche%20Rentenversicherung/selbstverwaltung/bundesvorstand.html?nn=47878
92 www.sozialbeirat.de/mitglieder/dr+rolf+kroker/
93 www.iwkoeln.de/de/institut/projekte/beitrag/19917

94 www.insm.de/insm/ueber-die-insm/Kuratoren-und-Botschafter.html
95 Interview mit Dr. Jochen Pimpertz, 2. 4. 2012

Der Kniefall

1 ARD »plusminus«, 12. 12. 2000
2 Die Werte sind mit dem aktuell genannten Zielwert von 43 % nicht mehr zu vergleichen, weil die Rechenmethode zur Berechnung des Rentenniveaus geändert wurde.
3 ARD »plusminus«, 12. 12. 2000
4 Interview mit Prof. Bert Rürup, 10. 2. 2012
5 Interview mit Michael Sauga, 11. 12. 2011
6 Interview mit Rudolf Dreßler, 15. 2. 2012
7 Interview mit Rudolf Dreßler, 15. 2. 2012
8 Interview mit Rudolf Dreßler, 15. 2. 2012
9 Vgl. *Spiegel* Nr. 47/1998. Abschied der Alten, S. 86
10 Interview mit Michael Sauga in Berlin, 11. 12. 2011
11 Interview mit Ursula Engelen-Kefer, 16. 12. 2011
12 Interview mit Ursula Engelen-Kefer, 16. 12. 2011
13 Vgl. *Der Spiegel* Nr. 30/1999, Angepasster Aufruhr, S. 38; *Der Spiegel* Nr. 39/2009, Der Weg in die Sackgasse, S. 111
14 Bodo Hombach: Aufbruch – Die Politik der Neuen Mitte, München 1998; Hombach ist auch Mitverfasser des Schröder-Blair-Papiers »Der Weg nach vorne für Europas Sozialdemokraten«
15 Bodo Hombach: Aufbruch – Die Politik der Neuen Mitte, München 1998. Zitiert nach: Vorabdruck im *Spiegel* Nr. 41/1998, Der Befreiungsschlag, S. 41 und 43
16 *Der Spiegel* Nr. 40/1999, Duell unter Freunden, S. 126
17 Ursula Engelen-Kefer: Kämpfen mit Herz und Verstand, Köln 2009, unveröffentlichte Langfassung
18 Interview mit Rudolf Dreßler, 15. 2. 2012
19 Interview mit Ursula Engelen-Kefer, 7. 1. 2012
20 Diana Wehlau: Lobbyismus und Rentenreform, Wiesbaden 2009, S. 145, *Der Spiegel* Nr. 36/2000, Mut zum Systemwechsel, S. 29 ff; *Zeit online*, 27. 7. 2000, Rente: Eichels nächste Reform

21 Zitzelsberger war zuvor Leiter der Steuerabteilung des Chemiekonzerns Bayer AG.
22 Flassbeck war früher Leiter der Konjunkturabteilung des Deutschen Instituts für Wirtschaftsforschung (DIW). Nach seiner Ablösung als Staatssekretär wurde er Chefökonom der Konferenz der Vereinten Nationen für Handel und Entwicklung (UNCTAD).
23 Koch-Weser war von 1973 bis 1999 für die Weltbank tätig, zuletzt als Vize-Präsident.
24 Diana Wehlau, Lobbyismus und Rentenreform, Wiesbaden 2009, S. 229 f.; Koch-Wesers Wechsel zur Deutschen Bank erregte erhebliches Aufsehen, denn Koch-Weser war zuvor als Finanzstaatssekretär für die Bankenaufsicht zuständig und hatte gegen den Widerstand des Bundesjustizministeriums eine Modifizierung der Führungsstruktur der Deutschen Bank genehmigt.
25 Diana Wehlau: Lobbyismus und Rentenreform, Wiesbaden 2009, S. 192 ff. und 217 ff.
26 Das Rentendilemma – Portrait einer Jahrhundertreform, ARD, 9. 1. 2012
27 Diana Wehlau: Lobbyismus und Rentenreform, Wiesbaden 2009, S. 223
28 Ebd., S. 230
29 Ebd., S. 239
30 Ebd.
31 Ebd.
32 Ebd., S. 154
33 Ebd.
34 Interview mit Norbert Blüm, 22. 11. 2011
35 *Stern* Nr. 14/1998, Wie die Glocken zum Kirchgang, S. 23
36 Allfinanzunternehmen bieten sowohl Geldanlageprodukte wie auch Versicherungsprodukte von verschiedenen Anbietern an.
37 Andreas Matern, Maria Marschner-Martin: Deutschlands Milliarden-Magier – Das Parallel-Universum des Finanz-Messias Carsten Maschmeyer, Hamburg 1994
38 Strukturvertriebe nennt man Organisationen, die in der Regel Finanz- und Versicherungsprodukte in der Weise vertreiben, dass die Vermittler mit direktem Kundenkontakt einen Großteil ihrer Provision an die über ihnen stehenden Personen in der Struktur (Hierarchie) abgeben müssen, also etwa an Bezirkslei-

ter, Landesdirektoren etc. Der Anreiz für die Vermittler ganz unten besteht darin, durch gute Verkaufszahlen in der Struktur immer weiter aufzusteigen und somit ebenso von den unter ihnen Stehenden zu profitieren. Dadurch wird ein enormer Verkaufsdruck aufgebaut, weil nur durch einen Aufstieg in der Struktur ein befriedigendes Einkommen erreichbar scheint.

39 *Stern*, 14/1998, Wie die Glocken zum Kirchgang, S. 23

40 *Focus*, 30. 3. 1998, Peinlicher Spender, S. 298

41 *Financial Times Deutschland*, 21. 12. 2011, Ein ganz spezieller Finanzdienstleister, S. 10, FTD, 19. 3. 2012: www.ftd.de/unternehmen/versicherungen/:biographie-des-awd-gruenders-die-bekenntnisse-des-carsten-maschmeyer/70010863.html?imgld=70010865

42 *Der Spiegel* Nr. 18/2011, Handwerk für den Kandidaten, S. 30

43 www.berliner-zeitung.de/archiv/hubertus-schmoldt--wer-illusionen-schuert-handelt-verantwortungslos-ig-chemie-warnt-gewerkschaften-vor-blockade-der-rentenreform, 10810590, 9811588.html

44 *Handelsblatt*, 8. 6. 2005, AWD setzt auf Betriebsrente; www.handelsblatt.com/unternehmen/banken/hauptversammlung-des-finanzdienstleisters-awd-setzt-auf-die-betriebsrente/v_detail_tab_print,2511306.html; *netzeitung*, 8. 6. 2005, Private Altersvorsorge ist für AWD eine »sprudelnde Quelle«; Nachdenkseiten.de, 4. 3. 2011, Geschäfte auf Gegenseitigkeit – jetzt kommt die gängige politische Korruption endlich mehr ans Tageslicht

45 *Frankfurter Allgemeine Zeitung*, 22. 12. 2011, Der großzügige Freund, S. 14

46 *Welt am Sonntag*, 10. 10. 2010, »My castle is your home«, S. 38

47 Ebd.

48 *BILD* Köln, 14. 3. 2012, Maschmeyer erzählt alles! »Netzwerken ist das halbe Leben«, S. 1 und S. 10

49 *BILD* Köln, 14. 3. 2012, Maschmeyer erzählt alles! »Netzwerken ist das halbe Leben«, S. 1 und S. 10

50 *Süddeutsche Zeitung* 21. 12. 2011, Wulffs Revier – Gefälligkeiten und Eitelkeiten: Wie der Unternehmer Carsten Maschmeyer in Hannover Karrieren fördert

51 *Welt am Sonntag*, 10. 10. 2010, »My castle is your home«, S. 38

52 *Spiegel Online*, 4. 3. 2011, Maschmeyer hat Schröder Million für

Buchrechte gezahlt; www.spiegel.de/wirtschaft/unternehmen/0, 1518,748892,00.html

53 Nachdenkseiten, 4. 3. 2011, Geschäfte auf Gegenseitigkeit – jetzt kommt die gängige politische Korruption endlich mehr ans Tageslicht; auch in ARD »Panorama«, 20. 11. 2011, *Spiegel Online*, 4. 3. 2011: www.spiegel.de/wirtschaft/unternehmen/0,1518,748 892,00.html; *Der Spiegel*, 5. 3. 2011, Mitten im größten Geldklumpen, S. 68

54 Béla Anda wechselte zum 1. 8. 2012 als stellvertretender Chefredakteur zur *BILD*-Zeitung; www.spiegel.de/kultur/gesellschaft/bela-anda-geht-zur-bild-zeitung-zurück-a-831776.html

55 *Süddeutsche Zeitung*, 20. 12. 2011, Wulffs Revier – Gefälligkeiten und Eitelkeiten: Wie der Unternehmer Carsten Maschmeyer in Hannover Karrieren fördert

56 *Frankfurter Rundschau*, 8. 4. 2011, Unwürdig und unanständig

57 www.n-tv.de/wirtschaft/Der-Fall-Maschmeyer-article50460 71.html; *Die Zeit*, 26. 10. 2010, Die Privatisierer

58 MaschmeyerRürup AG Homepage, 11. 1. 2012: »Ich bin mit den beiden Gründern persönlich befreundet«. Hinweis: Mittlerweile wurde die Homepage geändert und die Meldung gelöscht.

59 www.wikipedia.org/wiki/stefan_Homburger

60 »Riesen Quotenerfolg für Tatort«, www.awd-arena.de

61 Im Burda-Verlag erscheint auch die *SuperIllu*, in der 2007 Carsten Maschmeyer werbewirksam mit Prof. Bert Rürup und Walter Riester posieren durfte (Nr. 33, S. 56/57).

62 MaschmeyerRürup AG Homepage, 19. 4. 2012: »Die MaschmeyerRürup AG bietet Entscheidern aus der Finanzwirtschaft sowohl die fundierte internationale Beziehungekompetenz als auch die erforderliche Unabhängigkeit, um nach objektiven Maßstäben erfolgsversprechende Lösungen zu finden.« Unter Referenzen sind keine Kunden aufgeführt: »Wegen des besonderen Vertrauensverhältnisses zu ihren Klienten gibt die MaschmeyerRürup AG zu den Inhalten der Mandate keine detaillierten Auskünfte.«

63 *Gießener Allgemeine Zeitung*, 14. 5. 2008, Ehrgeiz findet sein Ziel, S. 16

64 2000 wurde er in den Rat berufen, 2005 wurde er dessen Vorsitzender, 2009 schied er aus, nachdem bekannt wurde, dass er einen Vertrag als »Chef-Ökonom« mit dem AWD abgeschlossen hatte.

65 Andreas Matern und Maria Marschner-Martin: Deutschlands Milliarden Magier – Das Paralleluniversum des Finanz-Messias Carsten Maschmeyer, Hamburg 1994, S. 4
66 Der Drückerkönig und die Politik, Die schillernde Karriere des Carsten Maschmeyer, ARD-Exklusiv, 12. 1. 2011
67 Interview mit Prof. Bert Rürup, 10. 2. 2012
68 ARD »plusminus«, 24. 10. 2000
69 Laut map-report 781–783, S. 47, betrugen im Jahr 2010 die Einnahmen der Lebensversicherer mit Berufsunfähigkeitsversicherungen 6,74 Milliarden Euro.
70 Interview mit Rudolf Dreßler, 15. 2. 2012
71 Vergleiche *Positionen* 11/12 1998, ›GDV nimmt Stellung zu den Koalitionsbeschlüssen‹, Fundstelle in Diana Wehlau: Lobbyismus und Rentenreform, Wiesbaden 2009, S. 165
72 *Die Zeit*, 11. 4. 1997, Die Realität frisst sich durch
73 Walter Riester: Mut zur Wirklichkeit, Düsseldorf 2004, S. 65
74 Walter Riester: Mut zur Wirklichkeit, Düsseldorf 2004, S. 131
75 Interview mit Ursula Engelen-Kefer, 7. 1. 2012
76 Interview mit Albrecht Müller, 15. 4. 2011
77 *Frankfurter Rundschau*, 27. 6. 2000, Ein geharnischter Brief an den »lieben Walter«, S. 12
78 *Berliner Zeitung*, 28. 11. 1997, Das Klima in der IG-Metall-Führung ist frostig; *Focus*, Nr. 47/1997, Knüppel zwischen die Beine
79 Interview mit Albrecht Müller, 15. 4. 2011
80 Interview mit Diana Wehlau, 12. 4. 2011
81 *Der Spiegel*, 6. 11. 2000, Der Regulierer, S. 130
82 Walter Riester: Mut zur Wirklichkeit, Düsseldorf 2004, S. 63 und 65
83 Walter Riester: Mut zur Wirklichkeit, Düsseldorf 2004, S. 70
84 Walter Riester; Mut zur Wirklichkeit, Düsseldorf 2004, S. 70
85 So nannte man im Volksmund das Abgeordnetenhochhaus in Bonn, unmittelbar am Rhein gelegen.
86 *Der Spiegel* Nr. 43/1999, Reiche Senioren; *Der Spiegel* Nr. 7/2001, Riesters Reform-Meise; *Der Spiegel* Nr. 18/2003, Alles war Unsinn
87 Interview mit Heiner Flassbeck, 29. 4. 2012
88 Neben Schmähl wurde 2000 auch der Vertrag von Prof. Ursula Köbl nicht verlängert. Wie Schmähl war sie zu einer Weiterarbeit bereit, hatte sich aber zuvor kritisch zu Riesters Reformplänen geäußert. Prof. Ursula Köbl wurde durch Prof. Barbara Ried-

müller ersetzt, die ebenso wie Schmähl-Nachfolger Rürup der SPD angehörte.

89 Diana Wehlau: Lobbyismus und Rentenreform, Wiesbaden 2009, S. 156

90 Interview mit Ursula Engelen-Kefer, 7. 1. 2012

91 Quelle: nebeneinkuenfte-bundestag.de

92 RP-online, 10. 5. 2008, Hohe Einnahme durch Verträge – Riester-Rente macht Riester reich

93 ARD-Dokumentation »Das Riester-Dilemma« vom 9. 1. 2012

94 Interview mit Thomas Ebert, 26. 4. 2011

95 Interview mit Ursula Engelen-Kefer, 7. 1. 2012

96 *Frankfurter Rundschau*, 8. 4. 2011, Unwürdig und unanständig

97 Winfried Schmähl im Handbuch der gesetzlichen Rentenversicherung, Abschnitt 85, Kapitel 6. Von der Ergänzung der gesetzlichen Rentenversicherung zu deren partiellem Ersatz: Ziele, Entscheidungen sowie sozial- und verteilungspolitische Wirkungen – Zur Entwicklung von der Mitte der 1990er Jahre bis 2009

98 Walter Riester (SPD) im Faktencheck bei Rentenfernsehen.de, Interview im Seehaus Wedau in Duisburg, 13. 9. 2011

99 *Super Illu*, Nr. 33/2007, S. 56/57

100 Internetseite der MaschmeyerRürup AG; *Spiegel Online*, 11. 1. 2011, Streit über kritischen Bericht – Maschmeyer bedrängt TV-Intendanten

101 Pressemitteilung Union Investment vom 25. 5. 2009, »Walter Riester wird unabhängiges Aufsichtsratsmitglied der Union Asset Management Holding AG«, im Mai 2012 schied Walter Riester aus

102 »Das Riester-Dilemma«, Portrait einer Jahrhundertreform, ARD, 9. 1. 2012

103 Hensche trat aus Protest gegen die Politik der Bundesregierung 2001 aus der SPD aus. www.wikipedia.org/wiki/Detlef-Hensche

104 Wiesehügel war damals für die SPD Mitglied des Bundestages und galt dort als einer der schärfsten Kritiker von Kanzler Schröder.

105 Die IG BCE entstand 1997 als Zusammenschluss der früheren IG Bergbau und Energie, der IG Chemie-Papier-Keramik und der Gewerkschaft Leder. Mit Sitz in Hannover.

106 Interview mit Ursula Engelen-Kefer, 7. 1. 2012
107 Interview mit Prof. Winfried Schmähl, 12. 12. 2011
108 *Der Spiegel*, 20/2001, Zaghaft in die Zukunft, S. 112
109 Interview mit Norbert Blüm, 22. 11. 2011
110 Diese Werte gelten für Westdeutschland.
111 Stand 1. 7. 2013. In Ostdeutschland sind es 25,74 Euro. Dafür bekommen Versicherte in Ostdeutschland bei gleich hohem Gehalt mehr Entgeltpunkte gutgeschrieben, weil das Durchschnittseinkommen Ost niedriger ist.
112 Gilt seit 1. 7. 2013. In Ostdeutschland beträgt die Standardrente aktuell 1158,30 Euro.
113 Diese Werte gelten für Westdeutschland.
114 In Ostdeutschland liegt sie bei 58 800 Euro, Stand 2013.
115 Diese Zahlen gelten so nur für Westdeutschland. Im Osten werden die Einkommen für die Ermittlung der Entgeltpunkte aufgewertet, um sie dann mit einem wiederum abgewerteten allgemeinen Rentenwert zu multiplizieren, was die Vergleichbarkeit erschwert.
116 U. a. Winfried Schmähl: Plädoyer für eine einheitliche und verständliche Rentenformel, in: *Sozialer Fortschritt*, Heft 1/2001; Winfried Schmähl: Einkommenslage und Einkommensverwendung Älterer in Deutschland, in: *Wirtschaftsdienst* 2005, S. 156–166
117 Rentenangst – Der Kampf um die Altersversorgung, ARD, 9. 3. 2008
118 Das Riester-Dilemma – Portrait einer Jahrhundertreform, ARD, 9. 1. 2012
119 Interview mit Winfried Schmähl, 12. 12. 2011
120 Walter Riester im Deutschen Bundestag am 16. 11. 2000
121 Johannes Steffen: Die Renten-»Reform«, 18. 1. 2001, S. 15
122 Winfried Schmähl: Politikberatung und Alterssicherung: Rentenniveau, Altersarmut und das Rentenversicherungssystem, in: Vierteljahreshefte zur Wirtschaftsforschung, DIW-Berlin, 01/2011, S. 167. Der DGB errechnete gar Leistungskürzungen durch die verschiedenen Maßnahmen in Höhe von rund 30 Prozent (www.dgb.de/themen/++co++b2eef64a-d254-11e0-7c59-00188b4dc422/@@index.html vom 29. 8. 2011).
123 Das Riester-Dilemma – Portrait einer Jahrhundertreform, ARD, 9. 1. 2012

124 Winfried Schmähl: Plädoyer für eine einheitliche und verständliche Rentenformel, in: *Sozialer Fortschritt*, Heft 1/2001.
125 Interview mit Prof. Bert Rürup, 10. 2. 2012
126 Interview mit Thomas Ebert, 26. 4. 2011
127 *Der Spiegel*, 10/1999, Vermarktet und vergessen, S. 79
128 *Süddeutsche Zeitung*, 3. 5. 2004, Ein »erstklassiges Lehrstück«
129 Rentenangst, Der Kampf um die Altersversorgung, ARD, 9. 3. 2008; auch in: Albrecht Müller: Meinungsmache, München 2009, S. 305; Raffelhüschen wiederholte seine Einschätzung am 9. 3. 2012 in Düsseldorf im Rahmen der »GoFuture Sales Tour« der Gothaer Versicherung.
130 »Nettorentenniveau vor Steuern«: Verfügbare Standardrente (nach Abzug von Kranken- und Pflegeversicherungsbeitrag, aber vor etwaigen Steuern auf Rente) im Verhältnis zum durchschnittlichen Bruttolohn nach Abzug der Sozialversicherungsbeiträge der Arbeitnehmer und der Beiträge zur geförderten freiwilligen Zusatzvorsorge, aber vor Abzug der Lohnsteuer.
131 ARD »plusminus«, 12. 12. 2000
132 Klaus-Heinrich Dedering u. a., Rückkehr zur lebensstandardsichernden und armutsfesten Rente, Expertise im Auftrag der Friedrich-Ebert-Stiftung, August 2010, S. 13: »Diese Berechnungsmethode führt dazu, dass ein optisch überhöhter Wert für das Sicherungsniveau ausgewiesen wird.«
133 Fairerweise muss gesagt werden, dass das Gros dieser Kürzungen schon in der 1992er Reform unter Minister Norbert Blüm erfolgte.
134 Bundesministerium für Arbeit und Sozialordnung: Die Rentenreform 2000. Ein mutiger Schritt zu mehr Sicherheit, August 2000, S. 8
135 Thomas Hanke: Oskar macht Dampf, in: *Die Zeit* 45/1998
136 Interview mit Rudolf Dreßler, 15. 2. 2012
137 Bundesministerium für Arbeit und Sozialordnung: Die Rentenreform 2000. Ein mutiger Schritt zu mehr Sicherheit, August 2000, S. 9
138 DIW Wochenbericht Nr. 47/2011, S. 13
139 Deutsche Rentenversicherung Bund: Arbeitslos – was Sie beachten sollten!, S. 5 und 6; www.deutsche-rentenversicherung-bund.de/cae/servlet/contentblob/89502/publicationFile/30133/arbeitslos_was_sie_beachten_sollten.pdf

140 Stellungnahme des Sozialverband Deutschland (SoVD) zum Gesetzentwurf zur Förderung der betrieblichen Altersversorgung vom 8. 7. 2007
141 SVR Jahresgutachten 2007/2008: »Das Erreichte nicht verspielen«, S. 191
142 SVR Jahresgutachten 2007/2008: »Das Erreichte nicht verspielen«, S. 184
143 Winfried Schmähl: Politikberatung und Alterssicherung: Rentenniveau, Altersarmut und das Rentenversicherungssystem, in: Vierteljahreshefte zur Wirtschaftsforschung, DIW-Berlin, 01/2011, S. 168
144 Bundesagentur für Arbeit: Entgeltstatistik 1. 1., Stand 31. 12. 2010
145 Interview mit Prof. Bert Rürup, 10. 2. 2012
146 *die tageszeitung*, 31. 8. 2005, Interview mit Walter Riester, Ich will nie wieder Minister werden
147 Interview mit Diana Wehlau, 12. 4. 2011
148 http://alt.vorwaerts.de/artikel/ausgezeichnete-forscherinnen

Die Wahrheit über Privatrenten

1 www.santos.de/#0, abgerufen am 13. 6. 2012
2 Andres M. Gruschovnik: Über uns: Der Partner für Entscheider, www.santos.de/#0
3 Laut HDI-Schreiben vom 23. 3. 2009 sind es 12,39 Euro von den 50 Euro Monatsbeitrag.
4 Mark Ortmann: Kostenvergleich von Altersvorsorgeprodukten, Baden-Baden 2010, S. 92
5 Die Abschlusskostenquote setzt die Abschlusskostenaufwendungen ins Verhältnis zur Beitragssumme des Neugeschäfts. Quelle: map-report Nr. 777–778, m-rating 2011, S. 35
6 map-report Nr. 777–778, m-rating 2011, S. 35
7 Bei allen fondsgebundenen Tarifen können die Abschlusskosten unbegrenzt zu Beginn abgerechnet werden. Gleiches gilt bei klassischen Tarifen, wenn der Versicherer das Verfahren der Kostenvorausbelastung wählt. Praktiziert der Versicherer bei klassischen Tarifen das Zillmer-Verfahren, dürfen zu Vertragsbeginn nur 4 Prozent der Abschlusskosten in Rechnung gestellt werden.

Darüber hinausgehende Abschlusskosten müssen über den Vertragsverlauf verteilt werden.

8 *Öko-Test* ermittelte für einen 55-jährigen Mann und einer Vertragslaufzeit von 12 Jahren (Endalter 67), dass von 21 000 Euro Einzahlungen zu Rentenbeginn bei vielen Anbietern zwischen 1000 und 2000 Euro fehlen. Die Kosten sind deutlich höher als die gutgeschriebenen Zinsen. Quelle: *Öko-Test* 3/2012, Garantiert weniger als eingezahlt, S. 65

9 Interview mit Kerstin Becker-Eiselen (Verbraucherzentrale Hamburg), 28. 3. 2011

10 Bei der Beitragsfreistellung wird kein Beitrag mehr entrichtet. Der Rückkaufswert wird jedoch nicht ausgezahlt, sondern verbleibt bis zum vereinbarten Vertragsende bei der Versicherung. Der Kunde hat durch die Berechnung des Stornoabschlags und den »Rückfall« auf den in der Regel niedrigen Rückkaufswert die gleichen Nachteile wie bei einer Kündigung, auch wenn die Versicherer im Falle von Zahlungsschwierigkeiten die Beitragsfreistellung gerne als die für den Kunden günstigere Variante darstellen.

11 Interview mit Prof. Udo Reifner (Institut für Finanzdienstleistungen iff in Hamburg), 28. 3. 2011

12 *Öko-Test* 3/2012, Zwischen riskant und todsicher, S. 57 ff. Die Tester ermittelten die Gesamtkosten durch den Vergleich von Garantiekapital zu Rentenbeginn mit jenem Kapital, das zur Verfügung stünde, wenn keine Kosten angefallen wären.

13 Tarif Freelax

14 Tarif RT1 RT2

15 Tarif REN312001

16 Tarif AG 1

17 Tarif Vorsorgeinvest Spezial Tarif 1190

18 Tarif FondsRente FR3

19 Interview mit Kerstin Becker-Eiselen (Verbraucherzentrale Hamburg), 28. 3. 2011

20 In ihrem Vorsorgereport stellen Reifner u. a. bereits 2003 fest: »So verhindert bei den Kostenangaben die Vielzahl von Kostenquoten und Bezugsgrößen die nötige Transparenz … Bei vielen Produkten ist nicht geklärt, welche Kosten in welcher Höhe bei Auszahlung der Renten anfallen, wodurch Renditeverschiebungen möglich werden. Ausstiegskosten bleiben verborgen.« Prof.

Udo Reifner u. a.: Vorsorgereport-Zusammenfassung, Gütersloh 2003, S. 2

21 Interview mit Lars Heermann (Assekurata Rating-Agentur), 6. 12. 2011

22 Mark Ortmann: Kostenvergleich von Altersvorsorgeprodukten, Baden-Baden 2010, S. 97

23 Interview mit Prof. Michael Adams (Universität Hamburg), 29. 3. 2011

24 Mark Ortmann: Kostenvergleich von Altersvorsorgeprodukten, Baden-Baden 2010, S. 94

25 Die Ratenzuschläge werden für eine Art Kredit erhoben. Es wird deshalb derzeit gerichtlich noch darum gestritten, ob die Versicherer die Kosten hierfür durch die Angabe eines effektiven Jahreszinses kenntlich machen müssen, was die Versicherungen vehement ablehnen.

26 *Börsen-Zeitung*, 18. 6. 2011, Ergo geht auf Riester-Kunden zu, S. 5. Ergo gibt Benachteiligung von Kunden bei Riester-Policen zu, *Hamburger Abendblatt*, 18./19. 6. 2011, S. 9; Der verunsicherte Konzern, *Handelsblatt*, 20. 6. 2011, S. 1

27 *Handelsblatt*, 9. 6. 2011, Kaiser-Rente mit Bauerntrick, S. 34

28 14 000 Riester-Kunden von ERGO erhalten zusätzliche Leistungen, Pressemitteilung der ERGO Versicherungsgruppe AG vom 17. 06. 2011, vgl. auch ERGO geht auf Riester-Kunden zu, *Börsen-Zeitung*, 18. 6. 2011, S. 5

29 Interview mit Dr. Johannes Lörper (Vorstand der ERGO-Lebensversicherungs AG), 2. 5. 2011

30 Das Deutsche Institut für Wirtschaftsforschung (DIW) stellte in seinem Wochenbericht 47/2011 fest, dass die heutigen Riester-Verträge aus Kundensicht deutlich schlechtere Bedingungen aufweisen als die Verträge bei Einführung der Riester-Rente im Jahre 2002.

31 Interview mit Prof. Michael Adams, 29. 3. 2011

32 Namen geändert

33 Tatsächlich wurde für ab dem 1. 1. 2005 abgeschlossene Verträge die Steuerfreiheit für kapitalisierte Auszahlungen aus Lebensversicherungsverträgen aufgehoben. Dies führte im Herbst 2004 zu einer enormen Verkaufswelle.

34 BHW: Zwölf Jahre für lau gespart, Verbraucherzentrale Hamburg, 10. 10. 2011

35 Interview mit Axel Kleinlein, 23. 5. 2012
36 Heiner Brand im Interview: Eine Lebensversicherung ist was Sicheres, *Handelsblatt*, 3. 3. 2012, www.handelsblatt.com/finanzen/boerse-maerkte/boerse-inside/heiner-brand-im-interview-eine-lebensversicherung-ist-was-sicheres/6280478.html
37 Name geändert
38 Der Branchendienst map-report weist für »Zurich Deutscher Herold« in den Jahren 2005 bis 2010 überdurchschnittlich hohe Abschlusskosten von 5,94 % aus. Das ist Rang 59 von 77 Versicherern. Quelle: map-report 777–778, 2011, S. 35
39 Der Branchendienst map-report weist für »Zurich Deutscher Herold« eine Deklaration der laufenden Verzinsung bei Rentenversicherungen von stark unterdurchschnittlichen 3,48 % aus. Das ist Rang 57 von 58 gelisteten Versicherern. Quelle: map-report 789–790, 2012, S. 33
40 Gestützt wird diese Einschätzung auch durch eine überdurchschnittlich hohe Stornoquote von 6,00 % im Mittel der Jahre 1999 bis 2010. Dies bedeutet, dass im Jahr durchschnittlich 6 % der Versicherungssumme aus dem Gesamtbestand entweder gekündigt oder beitragsfrei gestellt wurden. Der Branchenschnitt lag bei 4,85 %. Sehr gute Versicherer lagen bei unter 2 %. Quelle: map-report Nr. 777–778, 2011, S. 38/39
41 Allgemeiner Wirtschaftsdienst Report, Januar 1990, S. 4 und 5
42 Allgemeiner Wirtschaftsdienst Report, Januar 1990, S. 4 und 5
43 ARD »plusminus«, Allianz-Versicherte zahlen für exklusive Firmenreisen, 12. 7. 2011
44 ARD »plusminus«, Allianz-Versicherte zahlen für exklusive Firmenreisen, 12. 7. 2011
45 *Handelsblatt*, 19. 5. 2011, Herr Kaiser auf Lustreise, S. 32 – gegenüber dem *Handelsblatt* räumte Ergo die Anwesenheit von 20 Prostituierten ein.
46 *Handelsblatt*, 19. 5. 2011, Herr Kaiser auf Lustreise, S. 32
47 *Versicherungsjournal*, 14. 3. 2012, ERGO »rettet« Munich Re-Dividende; ERGO ergänzt Compliance-Regeln und stärkt die Compliance-Funktion im Unternehmen, Pressemitteilung der Ergo Versicherungsgruppe AG vom 8. 6. 2011
48 *Handelsblatt*, 12. 12. 2011, Ein ganz besonderer Wüstenrot-Tag, S. 36

49 *Versicherungsjournal*, 28. 3. 2012, W&W nimmt Ziele und Compliance sehr ernst
50 Ebd.
51 Schreiben der Axa vom 20. 1. 2009
52 Interview mit Prof. Michael Adams (Universität Hamburg), 29. 3. 2011
53 Werbespot »Sonnenseite« der Allianz AG, www.youtube.com/watch?v=v_TflRVUn1E
54 Andreas Oehler: Bei Abschluss: Verlust? Das Ende vom Anfang einer Vorsorge: Milliardenschäden durch fehlgeleitete Abschlüsse von Kapitallebens- und Rentenversicherungen, Bamberg 2011
55 Andreas Oehler: Bei Abschluss: Verlust? Das Ende vom Anfang einer Vorsorge: Milliardenschäden durch fehlgeleitete Abschlüsse von Kapitallebens- und Rentenversicherungen, Bamberg 2011, S. 1 und 8
56 Andreas Oehler: Bei Abschluss: Verlust? Das Ende vom Anfang einer Vorsorge: Milliardenschäden durch fehlgeleitete Abschlüsse von Kapitallebens- und Rentenversicherungen, Bamberg 2011, S. 4
57 Name geändert
58 Schreiben der Zurich Deutscher Herold vom 27. 5. 2009
59 Schreiben der Zurich Deutscher Herold vom 14. 4. 2010
60 So geäußert anlässlich der Präsentation der Assekurata Überschussstudie 2012 am 26. 1. 2012 in Köln
61 *Frankfurter Allgemeine Zeitung*, 11. 11. 2011, Die Kündigung ist teuer
62 *Stern*, 6. 9. 2007, Auf der Jagd nach Provisionen, S. 154
63 Nachzulesen im Frankfurter Schnellbrief der DVAG vom 4. 5. 2006 – zitiert nach *Stern*, 6. 9. 2007
64 Der Wert besagt, dass in den Jahren 1999–2010 im Mittel 7,08 % der mittleren Bestandssumme des Versicherers gekündigt oder beitragsfrei gestellt wurden. Quelle: map-report 777–778, 2011, S. 39
65 Interview mit Prof. Michael Adams (Universität Hamburg), 29. 3. 2011
66 Interview mit Kerstin Becker-Eiselen (Verbraucherzentrale Hamburg), 28. 3. 2011
67 *Die Zeit*, 5. 9. 2010, Gebt mir mein Geld zurück; Assekuranz Kennzahlen 2011, *Assekurata*, S. 238

68 Interview mit Axel Kleinlein (Bund der Versicherten), 23. 5. 2012
69 Andreas Oehler: Bei Abschluss: Verlust? Das Ende vom Anfang einer Vorsorge: Milliardenschäden durch fehlgeleitete Abschlüsse von Kapitallebens- und Rentenversicherungen, Bamberg 2011, S. 3
70 Schreiben der PB-Versicherung vom 30. 11. 2009
71 Schreiben der PB Versicherung vom 1. 2. 2012
72 Interview mit Prof. Michael Adams (Universität Hamburg), 29. 3. 2011
73 Interview mit Bernd Raffelhüschen am 9. 3. 2012 in Düsseldorf
74 Ebd.
75 Interview mit Dr. Johannes Lörper (Vorstand ERGO Lebensversicherung AG), 2. 5. 2011
76 Laut Gewinnzerlegungsstatistik der Aufsichtsbehörde Bafin, zitiert nach map-report, Nr. 789–790, 2012, S. 5/6
77 Vgl. den nächsten Abschnitt: Magere Zinsen: Wie Gewinne den Kunden vorenthalten werden
78 Interview mit Kerstin Becker-Eiselen (Verbraucherzentrale Hamburg), 28. 3. 2011
79 Vgl. Holger Balodis/Dagmar Hühne: Privatrenten und Lebensversicherungen, Düsseldorf 2010, S. 95 ff.
80 Quelle: Axel Kleinlein; vgl. Sebastian Krügereit: Harter Rentenfaktor – nur Vorteile?, in: *Risiko und Vorsorge* 1/2010, S. 48
81 Weitere Beispiele für »Verschärfungen« der DAV-Tafeln nennt *Öko-Test* in Heft 3/2012, Zwischen riskant und todsicher, S. 65
82 www.youtube.com/watch?v=jgzKRJbjfNM
83 Finzi spielt in der beliebten ZDF-Krimi-Serie »Flemming« die Hauptrolle des Psychologen Vince Flemming.
Laut *Handelsblatt* soll die ERGO-Kampagne allein 2010 rund 60 Millionen Euro gekostet haben. Quelle: www.handelsblatt.com/unternehmen/versicherungen/image-aufpolieren-jetzt-erst-recht-ergo-faehrt-werbekampagne-wieder-an-seite-all/4307556-all.html
84 Standmitteilung der ERGO Direkt vom Juni 2012.
85 Werbespot der ERGO-Versicherung; www.youtube.com/watch?feature=endscreen&NR=1&v=sgjG7yJGA-Q
86 Interview mit Prof. Michael Adams (Universität Hamburg), 29. 3. 2011
87 Mit Schreiben vom 7. 11. 2011 teilte die ERGO-Direkt Werner

Weicht mit, wie viel Abschlusskosten, Verwaltungskosten und Risikokosten von seinen Beiträgen einbehalten wurden. Von im Laufe von 13 Jahren geflossenen Beiträgen in Höhe von 7179,08 Euro wurden 3107,63 Euro und damit 43,3 % für Kosten verwendet.

88 Der genaue Titel lautet: »Verordnung über die Mindestbeitragsrückerstattung in der Lebensversicherung« oder abgekürzt: MindZV. Darin wird festgelegt, dass mindestens 90 Prozent der Kapitalerträge abzüglich der rechnungsmäßigen Zinsen sowie mindestens 75 Prozent des Risikoergebnisses und mindestens 50 Prozent des übrigen Ergebnisses der RfB zuzuführen sind.

89 Interview mit Axel Kleinlein, 23. 5. 2012

90 Riester-Rente der Allianz: Intransparent und diskriminierend, Presseerklärung Bund der Versicherten, 4. 6. 2012

91 Interview mit Axel Kleinlein (Bund der Versicherten), 23. 5. 2012

92 Schreiben der Allianz AG vom 27. 6. 2012

93 Bewertungsreserven entstehen, wenn der Marktwert der Anlagen über deren Buchwert liegt. Also wenn Staatsanleihen, Aktien, Immobilien höher bewertet werden als bei Anschaffung.

94 Interview mit Prof. Michael Adams (Universität Hamburg), 29. 3. 2011

95 map-report Nr. 799–801, Beispielrechnungen im Langfristvergleich 2001–2012, 2012

96 ERGO-Werbespot, www.youtube.com/watch?v=HGlJHX24kMI

97 Schreiben ERGO Direkt vom 22. 6. 2012

98 »Die angegebenen Leistungen aus der Gewinnbeteiligung können nicht garantiert werden. Sie gelten nur dann, wenn die derzeit festgesetzten Gewinnanteile während der gesamten Versicherungsdauer unverändert bleiben.«

Die neuen Bestseller

1 Name geändert

2 Die deutsche Lebensversicherung in Zahlen 2012, Gesamtverband der Deutschen Versicherungswirtschaft, Juni 2012, S. 11

3 In der offiziellen Statistik der Aufsichtsbehörde Bafin belegte Victoria Leben 2003 Rang 6. Die Victoria gehörte damals auch

schon zum ERGO-Konzern. 2009 wurde das Neugeschäft eingestellt und 2010 auch der Name Victoria im Rahmen einer neuen Markenstrategie des ERGO-Konzerns aufgegeben.

4 Die deutsche Lebensversicherung in Zahlen 2012, Gesamtverband der Deutschen Versicherungswirtschaft, Juni 2012, S. 11

5 So in der Beispielrechung vom 18. 6. 2002 mitgeteilt.

6 »Bestnoten für extrem starke Finanzkraft«, Prospekt der Victoria Versicherung; Mittlerweile ist in dem abgebildeten Vorzeigegebäude die Zentrale des ERGO-Konzerns angesiedelt.

7 Die Bestnote AAA schaffte laut diesem Werbeprospekt nur noch die Hamburg-Mannheimer – damals ebenfalls ein Mitglied der ERGO-Versicherungsgruppe und heute gemeinsam mit Victoria zur ERGO Leben AG verschmolzen.

8 »Bestnoten für extrem starke Finanzkraft«, Prospekt der Victoria Versicherung

9 Laut Schreiben des ERGO-Konzerns vom 27. 8. 2008 lag der Beispielsrechnung des Jahres 2002 eine jährliche Gesamtverzinsung von 7,05 Prozent zugrunde.

10 map-report Nr. 683–684, S. 85: Die Nettorendite der Kapitalanlagen betrug 2002 5,20 Prozent und 2003 nur noch 2,70 Prozent.

11 Interview mit Arno Gottschalk für WDR »markt«, 20. 10. 2008, und »plusminus«, 6. 1. 2009.

12 map-report Nr. 683–684, S. 85: Während die Nettorendite der Victoria sank, stieg ihr Marktanteil vorübergehend deutlich an, von 3,49 % (2001) auf 3,69 % (2002). Schließlich im Jahre 2003 sogar auf 3,73 %.

13 Antworten der ERGO-Pressestelle vom 27. 8. 2008 (an »markt«) und 17. 12. 2008 (an »plusminus«)

14 Interview mit Arno Gottschalk für WDR »markt«, 20. 10. 2008 und »plusminus«, 6. 1. 2009

15 Schreiben der ERGO-Pressestelle vom 27. 8. 2008 an WDR »markt«.

16 Dieser Betrag setzt sich zusammen aus der Garantierente bei Vertragsabschluss in Höhe von 970,76 Euro zuzüglich aus Gewinnanteilen in Höhe von 25,66 Euro in der dreijährigen Aufschubzeit. Dadurch stieg die neue Garantierente zum 1. 7. 2005 auf 996,42 Euro.

17 Interview mit Axel Kleinlein, 23. 5. 2012

18 Das Kapitalwahlrecht ist in seinem Vertrag ausgeschlossen.

19 So wirbt die Hannoversche Leben aktuell (20. 6. 2012) auf ihrer Homepage: https://www.hannoversche.de/produkte/fondsgebundene-rentenversicherung.htm
20 Die deutsche Lebensversicherung in Zahlen 2012, Gesamtverband der Deutschen Versicherungswirtschaft, Juni 2012, S. 13
21 Interview für ARD »plusminus«, 14. 4. 2009
22 Interview für ARD »plusminus«, 14. 4. 2009
23 Interview mit Michael Wortberg (Verbraucherzentrale Rheinland-Pfalz), 20. 6. 2012
24 Seit der VVG-Reform 2008 ist ein Stornoabzug für zum Zeitpunkt der Kündigung noch nicht abgezogene Abschlusskosten nicht mehr erlaubt. Doch hat sich, so beobachten Experten, in der Praxis wenig geändert. Die Stornoabzüge werden heute auf andere Weise begründet.
25 Antwort Skandia vom 14. 4. 2009 an »plusminus«.
26 Interview mit Lars Heermann (Rating-Agentur Assekurata), 6. 12. 2011
27 Interview mit Mark Ortmann (Institut für Transparenz in der Altersvorsorge), 25. 1. 2012
28 Interview mit Lars Heermann (Rating-Agentur Assekurata), 6. 12. 2011
29 *Versicherungsjournal*, 18. 3. 2011, »Aus den Krisen gelernt«
30 Altersvorsorge – Ein Leben lang Sicherheit, S. 10, HUK Coburg, AL5055, Stand 10/10, S. 10
31 Bei einem Brutto-Jahreseinkommen von 80 000 Euro
32 Die deutsche Lebensversicherung in Zahlen 2012, Gesamtverband der Deutschen Versicherungswirtschaft, Juni 2012, S. 15
33 *Finanztest*, 12/2011, Rente für Wohlhabende, S. 20
34 https://www.allianz.de/produkte/altersvorsorge/basisrente/index.html – »Wie funktioniert die Förderung der BasisRente?«
35 Lediglich in Fußnote Nr. 5, die sich erst durch einen Extraklick öffnet, wird darauf verwiesen, dass bei einem Rentenbeginn im Jahre 2037 97 Prozent der Rente steuerpflichtig seien.
36 *Finanztest* 12/2011, Rente für Wohlhabende, S. 24
37 Das Riester-Dilemma, Portrait einer Jahrhundertreform, ARD, 9. 1. 2012
38 »ServiceZeit Geld«, 21. 2. 2002, WDR-Fernsehen, Riester-Rentenserie 4. Teil

39 *Handelsblatt Online*, 20. 11. 2011, www.handelsblatt.com/finanzen/vorsorge-versicherung/ratgeber-hintergrund/vorsorgeschlecht-versorgt-mit-der-riester-rente-/5329412.html
40 *Öko-Test*, 1. 10. 2010, http://shoep.oekotest.de/cgi/index.cgi?artnr=96213;bernr=21;seite=00;co=
41 *manager magazin*, 29. 4. 2011, www.manager-magazin.de/finanzen/versicherungen/0,2828,759631,00.html
42 Interview mit Norbert Blüm, 22. 11. 2011
43 Presseerklärung des GDV zu 10 Jahre Riester-Rente, 6. 12. 2011, www.gdv.de/2011/12/und-sie-lohnt-sich-doch/
44 Riester-Rente: Grundlegende Reform dringend geboten, DIW Wochenbericht Nr. 47/2011
45 Vgl. *Öko-Test* Nr. 10/2010, So wird abkassiert, S. 94 ff.; *Finanztest* 10/2010, Etwas Rente ist sicher, S. 29 ff.; *Öko-Test* 06/2011, Reise ins Labyrinth, S. 76 ff.
46 Riester-Rente: Verbreitung, Mobilisierungseffekte und Renditen, Carsten Schröder, FES-Diskurs November 2011, S. 19
47 *Öko-Test* Nr. 6/2011, Reise ins Labyrinth, S. 76
48 *Finanztest* Nr. 10/2010, Etwas Rente ist sicher, S. 31
49 Auch wenn man unterstellt, die unsichere Prognose einer Gewinnbeteiligung träfe ein, sind die Kürzungen gravierend: Ein 2001 abgeschlossener Vertrag sollte inklusive Überschüsse eine Rente von 424 Euro p. a. bringen. 2011 sind es nur noch 287 Euro p. a. – ein Rückgang um 32 Prozent.
50 Interview mit Axel Kleinlein, 23. 5. 2012
51 Riester-Rente: Grundlegende Reform dringend geboten, DIW-Wochenbericht Nr. 47/2011, S. 10
52 Die Allianz AG hat im Zeitraum 2002 bis 2009 ihre Eigenkapitalrendite auf 33,3 Prozent mehr als verdoppelt. Quelle: So wird abkassiert, *Öko-Test* 10/2011, S. 94
53 http://de.wikipedia.org/wiki/Riester-Rente#.C3.84nderungen_2005
54 Zur lückenhaften Datenlage und anhaltenden Kritik nach 10 Jahren Riester-Rente, Bundestagsdrucksache 17/7964 vom 30. 11. 2011, Tabelle zu Antwort 5
55 *Financial Times Deutschland*, Bund vergrätzt Riester-Sparer, 11. 4. 2011; Die Riester-Bilanz, *Finanztest* 11/2011, S. 24
56 *Finanztest* 11/2011, Die Riester-Bilanz, S. 24

57 Walter Riester im »Faktencheck« bei Rentenfernsehen.de, Interview vom 13. 9. 2011 im Seehaus Wedau in Duisburg, abrufbar auf www.walter-riester.de
58 Fragen und Antworten zur Riester-Rente, abrufbar auf www.walter-riester.de
59 *Finanztest* 3/2009, Airbag-Ärger, S. 36 ff.
60 Interview mit Axel Kleinlein, 25. 5. 2012; vgl. auch »Das ist eine Blackbox«, *Capital* 04/2011, S. 103
61 Walter Riester in Köln am 5. 6. 2012 auf der 2. Kölner Versicherungs- und Kapitalanlagemesse

Notwendige Korrekturen

1 Klaus-Heinrich Dedring u. a., Rückkehr zur lebensstandardsichernden und armutsfesten Rente, Expertise im Auftrag der Friedrich-Ebert-Stiftung, August 2010, S. 9
2 Bis vor wenigen Jahren galt der Grundsatz, dass die soziale Sicherung der Arbeitnehmer zu gleichen Teilen von Arbeitnehmern und Arbeitgebern durch Beiträge finanziert wird. Dieser Grundsatz wurde mehr und mehr durchlöchert. In der Altersvorsorge beteiligen sich die Arbeitgeber nicht an Einzahlungen für die Riester-Rente. In der Krankenversicherung zahlen die Arbeitnehmer neben dem paritätischen Beitrag von 7,3 Prozent einen »Extrabeitrag« in Höhe von 0,9 Prozentpunkten.
3 Interview mit Prof. Bert Rürup, 10. 2. 2012
4 Zur lückenhaften Datenlage und anhaltenden Kritik nach 10 Jahren Riester-Rente, Antwort der Bundesregierung auf eine kleine Anfrage der Linksfraktion, 30. 11. 2011, Bundestagsdrucksache 17/7964, S. 72
5 Klaus-Heinrich Dedring u. a., Rückkehr zur lebensstandardsichernden und armutsfesten Rente, Expertise im Auftrag der Friedrich-Ebert-Stiftung, August 2010, S. 9
6 Interview mit Bert Rürup, 10. 2. 2012
7 *Zeit Online*, Winfried Schmähl, Raus aus der Armut, 23. 1. 2007
8 Die Beitragseinnahmen der Rentenversicherung betrugen 2007 174,7 Mrd., 2008 180,0 Mrd., 2009 181,6 Mrd., 2010 185,3 Mrd., 2011 188,7 Mrd., Rentenversicherung in Zeitreihen Band 22, S. 222

9 Riester-Rente: Grundlegende Reform dringend geboten, DIW Wochenbericht Nr. 47/2011, S. 15
10 Interview mit Dr. Thomas Ebert, 24. 4. 2012
11 Interview mit Norbert Blüm, 22. 11. 2011
12 Die Standardrente, vielfach auch Eckrente genannt, ist ein theoretisches Konstrukt: Es beschreibt jene Rentenhöhe, die ein Rentner, der 45 Jahre lang das Durchschnittsverdienst der gesetzlich Rentenversicherten erzielt hat, bekommen würde. In der Praxis dürfte es nur sehr wenige Rentner geben, die tatsächlich eine Rente in Höhe der Standardrente bekommen.
13 Nach gegenwärtiger Rechtslage beträgt dieser Wert im Jahre 2030 voraussichtlich 52 Prozent. Quelle: Jahresgutachten des Sachverständigenrats 2004/2005, S. 301
14 Winfried Schmähl, Einkommenslage und Einkommensverwendungspotenzial Älterer in Deutschland, in *Wirtschaftsdienst* 2005, S. 161
15 Interview mit Dr. Thomas Ebert, 24. 4. 2012
16 *Süddeutsche Zeitung*, Prof. Gerd Bosbach, Warum wir positiv in die Zukunft blicken können, 2. 1. 2012
17 Jedes Alter zählt, Demographiestrategie der Bundesregierung, 2012, S. 18 und 29
18 Interview mit Prof. Gerd Bosbach, 23. 3. 2012
19 Interview mit Prof. Rudolf Hickel, 2. 5. 2012
20 Die Grundsicherung hat als Bedürftigkeitsleistung die frühere Sozialhilfe abgelöst. Alleinstehende bekommen derzeit einen Regelsatz von 374 Euro sowie eine angemessene Miete inklusive Heizkosten ersetzt. Außerdem die Kosten für Kranken- und Pflegeversicherung. Der exakte Betrag ist damit abhängig vom Wohnort und den angemessenen Mietkosten. In der Regel liegt er bei mindestens 700 Euro.
21 Das Institut für Arbeit und Qualifikation (IAQ) an der Uni Duisburg ermittelte: 2010 arbeiteten knapp 8 Millionen Personen für einen Stundenlohn von weniger als 9,15 Euro. Der durchschnittliche Stundenlohn im Niedriglohnsektor beträgt 6,68 Euro im Westen und 6,52 Euro im Osten. 1,4 Millionen Menschen arbeiten für weniger als 5 Euro die Stunde. Quelle: IAQ-Report 01/2012, Kalina/Weinkopf: Fast jede/r Vierte arbeitet für Niedriglohn.
22 Vereinfacht gesprochen: Wer doppelt so viel Beiträge zahlt, be-

kommt auch ein doppelt so hohe Rente. Die Höhe der Rente spiegelt somit die Einkommensposition des Versicherten im Erwerbsleben wider.

23 Die OECD versteht in diesem Vergleich unter Geringverdienern Personen mit einem Einkommen von 50 Prozent des Durchschnittseinkommens. Aktuell wäre dies in Deutschland knapp 1300 Euro brutto monatlich.

24 OECD-Studie 2009, zitiert nach Klaus-Heinrich Dedring u. a., Rückkehr zur lebensstandardsichernden und armutsfesten Rente, Expertise im Auftrag der Friedrich-Ebert-Stiftung, August 2010, S. 19 ff.

25 Klaus-Heinrich Dedring u. a., Rückkehr zur lebensstandardsichernden und armutsfesten Rente, Expertise im Auftrag der Friedrich-Ebert-Stiftung, August 2010, S. 21

26 Auf die in Deutschland fehlenden Elemente der Umverteilung in der gesetzlichen Rente hat auch der Sachverständigenrat noch unter Bert Rürups Führung hingewiesen. SVR-Jahresgutachten 2008/2009 – »Das Erreichte nicht verspielen«, S. 193

27 Eine Erhöhung der Stundenlöhne auf ein Niveau, welches auskömmliche Renten sicherstellt, scheint mittelfristig nicht realistisch.

28 Interview mit Dr. Thomas Ebert, 24. 4. 2012

29 Stand 2012. Diese Bemessungsgrenzen werden für jedes Jahr neu festgelegt.

30 Interview mit Prof. Rudolf Hickel, 2. 5. 2012

31 *manager magazin online*, Rentenversicherung will Alternative zu Riester, 21. 3. 2012, www.manager-magazin.de/finanzen/versicherungen/0,2828,822453,00.html

32 Mit Inkrafttreten des novellierten Versicherungsvertragsgesetzes (VVG) 2008 müssen die Versicherer den Kunden ein Produktinformationsblatt aushändigen, das über die wichtigsten Daten des Vertrages knapp und verständlich informieren soll. Die Hoffnung auf mehr Transparenz hat sich bislang jedoch nicht erfüllt.

33 *manager magazin online*, Rentenversicherung will Alternative zu Riester, 21. 3. 2012, www.manager-magazin.de/finanzen/versicherungen/0,2828,822453,00.html

34 *Süddeutsche Zeitung Online*, Von der Leyens Ideen gegen Altersarmut, 23. 3. 2012

35 Interview mit Prof. Rudolf Hickel, 2. 5. 2012

Gülle, Gift und Gene

Richard Rickelmann · **Tödliche Ernte**
Wie uns das Agrar- und Lebensmittelkartell vergiftet
316 Seiten, Klappenbroschur
€ [D] 18,00 · € [A] 18,50
ISBN 978-3-8437-0161-7

Viele Millionen Verbraucher sind bei der Ernährung einem System ausgeliefert, das ausschließlich dem skrupellosen Gewinnstreben weniger Großkonzerne dient. Richard Rickelmann schildert die fatalen Folgen der ungehemmten Expansion der Agrar-, Nahrungsmittel- und Gentechnikindustrie. Ein erschreckender Blick hinter die Kulissen einer Branche, die mächtiger ist als die Politik.

Econ

Misstrauen Sie Ihrer Bank!

Bestseller-Autor Jürgen Roth schlägt Alarm

Jürgen Roth · **Spinnennetz der Macht**
Wie die politische und wirtschaftliche Elite unser Land zerstört
ca. 350 Seiten · Hardcover mit Schutzumschlag
€ [D] 19,99 · € [A] 20,60
ISBN 978-3-430-20134-6

In seinem neuen Buch beschreibt der Enthüllungsjournalist Jürgen Roth den immer schamloseren Machtmissbrauch einer gesellschaftlich destruktiven Elite: Höchste Politiker in Berlin, die Ermittlungen gegen Steuersünder behindern; Richter, die sich nicht für die Wahrheit interessieren oder nur die Interessen von Banken wahrnehmen; Unternehmer, deren unethisches Verhalten von prominenten politischen Fürsprechern gedeckt wird. Roths Recherche bietet eine explosive Mischung aus neuen Fällen kriminellen und unethischen Handelns der sogenannten deutschen Elite.

Econ